Confiance réflexive et institutionnalisme

Des théories libérales du choix rationnel à la gouvernance du fait social monétaire

P.I.E. Peter Lang

Bruxelles · Bern · Berlin · Frankfurt am Main · New York · Oxford · Wien

Benjamin Six

Confiance réflexive et institutionnalisme

Des théories libérales du choix rationnel à la gouvernance du fait social monétaire

« Philosophie & Politique »
N° 25

L'opportunité de retravailler ce texte m'a été offerte grâce au soutien du Fonds de la recherche scientifique – FNRS belge.

Cet ouvrage a été publié avec le concours de l'Unité de recherche sur la gouvernance de la biodiversité (BIOGOV) du Centre de philosophie du droit (CPDR – UCL).

Toutes les volumes de cette collection sont publiés après double révision à l'aveugle par des pairs.

Éditions scientifiques internationales
Bruxelles, 2013
1 avenue Maurice, B-1050 Bruxelles, Belgique
info@peterlang.com ; www.peterlang.com

ISSN 1376-0920
ISBN 978-2-87574-092-2
D/2013/5678/82

Imprimé en Allemagne

Information bibliographique publiée par « Die Deutsche Nationalbibliothek »

« Die Deutsche Nationalbibliothek » répertorie cette publication dans la « Deutsche Nationalbibliografie » ; les données bibliographiques détaillées sont disponibles sur le site http://dnb.d-nb.de.

Table des matières

Avant-propos

Écrit dans le cadre d'une thèse en philosophie, le texte qui suit a été retravaillé et amputé d'une grande partie du matériau originel afin de se présenter de façon plus concise. Ce travail fut en partie le fruit d'une réaction face à un état de fait, à des idées et des principes composant un air du temps qui me semblait bien sombre, marqué par un mélange de cynisme et de défaitisme. En résultait la mise en place d'une large opinion conservatrice et « inactivatrice », proprement inapte à relever les défis posés par les nouveaux enjeux de notre modernité globalisée. Il est attristant de voir à quel point le réflexe critique inscrit dans ce texte est totalement resté d'actualité, tout comme l'est toujours celui formulé par Pierre Bourdieu à la fin du XXe siècle. Plus que jamais même, maintenant que des politiques, adoptant le vocable d'une austérité aussi douteuse que mal placée, ont pris le relais d'économies malades, rongées par un manque flagrant de projet sociétal sur le long terme. J'espère que cet humble travail d'épistémologie politique offrira à ses lecteurs quelques pistes de compréhension et de réflexion quant à la nature profonde de notre économie politique actuelle.

Mes premiers remerciements vont à mon directeur de thèse, Tom Dedeurwaerdere, pour m'avoir fait confiance, et, à travers ce geste, m'avoir donné les moyens de mener à bien ce travail. La « ruse de la confiance » qu'il m'attribua a eu raison de moi, comme en atteste cet essai, certes imparfait, mais que je n'aurais pu concrétiser sans sa compétence et ses conseils. C'est grâce à lui que j'ai eu l'honneur d'intégrer le Centre de philosophie du droit (CPDR, Université catholique de Louvain) dirigé par Jacques Lenoble.

Cet essai n'aurait aussi pu voir le jour sans l'accueil qui m'a été offert au sein de l'Unité technologies et société (UTS, Université de Namur). Je ne remercierai jamais assez sa directrice de l'époque, Claire Lobet-Maris, pour la confiance qu'elle m'accorda également, pour ses encouragements et sa capacité à créer un environnement de travail ouvert. Je tiens aussi à remercier tous les collègues que j'ai eu la chance de côtoyer au sein de ces deux centres de recherche.

Toute ma reconnaissance va aux membres de mon comité d'accompagnement, ainsi qu'à ceux qui ont pris le temps de lire et de commenter le texte original : Antoinette Rouvroy, Marc Maesschalck, Raphael Gély, Benoît Dassy, Anne Liesse, et mes correcteurs, Madeleine et Jules.

Enfin, mille mercis à Caroline, ma famille et mes amis.

Introduction

En octobre 1996, Pierre Bourdieu donne une conférence à Fribourg durant laquelle il présente une petite analyse herméneutique d'une interview du président de la *Bundesbank* de l'époque, Hans Tietmeyer, personnage hautement impliqué dans le passage à la monnaie européenne. La phrase clef de l'entretien journalistique de Tietmeyer, à partir de laquelle Bourdieu s'attelle à faire ressortir le sens du discours et les sous-entendus idéologiques, est la suivante :

> L'enjeu aujourd'hui, c'est de créer les conditions favorables à une croissance durable et à la *confiance des investisseurs*. Il faut donc contrôler les budgets publics, baisser le niveau des taxes et impôts jusqu'à leur donner un niveau supportable à long terme, *réformer le système de protection sociale*, démanteler les rigidités sur le marché du travail, *de sorte qu*'une nouvelle phase de croissance ne sera atteinte à nouveau que si *nous faisons un effort de flexibilité sur le marché du travail*[1].

La raison pour laquelle ce discours attira l'attention de Bourdieu est claire : il constitue un exemple archétypal de la pensée néo-libérale, et présente de façon limpide les principes politiques sous-jacents à sa formulation. Il s'agit en fait pour ces derniers d'évacuer le registre socio-politique de la sphère économique afin de laisser libre cours aux « forces vives » d'un marché autorégulé et à la rencontre des intérêts individuels. Mais dans ce mouvement, c'est toute capacité de saisir la question du collectif en tant que tel qui est réduite à néant ; en fait, il n'est absolument plus question de collectif dans ce cadre, alors même que c'est directement à lui (ce fameux « nous » étrangement désincarné) qu'est demandé un « effort de flexibilité », et c'est bien cela qui éveille l'attention de Bourdieu. Il faut, autrement dit, que les exigences collectives s'effacent afin d'assurer l'infinie expansion de « la confiance des investisseurs » – « l'*alpha* et l'*oméga* de tout le système économique, le fondement et le but ultime, le *telos*, de l'Europe de l'avenir »[2] –, selon une logique d'incompatibilité entre les acquis économiques et les acquis sociaux, et où les premiers sont perçus comme étant nécessairement supérieurs aux seconds.

---

1 Bourdieu, P., « L'architecte de l'euro passe aux aveux : Innocentes confidences d'un maître de la monnaie » in *Le Monde Diplomatique*, Paris, Septembre 1997, p. 19.

2 *Ibid.*

C'est bel et bien une menace, proche du chantage selon ses propres termes, que Bourdieu met à jour au travers de l'emploi des propositions « de sorte que » et « que si » : si « nous » souhaitons la croissance, « nous » devons, non seulement, abandonner nos desiderata passéistes de protection sociale, mais « nous » devons encore fournir un effort de « flexibilité » – terme sans aucun doute plus neutre et élégant que ceux de « docilité » et d'« extensibilité ». Tout l'argument de Tietmeyer repose alors sur cette étrange prophétie autoréalisatrice selon laquelle le démantèlement des barrières empêchant la mise en place d'un « marché parfait » constitue la solution à tous les maux économiques. Bien entendu, la dérégulation totale et le retrait de l'État n'ont encore jamais été consommés, mais plus nous en approchons et moins le pari semble être jouable de façon réaliste... Pour « nous » du moins.

L'analyse de Bourdieu met également bien en exergue le mot-clef du discours de Tietmeyer, à savoir celui de « confiance des investisseurs ». L'intonation mise sur cette « confiance du marché » accentue son opposition avec ce que Bourdieu appelle une « confiance du peuple » ; or, selon le « grand prêtre du *Deutsche Mark* », il semble qu'il faille choisir entre l'une ou l'autre, et qu'il est primordial de tout mettre en place pour assurer la première, et ce même si cela doit se faire au détriment de la seconde. Bourdieu définit alors l'« économisme » comme « une science abstraite fondée sur la coupure, absolument injustifiable, entre l'économique et le social »[3], et dont résultent cette foi absolue dans le libre-échange et le besoin, intraitable et non négociable socialement, du maintien et de la poursuite de l'ordre économique tel qu'il est. Ainsi, l'euro ne fut-il pas le fruit d'une acceptation d'ordre social et citoyen, mais bien d'ordre économiste et consumériste. Ainsi, les crises économiques, avec leur cortège d'impacts destructeurs, ne sont-elles pas traitées avec pour point focal le social mais bien la stabilité de l'économie, empêchant de la sorte toute forme de redéfinition démocratique du programme de cette dernière. Et ainsi, à chaque fois, de façon toujours plus abrupte, « nous » sommes conviés à reformer notre confiance dans l'investissement et l'économie, selon une affligeante allégorie post-moderne et de stature mondiale du mythe de Sisyphe.

Comment en sommes-nous arrivés à un tel rapport avec cette discipline essentielle pour l'activité humaine et pourtant fondamentalement sociale qu'est l'économie ? Ou plus exactement, comment avons-nous laissé l'économie authentique, celle de la production de biens et de services, de l'accomplissement d'un travail et de l'offre d'une plus-value, se faire gangrener à ce point par cette discipline logiquement annexe et subalterne qu'est la finance ? Comment en sommes-nous venus à un tel

3 Bourdieu, P., *op. cit.*

rapport à l'argent, non plus perçu comme un construit social interactionnel, mais bien comme un simple instrument neutre et désincarné, violemment désiré en tant que tel ? Quels sont les principes qui sous-tendent cette vision faisant des citoyens avant tout des consommateurs focalisés sur leurs propres intérêts et perdant tout sens du collectif ? Comment ce dernier en est-il venu à être à ce point bafoué et oublié dans les enjeux économiques selon une perspective théorique dont le maître étalon est l'individu esseulé maître de ses choix ? Si l'on comprend comment nous en sommes venus à privatiser les bénéfices, pourquoi alors mobiliser de façon systématique ce collectif, pourtant nié en premier lieu, afin de combler les pertes ? Qu'est-ce que cette confiance dans la figure du marché et de l'institution monétaire, d'où vient-elle et comment devons-nous la gérer ? Que signifie encore le terme « économie » à l'heure actuelle, et comment ses liens avec le politique en sont-ils devenus à ce point distendus ? Si cet ouvrage ne prétend pas répondre de façon exhaustive à toutes ces questions, il tente néanmoins d'en apporter quelques réponses et de donner matière à leur compréhension.

A. De l'économie politique

Cette question du statut de l'économie dans nos sociétés démocratiquement avancées semble devoir plus que jamais être remise à l'ordre du jour. Dans l'avant-propos de son ouvrage *Libéralisme et Justice Sociale* (anciennement *Le Sacrifice et l'Envie*), Jean-Pierre Dupuy formule cet enjeu moderne autour du principe de *mimesis* d'appropriation de René Girard[4] :

> Étant donné l'hypothèse girardienne selon laquelle les sociétés non modernes gèrent la violence humaine en l'expulsant hors d'elles-mêmes sous la forme du sacré, qu'en est-il des sociétés modernes en voie de désacralisation ? Qu'est-ce qui leur donne la capacité de résister à l'indifférenciation croissante du monde et à l'exacerbation des phénomènes mimétiques qui en résulte ? Nous suggérions : l'économie, en proposant une interprétation de

---

[4] Les études de René Girard sur les mythes et les grandes œuvres littéraires le menèrent à mettre en exergue l'existence d'un principe de désir mimétique animant tout homme. De cette volonté d'acquisition de ce que l'autre désire, résulte une irrémédiable violence issue du conflit des ressources, dont la résolution, ou plus exactement la gestion systémique, passe par la désignation d'une victime au travers d'un rite sacrificiel. Comme nous le voyons, l'anthropologie girardienne fait des hommes des êtres animés par un besoin de comparaison, se jaugeant les uns par rapport aux autres et cherchant à s'approprier ce qui fait l'autre différent. In Girard, R., *Des choses cachées depuis la fondation du monde*, Paris, Poche, (1978) 2005.

Cette définition mimétique de l'individu, entre imitation et rationalité, est au centre des études menées par Jean-Pierre Dupuy du libéralisme ainsi que de celles sur la monnaie de Michel Aglietta et André Orléan. Pour ces auteurs, le marché et la monnaie sont des mécanismes institutionnels permettant de contenir la violence et de dépasser la logique victimaire dans un monde désenchanté.

ce fait historique majeur : la concomitance entre le retrait du religieux et du sacrificiel et l'inondation du monde par la rationalité marchande[5].

Preuve du « désenchantement » du monde, la sortie de l'organisation religieuse du monde se fit donc par une passation du pouvoir en faveur des forces, *a priori* concrètes mais en fait tout aussi abstraites, du marché et de la société libérale. Le phénomène de sécularisation en marche depuis maintenant plus d'un siècle est généralement décrit comme le résultat d'un profond processus de rationalisation. Le vide laissé par la foi fut de la sorte comblé par une logique, n'appartenant plus exactement à celle du commerce qui présuppose un échange de savoir-faire, et qui est celle d'une logique consumériste de plus en plus critiquée comme une « destruction des savoir-vivre en vue de créer du pouvoir d'achat disponible »[6]. Ce modèle, dont la crise actuelle fait entrevoir aux plus optimistes une profonde remise en question, devint donc le moteur de l'activité humaine. La « main invisible » d'Adam Smith hérita alors de ce champ libre, et ses principes d'économie politique trouvèrent dans la démocratie libérale leur parfait prolongement institutionnel.

À la suite de l'étude réalisée par Jean-Pierre Dupuy, il convient de distinguer deux formes d'économie politique. Si Adam Smith est à la fois le fondateur de l'économie comme science hypothético-déductive et de l'« économie politique » (entre guillemets car comprise dans le sens que lui confère Jean-Pierre Dupuy), cette dernière doit être distinguée de la première en de nombreux points. Dupuy, en réalisant un travail de reconstruction du large et riche mouvement de la pensée libérale, regroupant entre autres Adam Smith, John Rawls et Friedrich Hayek, décrit en effet le projet de justice sociale que détient leur « économie politique » comme reposant sur une « société (…) automate, un "ordre spontané" qu'aucune volonté ni conscience n'a voulu ni conçu »[7], en opposition aux prétentions rousseauistes du « rationalisme constructiviste ». Mais la science économique, telle que formalisée à l'heure actuelle, ne serait en fait qu'une particularisation du projet des pères du libéralisme, qui faisait de la société un système auto-organisé sur la base d'une méthode individualiste mais *non réductionniste*, c'est-à-dire par laquelle les propriétés du tout ne sont pas déductibles des propriétés des parties. En effet, toujours selon Dupuy, la conception de l'être humain défendue par l'« économie politique » était bien plus sibylline, bien plus riche, que ce qu'une rapide lecture des textes de Smith pourrait laisser penser : l'homme y est en fait perçu comme « radicalement incomplet,

---

5 Dupuy, J.-P., *Libéralisme et justice sociale*, Paris, Hachette, 2009, p. 9.

6 Stiegler, B., *Pour une nouvelle critique de l'économie politique*, Paris, Galilée, 2009, p. 41.

7 Dupuy, J.-P., *op. cit.*, p. 12.

en état de manque. Aussi peu maître de lui qu'il l'est du social, il a désespérément besoin des autres pour se forger une identité »[8]. À l'opposé de l'individualisme réductionniste à l'œuvre dans les théories du contrat social, la sociologie wébérienne ou encore le paradigme économique néo-classique, l'économie libérale des débuts pensait bel et bien la société comme la réponse extrêmement complexe à ce besoin inhérent à la condition humaine.

Dupuy distingue donc la tradition libérale de l'« économie politique » de son développement théorique formalisé, lequel n'est donc qu'une déclinaison imparfaite de l'original. L'objectif de son traité *Libéralisme et Justice Sociale* est alors de prouver que leur écart peut être réduit en repensant le marché comme contention de la foule – autonomie de l'individu – et de la panique – autonomie du social[9]. L'idée de « foule panique » révèle la tension entre individualisme et holisme, entre acteur et organisme social, en indiquant leur transcendance mutuelle par le biais d'une logique de l'imitation. Le marché, ainsi que la monnaie, pensés en tant qu'institutions tendues contre la foule de particuliers mais contenant la panique de la société, deviennent les lieux à partir desquels la refonte du système de finance capitaliste et la correction de ses dérives peuvent être envisagées. Comme nous le verrons, cette idée rejoint alors les propositions d'influence keynésienne établies par Michel Aglietta et André Orléan.

Toujours selon Dupuy, l'aspect dégénéré de la théorie économique formelle repose donc sur sa conception réductrice de l'individu, qui a pris avec la théorie walrassienne de l'équilibre général[10] la forme de l'*homo œconomicus* autonome et égoïste, dont le seul rapport avec ses semblables est médiatisé par un système de prix, alors qu'il était auparavant perçu comme un être profondément concurrentiel et mimétique, animé par la « passion de l'Autre » – la « sympathie » dans les travaux de Smith. Cette caractérisation de l'acteur, comme être essentiellement

---

8 Dupuy, J.-P., *op. cit.*, p. 23.

9 *Ibid.*, p. 329.

10 Le modèle de l'équilibre général a pour postulat de départ un état de nature dans lequel les individus sont libres, détenteurs de droits de propriété sur leurs ressources, et enfin parfaitement autonomes et rationnels. Étant capables d'ordonner les biens disponibles en fonction de leurs préférences et satisfactions, des échanges bilatéraux vont nécessairement voir le jour dès lors qu'il existe des différences entre les dotations initiales. Sous l'action de la « main invisible », des prix vont alors apparaître et donner naissance à un marché de biens et de techniques, harmonisé car répondant parfaitement à l'offre et la demande. Au centre de celui-ci est postulée la présence d'un commissaire-priseur anonyme et fictif, comptabilisant les propositions d'achat et de vente émises par les acteurs économiques. Le marché devient alors l'accord unanime et tacite autour duquel les individus vont pouvoir se coordonner de la façon la plus efficiente qui soit.

mû par une *mimesis* d'appropriation de ce qui est désiré par autrui, s'avère en fait complètement évincée par la théorie économique standard, qui perdit dans ce mouvement toute capacité de penser la « comparaison » entre individus. Paradigme dominant de la pensée économique, dont les fondateurs ne sont autres que Léon Walras et Vilfredo Pareto, la macroéconomie a donc pour théorisation fondamentale le modèle utopique de l'équilibre général, dont la particularité est de parvenir à penser l'émergence d'un ordre social sur un minimum absolu de communication interpersonnelle ; les sociétaires y sont indifférents les uns des autres, et avec eux le principe d'équité est vidé de son sens dès lors qu'est postulée l'autonomie individuelle comme principe fonctionnel primordial. La radicale incommensurabilité d'êtres autonomes ne leur permettant pas de se comparer les uns aux autres, seule la logique des préférences ordinales permet à la fois de penser et de maintenir la société.

La forme d'impérialisme économique que nous allons traiter dans ce travail, et qui eut pour effet collatéral de bousculer la place jusqu'alors dévolue à la pensée philosophique, politique et sociologique, se développa donc en deux temps. Alors que l'économie était à l'origine fondamentalement politique avec des penseurs tels que Karl Marx et Adam Smith, la volonté des penseurs néo-classiques consista à faire de l'économie une science exacte, autonome, neutre et universelle. Une fois ce statut acquis lors de son émancipation du politique, l'économie étaya ses principes de base au moyen d'un schème de rationalité parfaite aussi puissant qu'élégant de simplicité, tous les acteurs étant supposés capables d'ordonner leurs préférences et donc leurs choix en fonction de leurs désirs et motivations personnels. Alors que l'« économie politique » se fondait sur une approche empirique, la science économique et sa variante utilitariste sont pour leur part des rationalismes dont les prétentions normatives finirent donc, en un second temps, par pénétrer une large quantité de domaines, dont ceux de la justice, de l'éthique et du politique. L'économie allait alors petit à petit reconquérir certains domaines des sciences sociales et y appliquer cette méthodologie individualiste.

Le paradigme du *Choix rationnel*, ainsi que sa descendance politologique en *Théorie du choix public* que nous étudierons par l'intermédiaire de l'un de ses chantres, Russell Hardin, ont de la sorte établi les fondements de leur réflexion sur la base du « théorème d'impossibilité » mis en exergue par l'économiste Kenneth Arrow. Inspiré du célèbre paradoxe de Condorcet sur l'incapacité des votes individuels à conduire à une décision collective cohérente, échappant à la circularité et donc à une contradiction interne, la formalisation mathématique élaborée par Arrow démontre l'inconsistance de la notion même de sujet collectif. La question que se pose Arrow est de savoir s'il existe une règle universelle, une « constitution », permettant d'agréger des volontés individuelles en une fonction sociale, selon une procédure de vote respectant des conditions rationnellement acceptables et explicites d'accessibilité, de non-dictature et de pareto-efficience. Mais là où Condorcet chercha la complexification de son système, le paradoxe d'Arrow démontre qu'il n'existe tout simplement pas de telle fonction de choix social. Une telle « constitution » étant logiquement impossible « autrement que selon une modalité dictatoriale »[11], c'est tout le principe démocratique qui se voit donc mis à mal.

Sur cette base, les théoriciens du choix public cherchèrent alors, en un premier temps, soit à classifier les méthodes d'élections selon leur incohérence, soit à jouer sur les conditions explicites, ce qui revint peu ou prou à dire que la démocratie n'est qu'une illusion. Comme l'indique Dupuy, il leur fallut un certain temps avant de comprendre que le problème resterait insoluble tant qu'ils n'accepteraient pas le fait que les individus vivent en se comparant les uns aux autres. Les échelles de préférences ainsi que les niveaux de bien-être ne peuvent être radicalement incommensurables sans quoi les idées de collectivité et d'équité s'avéreraient dénuées de sens. Si les sociétaires ne peuvent en effet pas parfaitement comparer leurs états mentaux, il ne fait aucun doute qu'ils ne cessent *d'essayer de le faire*, et qu'ils en tirent des conclusions à bon ou mauvais escient. Une fois cette idée acceptée, Amartya Sen développa par exemple une théorie économique du bien-être social sur la base d'un principe de comparaison partielle, visant la définition d'échelles de préférences cardinales en prenant mesure de la quantité d'utilité produite par la consommation, et permettant donc à nouveau de comparer des biens[12] ; la théorie économique de la valeur repasse alors de son principe ordinal défendu par Pareto et Arrow à une approche cardinale. « Ainsi, il faut que les hommes se comparent pour que puisse émerger la représentation de l'unité sociale. Bien malgré elle, l'économie normative rejoint ici les intuitions de l'« économie politique » »[13].

B. De la confiance

Un des arguments charnières justifiant selon nous le besoin de basculer hors de la logique stricte de l'intérêt individuel, et par voie de conséquence d'une reformulation de notre économie politique contemporaine, est que celle-ci ne permet décidément pas de penser l'enjeu institution-

---

[11] Favereau, O., « L'économie de l'action collective » in Chazel, F. (dir.), *Action collective et mouvements sociaux*, Paris, Presses universitaires de France, 1993, p. 252.

[12] Sen, A., *Un nouveau modèle économique : Développement, justice, liberté*, Paris, Odile Jacob, 2000.

[13] Dupuy, J.-P., *op. cit.*, p. 40.

nel et étatique autrement que selon des perspectives réductrices ou suppléantes ; preuve en est le traitement théorique de la confiance envers les institutions, qui s'avère au pire niée et au mieux vidée de tout sens par la théorie du choix rationnel. Cette aporie des rapports du niveau micro au niveau macro, nous pensons cependant qu'elle peut être évitée en mobilisant les ressources conceptuelles du paradigme anti-utilitariste en sciences sociales. L'objectif de notre seconde partie sera alors de repenser la nature du collectif en tant que destinée commune, et celle de l'institution en tant qu'ordonnancement pragmatique des coexistences. Nous souhaitons présenter dans cet ouvrage une perspective originale du traitement des rapports entre confiance et institutions, au travers desquels se laisse découvrir la nature profonde du lien social. En effet, cet essai d'épistémologie politique prend appui sur l'usage que fait l'économie politique du phénomène de confiance. Fil d'Ariane de toute notre réflexion, la confiance constitue une dimension essentielle du lien social, et, à ce titre, l'exclusivité de son traitement par la théorie du choix rationnel pose question. En effet, d'un traitement économiste des enjeux sociaux résultent un déficit sociologique et une déperdition de capacités à décrire certaines particularités de la vie humaine ; fondamentalement, c'est la complexité des régimes d'engagement et d'interaction qui se voit réduite à une peau de chagrin.

Afin d'exemplifier cette logique, nous allons dans un premier temps porter notre attention sur une théorie rencontrant un important succès depuis la fin du XXe siècle, à savoir celle du *Capital social* telle que formulée par les Anglo-saxons et le politologue Robert D. Putnam en tête, pour laquelle la confiance constitue le cœur du principe démocratique par le biais d'une stabilisation des équilibres socio-économiques efficients[14]. Nous aurons donc à dessein lors de notre étude du paradigme du capital social de mettre en exergue la conceptualisation de la confiance réalisée par cette théorie, faisant de celle-ci un principe explicatif essentiel à la performance des institutions démocratiques. Bien que le geste confiant soit en fait relativement peu traité par Robert Putnam, nous verrons comment, en en situant l'origine à un méso-niveau servant la coopération, il prive la confiance de toute valeur sociale : celle-ci est considérée comme un attribut d'associations volontaires de type traditionnel résultant d'une identification communautaire de la personne de confiance. Non seulement les vulnérabilités et les risques de la confiance n'y sont pas (ou à peine) traités, mais en plus cette approche ne permet pas de penser le rôle des institutions dans la création et le maintien de la confiance, alors même qu'elle revendique son appartenance au

---

[14] Putnam, R. D. *et al.*, *Making democracy work : Civic traditions in modern Italy*, Princeton, Princeton University Press, 1993.

mouvement « néo-institutionnaliste ». Le principe d'une confiance institutionnelle est en fait quasiment absent chez Putnam, de par sa focalisation sur le besoin d'une répétitivité des interactions. Comme nous le verrons, la raison selon nous de l'inadéquation de la théorie du capital social est qu'elle repose *in fine* sur une approche rationaliste de la confiance, maintenant l'illusion d'une séparation entre la sphère sociale et la sphère économique. L'emploi massif de la notion de capital social réalisé par des chercheurs appartenant au mouvement « impérialiste » en économie témoigne alors bien de la concordance naturelle entre ce concept et cette science hypothético-déductive[15].

Russell Hardin, tenant de la théorie du choix rationnel, expose quant à lui clairement le statut et les enjeux de la confiance. Spécialiste en la matière, il défend une perspective dont la simple évocation ne laisse aucune place au doute quant à sa teneur déductive : la confiance est le résultat d'un « enchâssement d'intérêts »[16]. La mise en place de la relation de confiance dépendra alors exclusivement des informations disponibles par les parties ainsi que du contexte dans lequel elles sont immergées, et son maintien de la structure d'incitations qui les relie. La confiance, tout comme chez Robert Putnam, semble inférée des manifestations de coopération. Comme le souligne bien Louis Quéré, « la confiance est alors traitée comme une variable indépendante, expliquant le niveau de la coopération ; et la coopération comme un indicateur de confiance »[17]. Leur définition de la confiance pose cependant question dès lors que la poursuite stratégique de la coopération peut très bien prendre les traits d'une pantomime opportuniste. Et si Hardin admet les limites de la théorisation des jeux non coopératifs, c'est pour remettre en cause la présence de la confiance dans le sens attribué par ses soins. Tout au plus les analyses de Robert Putnam et Russell Hardin constituent-elles autant d'étapes visant à intégrer dans la théorie du choix rationnel des « facteurs psychosociaux » l'assouplissant, mais ne la remettant pas à proprement parler en question. Enfin, le statut de la « confiance institutionnelle » pose réellement problème dans ce cadre : les institutions y sont traitées, mais uniquement en tant que productrices de contraintes et d'incitations sur les acteurs particuliers. En fait, c'est comme si la responsabilité de la coordination incombait strictement aux institutions, les acteurs vivant le jeu de la confiance de façon totalement détachée. Or, selon Louis Quéré, l'enjeu réside à un tout autre endroit :

15 Becker, G. S., *The economic approach to human behavior*, Chicago, University of Chicago Press, 1976.

16 Hardin, R., *Trust and trustworthiness*, Russel Sage Foundation series on trust, vol. 4, New York, Russel Sage Foundation, 2002.

17 Quéré, L., « Préface » in Tazdaït, T., *L'analyse économique de la confiance*, Paris, De Boeck, 2008, p. 13.

> Dans le cas de la confiance dans les institutions, il ne s'agit plus de rendre possibles des engagements dans des transactions économiques, d'éviter d'être paralysé par l'opacité du marché et l'incertitude du comportement de l'autre, mais de donner aux citoyens les garanties et les incitants à s'en remettre aux institutions pour la mise en œuvre des valeurs de vérité et de justice dans la poursuite du bien commun. L'opacité à craindre est désormais celle de l'exercice des pouvoirs et du fonctionnement des institutions, notamment celle de la dissimulation stratégique des projets et des décisions. Elle est aussi celle des éventuelles conséquences néfastes, pour le bien commun, des initiatives et décisions politiques et institutionnelles, voire de certaines activités sociales. Quant à l'incertitude, elle concerne surtout la conformité de l'institution à l'idée normative qui la constitue[18].

Ainsi la confiance institutionnelle reposerait avant tout sur l'« idée normative » qui assura l'établissement de l'ordre. Bien entendu, notre propos n'est pas de nier le rôle de tierce partie contraignante des institutions dans le maintien de la confiance sociale, mais de mettre en exergue le fait qu'il est impossible d'avoir confiance *par* une institution sans avoir quelque part confiance *en* cette institution. Or, la théorie du choix rationnel évacue cette dernière dimension de par sa focalisation sur la consistance interpersonnelle de la confiance. Le problème survient alors du fait que ces acteurs sont dépourvus de toute dimension sociologique, lorsque leur complexité motivationnelle est réduite par une théorie ne voyant en eux que des calculateurs « maximisateurs », mobilisant la confiance comme un outil utile à la réduction de l'incertitude et à la réalisation coopérative.

Comme nous le verrons durant notre seconde partie, il s'avère en fait essentiel de traiter également la confiance lorsqu'elle se donne à voir dans l'indicible, dans ces gestes et ces actes dont le sens n'appartient à personne, mais qu'il convient de reconstruire dans le dialogue et l'échange. Elle semble en fait souvent s'échapper dès lors qu'on cherche à la saisir et à la mobiliser, alors même qu'elle s'avère difficilement identifiable en dehors de ses fonctionnalités. La confiance n'est pas digne d'instrumentalisation, elle ne peut être comprise en dehors de sa propre raison d'être, à savoir la création de lien social et l'opportunité d'élaboration d'un « monde commun », dont le partage n'est plus question d'une coopération forcée entre égocentriques mais bien d'un pari optimiste fondé sur un vivre ensemble. En cela, notre propos est bien celui d'une « philosophie optimiste pour un sombre temps » selon les termes d'Alain Badiou, d'une pensée dont le refus du cynisme capitaliste et d'une nouvelle forme de barbarie élitiste, tendant à régner sur les politiques contemporaines, relève bien moins de l'idéologie que de la

---

18 Quéré, L., « Les "dispositifs de confiance" dans l'espace public » in *Réseaux*, vol. 4(132), Paris, 2005, p. 209.

simple clairvoyance face à un constat d'échec : nous n'allons pas vers le respect mais bien vers la désagrégation des savoir-vivre.

L'enjeu de la prise en considération de la question de la « confiance sociale », de sa gestion et non pas de son évacuation au profit de la « confiance du marché », de sa revitalisation par la mise en place de processus de gouvernance non réducteurs de la richesse sociale, respectueux des besoins et conditions de vie de tous, permet alors selon nous une réelle ouverture à un devenir commun. C'est dans ce cadre que s'inscrit notre essai, dont les concepts clefs sont donc ceux de la confiance et de l'institution, et dont le moteur théorique est celui des enjeux politiques et économiques de leurs rapports.

C. Méthodologie et structuration

Ce travail constitue une tentative de description de l'évolution contemporaine de la rationalité individuelle et de ses impacts en termes politique et économique. En ce sens, ce que nous proposons ici est une réflexion d'épistémologie politique par le biais d'une focalisation sur une lecture économiste particulière – celle du choix rationnel – des enjeux de société, et qui semble aujourd'hui s'imposer à bien des niveaux. La première partie de cet essai a donc pour objectif de présenter un puissant courant politologique qui opère une rationalisation du lien social par le biais d'un individualisme méthodologique. Le paradigme du capital social et la théorie des choix publics constituent deux développements en sciences sociale et politique reposant sur une modélisation économique de format « standard étendu »[19]. Notre réflexion au sein de la seconde partie a, quant à elle, pour contexte théorique des sociologies et économies « non standard », c'est-à-dire cherchant à dépasser les apories de l'individualisme méthodologique à l'œuvre dans la théorie du choix rationnel. Les ressources conceptuelles du mouvement anti-utilitariste nous permettront alors de reformuler l'enjeu institutionnel des ordres marchand et industriel afin de recréer un univers de tension apte à gérer réflexivement la complexité sociale.

Notre approche est proprement philosophique en ce qu'elle traite de l'apport compréhensif et analytique de la conceptualisation. En partant de théories *mobilisant* la confiance vers des approches *théorisant* la confiance, et ce de même en grande partie avec le concept d'institution, nous chercherons à enrichir et complexifier le sens de ce terme pour en mettre à jour les assises phénoménologiques, ce « sol raboteux » de

---

19 Favereau, O., « Rationalité » in Orléan, A. (dir.), *Analyse économique des conventions*, Économie, Paris, Presses universitaires de France, 1994, pp. 2794-2808.

l'ordinaire de l'acte confiant dont parle Louis Quéré[20], et dont la prise en compte permet de dépasser les visions instrumentales et court-termistes. Nous établirons alors, en suivant ce mouvement de conceptualisation de la confiance, une perspective exégétique visant la reconstruction d'une théorie de la gouvernance de la finance par le biais de la question de la politique monétaire. Cette réflexion basculera également à diverses reprises du plan épistémologique – critique des impacts des théorisations scientifiques – au plan de la philosophie politique – concrétisation au niveau du rapport à l'action collective.

Notre essai adopte donc une structure originale puisqu'elle suit un mouvement particulier, à savoir celui de la confiance qui se donne à voir. En effet, nous pourrions justifier notre point de départ de bien des manières, mais il nous semble que la plus évidente n'est autre que celle qui s'attache à décrire ce qu'est la confiance dans ses rapports aux enjeux politiques et économiques. Selon cette idée, la première question à se poser est la suivante : comment définissons-nous de façon instinctive la confiance ? Lorsque nous parlons de « personnes de confiance », à qui pensons-nous directement ? Les réponses à ces questions renvoient alors à un principe lié à la répétition de l'interaction : nous faisons confiance aux personnes qui sont proches de nous, que nous connaissons, et avec lesquelles nous maintenons des rapports. Plus encore que la proximité en tant que telle, c'est bien l'accumulation d'expériences en commun qui semble constituer le facteur essentiel d'établissement d'une relation de confiance. Bien sûr, il est toujours possible de trouver des contre-exemples, des cas limites où la confiance est établie sur la base d'une unique interaction révélatrice, et ceux où la proximité et la répétition des échanges stabilisent à l'inverse un rapport de méfiance. Mais de façon générale, il nous semble qu'il fait bel et bien sens de dire que nous faisons essentiellement confiance aux personnes appartenant à notre collectif rapproché.

Le point de départ de notre étude, à savoir le paradigme du capital social tel que mis en place par Robert Putnam, trouve ses fondations dans cette idée même : la confiance s'établit au travers d'interactions soutenues avec son environnement direct. Le principe du capital social repose sur une vision communautaire de la société, où les valeurs civiques qui sous-tendent la démocratie sont renforcées au travers des processus associatifs, qui permettent le déploiement en un second temps d'une confiance étendue. Le problème résultant de cette approche repose alors sur un présupposé, difficilement élucidable en l'état, selon

---

20 Quéré, L., « Les rationalités de la confiance » in Lobet-Maris, C. *et al.* (dir.), *Variations sur la confiance : Concepts et enjeux au sein des théories de la gouvernance*, coll. Philosophie et Politique, vol. 18, Bruxelles, P.I.E. Peter Lang, 2009, p. 37.

lequel la confiance établie de façon spécifique envers les collectifs rapprochés finit par s'élargir à l'ensemble plus vaste de la société d'appartenance étatique, pour finalement créer une confiance de type généralisée ouvrant à la question d'une gouvernance du bien commun. L'enjeu démocratique de la confiance repose alors sur ce mouvement d'élargissement de la communauté de destins afin d'assurer un sentiment d'appartenance et de responsabilité vis-à-vis de la plus large quantité possible de sociétaires. L'étude de ce mécanisme fera alors l'objet du chapitre critique à l'encontre du capital social, où nous verrons alors apparaître une alternative : la première possibilité constitue une lecture néo-conservatrice du principe dans laquelle le présupposé susmentionné reste entier, et la seconde opère un mouvement économiste d'individualisation de la confiance et de réduction de la question sociale au principe de l'intérêt individuel.

Après avoir critiqué la première possibilité faisant de la confiance un attribut de communautés identitaires impropre à un processus « élargique », nous traiterons la seconde branche de l'alternative par le biais d'une étude de l'auteur considéré comme *le* spécialiste de la confiance dans un cadrage rationaliste, à savoir Russell Hardin. Son principe de la « confiance incorporée » est donc formulé selon une méthodologie individualiste déployant une justification contractualiste de type hobbesien du projet sociétal. Ce second mouvement prolonge et enrichit le premier en ce qu'il rapatrie le phénomène de la confiance d'un méso-niveau problématique, car non traité en termes d'enjeux de pouvoir et de dérives issues du geste confiant, à un micro-niveau auquel peuvent être appliqués les puissants principes méthodologiques de la théorie de l'action rationnelle. L'idée de base de ce second mouvement devient alors on ne peut plus claire : la confiance interpersonnelle a pour fonction de permettre la coopération, et un traitement de cette fonctionnalité ouvre à la question des risques de la confiance. Mais ce qui est gagné d'une part – une compréhension approfondie du geste confiant – est malheureusement perdu de l'autre – une confiance sociale et institutionnelle devient dénuée de fondement.

Le troisième mouvement de la confiance, basculant dans la réflexion de notre seconde partie, va alors consister à mener jusqu'au bout le raisonnement individualiste afin d'en montrer les limites. En effet, en prenant entre autres appui sur des principes phénoménologiques, nous découvrirons rapidement que l'être humain mobilise en fait de façon incessante et « naturelle » des mécanismes de représentation à la générativité difficilement explicable dans un cadrage strictement rationaliste. Partant de l'idée que les allocutions du langage ordinaire ont une valeur digne d'intérêt en tant qu'interprétations du « flux de l'expérience », il en résultera une réouverture conceptuelle dans laquelle il fait sens de parler de « confiance en soi », « confiance sociale » ou encore de « climat de confiance ». Le recours à des routines, des règles informelles, des rôles sociaux et des institutions acquiert alors un sens nouveau pour l'individu dès lors que c'est son être en tant que tel qui vient à en dépendre. D'un questionnement en termes d'*individualité* surgit alors un univers conceptuel profondément lié à la *sociabilité* : l'individu ne peut être pensé comme être libre qu'en référence à son inscription au sein d'une communauté de vie. L'étrangeté de ce dernier mouvement réside alors dans ce principe par lequel la structure institutionnelle mise en place par l'être humain devient la garante d'un agir autonome, en assurant le maintien d'un climat de confiance sans lequel il n'y aurait en fait que des individus désincarnés et aveugles les uns envers les autres.

En résumé, et bien que cette heuristique puisse paraître quelque peu grossière aux vues de la complexité du sujet, nous pourrions dire que la suite logique de ces trois mouvements de la confiance renvoie à une interrogation de la nature sociétale en termes, respectivement, de holisme, d'individualisme, et d'une sortie de leur dichotomie par le biais d'un principe d'« individualisme complexe »[21]. Que ce soit au niveau de tout questionnement politique sur les conditions du vivre ensemble, nous verrons alors la nature de l'apport d'une hypothèse complète de réflexivité, que nous définirons alors à la suite du *social scientist* Charles Sabel comme ce qui assure la connexion de l'individualité à la sociabilité en faisant de la confiance un attribut de la personne autonome[22].

Notre étape suivante sur l'institutionnalisme monétaire présentera alors un statut intermédiaire quelque peu particulier. Ouvrant à la question de la régulation monétaire selon les « socio-économistes » Michel Aglietta et André Orléan, son articulation en termes de don et de reconnaissance dans un cadrage anti-utilitariste indiquera une porte épistémologique importante, que nous ne franchirons à proprement parler qu'en fin de parcours. Cette révélation cognitive est celle d'une asymétrie originelle de la relation sociale. Avec les propos tenus par Alain Caillé et Marcel Hénaff, nous mettrons en effet à jour une vision de la complexité sociale dans laquelle, aux côtés du régime stratégique, le pôle des croyances sociales révèle un défaut de symétrie, dont l'argent constitue la trace symbolique, et qui implique la prise en considération d'un niveau particulier de réflexivité.

---

21 Caillé, A., *Théorie anti-utilitariste de l'action : Fragments d'une sociologie générale*, Paris, Éditions La Découverte/M.A.U.S.S., 2009, p. 173.

22 Sabel, C. F., « Constitutional ordering in historical context » in Scharpf, F. W. (dir.), *Games in hierarchies and networks : Analytical and empirical approaches to the study of governance institutions*, Francfort, Campus/Westview, 1993, p. 88.

La mise en exergue de cet ultime niveau de réflexivité de la confiance se fera alors au travers d'un dernier effort de compilation théorique des principes essentiels étudiés durant ce travail. Le dernier chapitre se présentera alors comme un résumé des propositions d'économie politique présentées au travers de notre étude, articulé autour des questions de la gouvernance du fait social monétaire et de l'économie financière telles que formulées par André Orléan essentiellement. Le dépassement de la perspective conventionnaliste de celui-ci nous permettra, tout à la fois, d'indiquer les deux principaux écueils auxquels se trouve confrontée toute perspective institutionnaliste, et de conclure à la nécessité, pour pouvoir les dépasser, de traiter d'un troisième niveau de réflexivité ; ce dernier, reposant sur la complexité des rapports pragmatiques de confiance, a alors pour objet « la cohérence opératoire des contextes (...) comme susceptible d'informer l'ajustement entre l'action et le contexte »[23]. À la suite des travaux réalisés au Centre de philosophie du droit de l'UCL, notre objectif sera donc de montrer en quoi une compréhension complète de l'enjeu d'une confiance réflexive dans le cadre d'un projet de gouvernance, de la monnaie ou autre, requiert une mise en capacité de l'articulation entre un ajustement des stratégies et un ajustement des croyances, et où la prise en considération de l'asymétrie originelle en vient précisément à opérer cette articulation, en permettant un élargissement de notre appartenance à un monde commun.

[23] Dedeurwaerdere, T., *Action et contexte : Du tournant cognitiviste à la phénoménologie transcendantale*, Hildesheim, Olms, 2002, p. 216.

PREMIÈRE PARTIE

DU JEU DE LA CONFIANCE EN THÉORIE INSTITUTIONNALISTE DU CHOIX RATIONNEL

CHAPITRE 1

Le paradigme du capital social

Comme point de départ de notre relecture critique du mouvement contemporain de l'économie politique, nous avons porté notre choix sur une théorie particulièrement à la mode du côté anglo-saxon, et qui possède une caractéristique très intéressante dans le cadre de notre problématique, à savoir celle d'être érigée autour d'une notion dont les origines sont à la fois économiques et sociologiques : le « capital social ». Ce concept, de par sa constitution reliant ces deux pôles des sciences humaines, et grâce à la tension intrinsèque entre capitalisation et socialisation qui l'habite, constitue donc une entrée particulièrement féconde à la question de la place de l'économie dans nos sociétés démocratiquement avancées et de ses rapports de force, de dépendance ou d'émancipation avec l'ordre politique. De plus, l'argument central du paradigme du capital social, celui qui opère le lien entre les sphères sociale, économique et politique, repose sur le phénomène que nous avons choisi comme fil conducteur de notre étude, à savoir la confiance.

Le nerf de la réflexion au sein de *Making Democracy Work* repose sur une simple question : pourquoi certains gouvernements démocratiques réussissent-ils là où d'autres échouent ? Robert D. Putnam décrit au départ son projet comme celui d'une révision sociologique et historique de la modernisation économique. Cherchant à amender le projet institutionnaliste[1], Putnam démontre la dépendance des institutions démocratiques vis-à-vis du capital social, décrivant celui-ci comme le résultat d'une confiance généralisée s'établissant sur la base de cercles vertueux interpersonnellement créés au travers des associations civiques. Les individus, répondant à un besoin personnel, vont se découvrir des affinités, et dans le mouvement collectif qui s'en suit, la confiance se présentera comme le moyen le plus apte à assurer le bon déroulement des opérations. Plus les citoyens s'associeront, et plus élevé

[1] Défini de façon large, l'institutionnalisme est une théorie économique qui chercha en un premier temps à préciser l'influence des institutions, alors essentiellement comprises comme des organisations formelles, sur les comportements individuels. Après un élargissement de la compréhension du concept d'institution à toute « règle du jeu social », ainsi que son traitement par d'autres sciences sociales, le tournant néo-institutionnaliste s'opéra au moyen d'une démarche fondée sur une hypothèse de rationalité limitée et d'un questionnement des méthodologies individualistes.

sera le niveau de capital social, lequel permettra en dernière instance d'augmenter le rendement aussi bien économique que politique. Dans ce schéma, la performance institutionnelle devient redevable de la volonté des sociétaires à mettre de côté leur penchant individualiste pour choisir la coopération comme fonctionnement collectif optimal.

I. Le capital social selon Robert D. Putnam

La paternité du terme de capital social semble devoir être attribuée à Judson Hanifan, un superviseur d'écoles en Virginie, dans un article écrit en 1916 vantant les mérites de l'implication communautaire des étudiants dans la mise en place d'un système éducatif efficient. Bien que ce concept fût par la suite employé par plusieurs auteurs issus de diverses sciences humaines (dont bien entendu la sociologie avec Pierre Bourdieu et James Coleman, ou encore l'économie avec Theodore Schultz et Gary Becker pour les plus célèbres), c'est la publication en 1993 de *Making Democracy Work : Civic Traditions in Modern Italy* du politologue américain Robert Putnam qui opéra un véritable basculement paradigmatique. Le concept de capital social contient une idée à la fois simple et fondamentale, celle que les réseaux sociaux ont une valeur. L'inscription d'un individu au sein d'un collectif n'est pas neutre dès lors qu'elle lui confère des capacités en termes d'entraide, de collaboration, de reconnaissance et d'apprentissage, constituant un ensemble d'avoirs permettant la réalisation de bénéfices futurs. L'appropriation théorique d'une telle idée repose donc en première instance sur une approche combinant des études historiques, sociales, politiques et culturelles. Il ne serait donc possible de saisir les variations de capital social que par le biais d'une étude comparative entre divers contextes sociopolitiques.

Robert Putnam ne s'inscrit donc pas uniquement dans la lignée de l'étude séminale réalisée par Alexis de Tocqueville dans son célèbre *De la Démocratie en Amérique* au niveau des grandes hypothèses de travail, mais aussi au niveau de la méthode employée pour les tester. En effet, Tocqueville innova en employant une méthode empirique comparant la nature de la démocratie américaine à celle de l'Europe[2]. Putnam fit exactement de même en observant les modes de fonctionnement de deux gouvernements régionaux distincts dans l'Italie de la fin du XXe siècle : le gouvernement de Bologne en Émilie-Romagne au Nord, et celui de Bari dans les Pouilles au Sud. La raison pour laquelle ce politologue américain en est venu à étudier des institutions étatiques italiennes est à nouveau similaire à celle qui motiva le voyage de Tocqueville en Amé-

[2] de Tocqueville, A., *De la démocratie en Amérique*, Paris, Garnier-Flammarion, (1835-40) 1981.

rique : « *it presents a rare opportunity to study systematically the birth and development of a new institution* »[3]. L'observation de l'émergence et du développement d'institutions, couplée avec une étude comparative quant à leurs effectivités respectives, permet à Putnam de réaliser l'objectif qu'il s'était établi avant son voyage : déterminer les conditions d'élaborations d'institutions démocratiques fortes, efficientes et réactives.

A. Le facteur civique

C'est au niveau du développement économique que la différence entre le Nord et le Sud de l'Italie apparait être la plus importante. Alors que le Nord se révéla être un lieu propice à l'industrialisation, le Sud en resta quant à lui à un niveau proche du tiers-mondisme. Comment expliquer une telle différence dans la gestion économique ? La première réponse serait d'analyser les ressources de départ. S'il est vrai que le Nord profite du massif alpin et de sa proximité avec d'autres pays, le Sud est après tout lui aussi traversé par les Apennins et bénéficie *grosso modo* d'avantages équivalents en termes de ressources. Selon Robert Putnam, cette explication ne peut en tous les cas pas être suffisante, et ce d'autant plus que les fonds attribués par l'État italien aux régions étaient distribués selon une formule prenant en compte les ressources en présence. Putnam décide alors de focaliser son attention sur le fonctionnement des administrations et des gouvernements des capitales régionales de l'Émilie-Romagne et des Pouilles. Il décrit alors le contraste en termes d'efficience entre ces deux structures institutionnelles comme étant radical. Les régions du nord de l'Italie qui ont réussi leur révolution industrielle présentent des gouvernements efficients, alors que celles du Sud stagnent au niveau institutionnel. Cependant, cette observation ne nous apprend pas grand-chose au final, et certainement pas la nature exacte du rapport de causalité entre ces deux phénomènes : est-ce la performance institutionnelle qui mène au succès économique, ou bien est-ce une économie florissante qui favorise le déploiement d'institutions efficientes ? Pour Robert Putnam, répondre à cette question complexe, et donc dénouer les fils de la performance institutionnelle, nécessite d'analyser le rôle d'un autre facteur qui s'avère bien plus fondamental : la communauté civique.

Une communauté peut être dite civique lorsque règnent entre ses citoyens des comportements d'entraide, de tolérance et de confiance. Au-delà de l'engagement dans les affaires communes et du sentiment d'égalité qui les parcourt, des citoyens civiques sont solidaires et con-

---

[3] Putnam, R. D. *et al.*, *Making democracy work : Civic traditions in modern Italy*, Princeton, Princeton University Press, 1993, p. 6.

fiants les uns envers les autres. Chez Tocqueville déjà cette idée était implicite dans sa description du besoin d'échanges d'égaux à égaux pour maintenir une démocratie saine. Son observation des développements américains du principe associatif dans des sphères non politiques de la société constitue le cœur du principe du capital social. Les associations, qu'elles soient culturelles, morales, religieuses, sportives, etc., ont des effets aussi bien « internes » (sur les individus) qu'externes (sur l'ensemble de la société). Au niveau interne, les associations habituent leurs membres à la coopération et à la solidarité. En distillant de la confiance mutuelle à travers des routines de fonctionnement, les associations, sans être nécessairement politisées, rendent leurs membres plus amènes et enthousiastes quant à l'idée d'un « vivre ensemble ». Les effets au niveau externe proviendraient donc directement de ceux opérant en interne : le régime politique gagnerait en vitalité et en acuité vis-à-vis des problématiques auxquelles il est confronté, ce que les citoyens gagnent en capacités coopératives.

Robert Putnam analysa alors empiriquement le caractère civique des régions d'Italie sur la base de quatre facteurs : les deux premiers, d'ordre social, sont la qualité de la vie associative et le fait de lire des journaux, et les seconds, d'ordre politique, sont la participation aux référendums et le nombre de votes de préférence lors d'élections. Si la vivacité de la vie associative et la participation aux référendums semblent être des facteurs assez évidents, les actes de lire des journaux et de voter préférentiellement peuvent *a priori* paraître quelque peu triviaux. Il n'en est rien selon Putnam, qui, après Tocqueville de nouveau, voit dans la lecture de quotidiens un facteur essentiel dans la constitution de communautés de citoyens informés. Putnam étaye alors son analyse en s'appuyant sur des statistiques prélevées durant plusieurs années par des collègues italiens, et ayant donc comme objets le recensement du nombre d'associations volontaires, le nombre de journaux écoulés et d'abonnements souscrits, le taux de participation lors d'élections, et enfin le pourcentage de votes en tête de liste. Les résultats obtenus en comparant la cartographie de la performance institutionnelle avec celle de la proximité avec l'idéal de la communauté civique s'avèrent alors sans appel : une nette concordance apparaît entre les régions à haute/basse performance gouvernementale et celles à haute/basse teneur civique. La ligne de démarcation est à ce point claire que pour Robert Putnam elle ne laisse plus la place au doute : plus une région est civique, et plus son gouvernement est efficient. Tester la consistance civique des communautés citoyennes des régions d'Italie devient alors le principal facteur explicatif de la performance institutionnelle.

Ainsi les régions les plus traditionnelles de l'Italie, *a priori* les plus à même au civisme, de par leur structuration de petite taille faisant la part belle à la mise en place de phénomènes de coopération sur fond d'« esprit de clocher », s'avèrent en fait de façon paradoxale celles qui en sont le plus dépourvues. C'est comme si dans ces régions le seul et unique référent de solidarité était le noyau familial, tout élément extérieur étant perçu comme étranger et inconséquent. L'exemple avancé par Robert Putnam, faisant lui-même référence à l'étude menée par le politologue américain Edward Banfield dans le village de Montegrano, de l'*ethos* du « familialisme amoral » si caractéristique des foyers mafieux, s'avère on ne peut plus clair à ce sujet : le principe régissant la vie de bon nombre de familles dans cette région étant « *maximize the material, short-run advantage of the nuclear family ; assume that all others will do like-wise* »[4], il n'est pas étonnant d'observer dans les faits de nombreuses difficultés en termes de gestion du bien publique. À l'opposé, les régions les plus développées économiquement et ayant intégré un haut niveau de modernisation – et donc composées d'individus « autonomes » – s'avèrent être celles qui présentent également les communautés civiques les plus vigoureuses. Est-ce à dire que la modernisation et son corollaire de rationalisation favoriseraient le déploiement des phénomènes d'engagement civique et de solidarité ? Rousseau aurait-il tort en estimant que la félicité sociale ne peut être atteinte qu'au sein de petites villes fonctionnant de façon quasiment autarcique[5] ?

Le civisme constitue un facteur dont l'origine reste floue, requérant une analyse historique plongeant dans les racines des communautés de vie pour pouvoir trouver une explication quant à sa teneur. Faisant référence au principe néo-institutionnaliste du « chemin de dépendance », Putnam retrace les histoires particulières des régions d'Italie en fonction de leur vie socio-politique. Ainsi met-il à jour l'existence dans les régions du Nord d'importantes traditions civiques remontant au Moyen Âge. Bien que prenant des formes diverses à travers les siècles, ces us et coutumes s'internalisèrent dans la population sous la forme de vertus civiques octroyant de la sorte un capital « génétique » favorable au déploiement de postures de solidarité et de confiance sociale, mais aussi de contestation et de résistance à l'autorité. En effet, si le facteur « développement économique » révèle de trop fortes variations à travers l'histoire que pour pouvoir expliquer la performance institutionnelle actuelle, le facteur « communauté civique » présente quant à lui une remarquable stabilité à travers les âges. Il apparaît en effet que les régions au nord de l'Italie bénéficièrent depuis longtemps de la présence de nombreuses associations à finalités culturelle, religieuse, commerciale ou politique.

---

4 Putnam, R. D. *et al.*, *op. cit.*, p. 88.

5 Rousseau, J.-J., *Du contrat social*, Paris, Flammarion, (1762) 2001.

B. Le capital social

Pourquoi le passé est-il si influent ? Parce que c'est à travers lui que s'établit le niveau d'« équilibre social » qui déterminera l'architecture rationnelle des interactions, caractérisant à son tour la capacité pour la population de réaliser des actions coordonnées permettant la gestion adéquate de la collectivité. Ce sont en fait les dilemmes de l'action collective[6] qui indiquent les raisons menant un acteur à choisir la défection systématique, en lieu et place de la coopération, à partir du moment où l'équilibre de la structure sociale est tel qu'il se présente comme un incitant à la désertion collaborative. Or, la détermination de ce point d'équilibre repose sur un ensemble de facteurs tels que le niveau de confiance sociale, la présence de réseaux civiques et l'internalisation de normes de réciprocité parmi la population, et dont le faisceau constitue ce que Robert Putnam appelle « capital social ».

> Voluntary cooperation is easier in a community that has inherited a substantial stock of social capital, in the form of norms of reciprocity and networks of civic engagement. Social capital here refers to features of social organization, such as trust, norms, and networks, that can improve the efficiency of society by facilitating coordinated actions[7].

Le capital social est un ensemble de ressources ayant, comme toute forme de capital, des capacités productives, mais se distinguant du capital physique (les avoirs financiers et les capacités techniques) et humain (l'éducation et la connaissance) en deux points.

Premièrement, il repose sur la *coopération* au sein de l'organisation sociale, et donc sur la multiplication de contacts sociaux, et non pas sur l'accumulation de biens matériels ou informationnels. Le capital social n'est donc pas un bien consomptible ; il peut être détruit, mais pas dans l'usage, qui a pour effet au contraire de l'augmenter. Putnam mobilise en fait le concept du capital social en suivant la théorisation réalisée par James Coleman quelques années auparavant. C'est en grande partie grâce à la réflexion de ce sociologue de l'école de Chicago que le principe du capital social intégra les agendas de travail des spécialistes des sciences humaines, et ce essentiellement sous l'égide du paradigme de

---

6 Le dilemme de la trahison du prisonnier, la défection opportuniste du passager clandestin (*free-riding*), ainsi que la tragédie des biens communs, décrivent chacun à leur manière le défi que constitue toute action collective : l'application de stratégies individuelles rationnelles mène à des résultats collectifs sous-optimaux, dès lors qu'elles restent inscrites sur le court terme. La sortie des dilemmes de l'action collective repose alors généralement, soit sur une répétition des interactions menant à la naissance d'un intérêt réciproque à coopérer, soit sur la mise en place de contraintes au niveau institutionnel.

7 Putnam, R. D. *et al.*, *op. cit.*, p. 167.

l'action rationnelle – nous reviendrons en détail dans le chapitre suivant sur certaines retombées théoriques résultant de la récupération du concept colemanien. Voici comment James Coleman décrit le principe du capital social :

> Social capital is defined by its function. It is not a single entity but a variety of different entities, with two elements in common : they all consist of some aspect of social structures, and they facilitate certain actions of actors (...) within the structure. Like other forms of capital, social capital is productive, making possible the achievement of certain ends that in its absence would not be possible. Like physical capital and human capital, social capital is not completely fundgible but may be specific to certain activities. A given form of social capital that is valuable in facilitating certain actions may be useless or even harmful for others[8].

Deuxièmement, et toujours à la suite de Coleman, le capital social est pour Putnam un *bien public* faisant référence aux caractéristiques de l'organisation sociale. C'est pour cette raison que selon lui le capital social tend souvent à être sous-estimé, et n'est généralement perçu que comme un dérivé d'actions tendant à créer du capital conventionnel. Putnam parle pour sa part essentiellement du capital social comme relevant de la présence de « cercles vertueux » au sein d'un organisme social. Comme nous allons le voir, le capital social semble en fait être quelque peu confondu par Putnam avec deux autres concepts délicats : la vertu civique et la confiance généralisée. Plutôt que d'appréhender le capital social comme un attribut individuel, comme « une ressource que l'individu reçoit de son groupe ou de son réseau social sous une forme agrégée »[9], Putnam articule cette notion à un niveau interpersonnel, se distinguant en cela de Pierre Bourdieu par exemple[10].

Faisant du capital social un facteur explicatif fondamental de la performance institutionnelle, et par ce biais de tout le principe de gouvernance démocratique, Robert Putnam s'inscrit bien dans la mouvance institutionnaliste qui cherche à introduire dans les matrices conceptuelles scientifiques de nouvelles données essentielles à la compréhen-

---

8 Coleman, J. S., « Social capital in the creation of human capital » in *American Journal of Sociology*, vol. 94, 1988, p. 88.

9 Tazdaït, T., *L'analyse économique de la confiance*, Bruxelles, De Boeck, 2008, p. 46.

10 Pierre Bourdieu définit pour sa part le capital social comme un attribut personnel décrivant « l'ensemble des ressources actuelles ou potentielles qui sont liées à la possession d'un réseau durable de relations plus ou moins institutionnalisées d'interconnaissance et d'inter-reconnaissance ; ou, en d'autres termes, à l'appartenance à un groupe, comme ensemble d'agents qui ne sont pas seulement dotés de propriétés communes (...) mais sont aussi unis par des liaisons permanentes et utiles. » In Bourdieu, P., « Le capital social : Notes provisoires » in *Actes de la recherche en sciences sociales*, vol. 31, Paris, 1980, p. 2.

sion approfondie des interactions sociales. Arpentant la paroi historique du néo-institutionnalisme, Putnam ouvre une nouvelle voie de réflexion permettant une prise en compte du problème de la confiance en politologie en lien avec l'économie : la performance institutionnelle est dépendante du capital social présent au sein d'une communauté donnée, et donc du niveau de confiance qui règne entre ses membres. Cette dernière est donc appréhendée comme un lubrifiant pour la coopération, comme un instrument permettant d'atteindre la sortie optimisée des dilemmes de l'action collective en mettant entre parenthèses ses aspects incertains. La confiance, bien qu'elle ne soit pas interrogée dans ses fondements et modalités opératoires dès lors qu'elle est essentiellement perçue comme un moyen d'action, possède donc chez Putnam un statut central qu'il conviendra encore de dévoiler.

Pour Elinor Ostrom et Toh-Kyeong Ahn, l'essor rapide de la littérature sur le capital social après la parution de l'ouvrage de Robert Putnam est lié à la prise de conscience des limites des approches classiques de l'action collective, et en particulier de leur incapacité à rendre compte de ce fameux différentiel de performance économique et politique entre communautés et nations. Comparer des communautés en action n'a donc plus rien d'incongru, exception faite bien entendu pour les scientifiques postulant l'atomicité des individus et leur capacité d'optimiser leurs décisions indépendamment du contexte social. Précisément, la première génération des théories de l'action collective s'avère impuissante à expliquer l'origine de ce différentiel de performance institutionnelle. L'introduction de la confiance dans les théories économiques permet la prise en compte de nouvelles hypothèses, en termes de réputation essentiellement, et, de façon plus générale, d'inscription des acteurs en lice dans un milieu générant des dépendances, des limites et des garanties.

> Social capital is a core theoretical concept that helps to synthesize how cultural, social and institutional aspects of communities jointly affect their capacity to deal with collective-action problems[11].

C. Des équilibres socio-économiques

Une étude politographique et historique, couplée à une problématisation en termes d'action collective, permet donc à Robert Putnam de présenter une vision neuve de la gouvernance démocratique selon l'enjeu des valeurs et des normes inscrites dans la coopération socio-économique. Le capital social, comme toute forme de capital, peut alors faire l'objet d'une évaluation quantitative, à laquelle s'attela précisé-

---

11 Ostrom, E. et Ahn, T. K. (dir.), *Foundations of social capital*, Critical studies in economics institutions series, vol. 2, Edward Elgar Reference Collection, 2003, p. 16.

ment Putnam par le biais d'une analyse des facteurs économiques et civiques des deux régions d'Italie. Les régions démocratiquement efficientes sont celles dont les membres sont les plus adroits à résoudre les dilemmes de l'action collective, et donc à coopérer, à mutualiser les efforts, à se mettre d'accord sur une ligne de conduite, et à se donner les moyens de s'y tenir. Les citoyens y sont de manière générale plus proactifs, mieux informés, plus « puissants » car hautement interconnectés et confiants en leur capacité d'action ; dès lors, ils sont plus aptes à constituer un contre-pouvoir face aux administrations publiques, susceptibles de perdre le contact avec la réalité sociale.

Les histoires particulières des régions échafaudent la structure rationnelle des interactions sociales. En d'autres termes, l'architecture cognitive d'une population, sur laquelle vient s'établir le point d'équilibre de la balance de la coopération civique et économique, est dépendante du passé. Pour Robert Putnam, plus l'histoire d'un peuple sera parsemée d'évènements démontrant sa capacité à résoudre les difficultés liées à l'agir collectif, et plus son stock de capital social sera élevé. Une provision de capital social augmentera donc lors de sa mise en activité par le biais d'un processus viral d'intensification de la confiance, de la réciprocité positive et de l'engagement civique. Mais c'est selon un processus inversement identique qu'une communauté faiblement civique risque de voir son capital social s'amenuiser, et ce au point de voir gelée toute forme de coopération en son sein. Le refus de coopérer constitue en effet une stratégie de survie parfaitement rationnelle et à fort potentiel de renforcement cumulatif. Coopérer dans un environnement incivique constitue une prise de risque bien trop importante que pour devenir un comportement habituel. En fait, comme le souligne bien Diego Gambetta, les comportements coopératifs apparaissent bien plus extraordinaires que les comportements opportunistes une fois observés sous le prisme de la théorie des jeux[12]... Sauf à postuler la confiance comme un phénomène naturel chez l'être humain.

Ainsi Robert Putnam observe-t-il l'existence de deux équilibrages sociaux bien distincts en termes de capacités coopératives entre le Nord et le Sud de l'Italie de la fin du XXe siècle. Ces niveaux de « capacitation » coopérative sont selon lui le fruit de l'histoire des hommes, construisant par sédimentation une véritable architecture rationnelle des interactions sociales. Or, et ce malgré de nombreux changements de régimes à la fois politiques et économiques à travers les âges, Putnam observe dans le passé du Nord de l'Italie une prééminence en termes de civisme, et ce depuis le Moyen Âge. Ainsi Putnam décrit-il le millénaire

12 Gambetta, D., « Can we trust trust ? » in Gambetta, D. (dir.), *Trust : Making and breaking cooperative relations*, Oxford, University of Oxford, 2000, pp. 213-237.

italien (depuis l'invasion normande) comme étant marqué par une constante autocratique/élitiste dans le Sud et républicaine/participative dans le Nord. Le fait que le Mezzogiorno ait été dirigé durant des siècles par des puissances étrangères, dont la mainmise hiérarchisée assura cependant, jusqu'à l'unification de l'Italie, la richesse et le développement économique, rendit au final cette région totalement dépourvue en termes de réseaux horizontaux, menant à un appauvrissement des capacités de mobilisation collective.

De ce Moyen Âge italien caractérisé par la mise en place d'une puissante monarchie autoritaire dans le Sud et d'une explosion de républiques communales dans le Nord, et ce jusqu'à l'unification au XIXe siècle, Robert Putnam décrit donc la gestion du pacte social comme relevant d'une tendance fondamentalement verticale au Sud et horizontale au Nord. En fait, le Sud de la péninsule semble avoir adopté génétiquement la solution hobbesienne du Léviathan pour résoudre les dilemmes de l'action collective, les individus déléguant leur pouvoir et la responsabilité du maintien de la paix sociale et du développement économique à une tierce partie[13]. Cette solution fonctionna durant de nombreux siècles, des villes telles que Rome et Naples devenant, sous des régimes autoritaires et extrêmement hiérarchisés, parmi les plus riches de l'Occident aussi bien aux niveaux économique que culturel. Les populations du Sud « prirent le pli » de gouvernements autoritaires, de la mise en place de tierces parties coercitives afin de résoudre les problèmes légaux et commerciaux, de relations verticales de clientélisme, et, surtout, d'interactions fondées sur une réciprocité « équilibrée » et non pas « généralisée »[14].

Alors que la hiérarchisation et le familialisme deviennent la normativité doxique dans le Sud, le Nord par contre opte pour la mise en place d'une solution de type capital social. L'émergence et la multiplication de guildes, de sociétés, de coopératives, d'unions et de clubs en tout

---

13 Hobbes, Thomas, *Le citoyen*, Paris, Flammarion, (1647) 1982 ; Hobbes, T., *Leviathan*, Oxford, Oxford University Press, (1651) 1998.

14 Robert Putnam décrit la réciprocité comme pouvant être de deux ordres : « équilibrée » ou « généralisée ». La réciprocité « équilibrée » est un phénomène spécifique qui repose sur un échange donnant-donnant avec l'autre. L'échange est simultané, reposant généralement sur une transaction d'objets de valeurs identiques ou étant marqué par une relation de pouvoir. La réciprocité « généralisée » est quant à elle de nature plus diffuse et apparaît dans des relations sur le long terme, caractérisées par un déséquilibre des statuts de redevabilité ou de dépendance. Dès qu'une norme d'un tel ordre est intégrée, elle fait germer au sein des individus en relation toute une série d'attentes légitimées par l'histoire qui les relie. C'est donc essentiellement cette dimension répétitive et temporelle qui favorise le déploiement des normes de réciprocité « généralisée » ; ces dernières s'avèrent pour cette raison bien plus aptes à l'approvisionnement en capital social.

genre, instaurèrent dans le Nord un sentiment populaire aussi diffus que la norme qui l'accompagne, selon lequel la coopération et l'entraide sont non seulement possibles mais en plus efficaces. Dès lors, les normes de réciprocité positive et les réseaux d'engagement civique devinrent le matériau de base de la construction de l'architecture interactionnelle du Nord, structurant les relations sociales de façon horizontale et égalitaire, et non pas de manière verticale et dépendante comme ce fut le cas au Sud.

> This civic equilibrium has shown remarkable stability (…) although its effects have been disrupted from time to time by exogenous forces like pestilence, war, and world trade shifts. The contrasting, Hobbesian equilibrium in the South has been even more stable, though less fruitful. Mutual distrust and defection, vertical dependence and exploitation, isolation and disorder, criminality and backwardness have reinforced one another in (…) interminable vicious circles[15].

Ainsi l'équilibre sous-optimal de la défection économique apparaît-il comme étant bien plus facilement stabilisable que son homologue reposant sur la confiance. Robert Putnam distingue donc dans son architectonique du social deux pôles d'équilibres économiques déterminant la rationalité de l'action collective : un équilibre de la dépendance/exploitation et un équilibre de la réciprocité/confiance. C'est alors à l'histoire des sociétés de déterminer vers lequel de ces deux pôles se stabilisera l'équilibre, limitant *de facto* le niveau global d'efficience économique et de performance institutionnelle. S'opère alors un phénomène de renforcement de l'équilibre, les acteurs étant rationnellement enclins par leur contexte social et institutionnel à répondre selon les capacités mises en balance.

Mais ce phénomène de renforcement n'est pas le seul à pouvoir être observé : les conclusions de Robert Putnam démontrent également l'existence d'un important phénomène d'hystérèse. En termes bourdieusiens, l'hystérèse est une des caractéristiques des *habitus*, ces dispositions structurantes socialement acquises et transposables, signifiant leur constance à travers la durée[16]. En termes économiques, ce phénomène décrit un effet de persistance d'un état malgré la disparition de ses causes suite à des problèmes de masse critique. Que ce soit sociologiquement ou économiquement parlant, une théorisation en termes de capital social repose sur un principe d'influence des dispositions individuelles par des variables de groupes, pouvant mener à une inadaptation persistante des individus face à l'évolution des contextes. Dans ce cadre, il est dès lors difficile de faire florès au niveau économique en partant

---

15 Putnam, R. D. *et al.*, *op. cit.*, p. 181.

16 Bourdieu, P., *Esquisse d'une théorie de la pratique*, Paris, Seuil, (1972) 2000.

d'un équilibre trop faible, le capital social se présentant comme une ressource difficile à dynamiser.

Selon ces conclusions, les pathologies sociales vécues dans le Sud de l'Italie semblent difficilement dépassables, le sillon de dépendance en résolutions élitistes et pyramidales aux dilemmes de l'action collective étant trop profond. La théorie avancée par Robert Putnam réduirait-elle à néant toute opportunité pour une société au passé marqué du sceau de l'exploitation de changer sa condition ? Les régions du Sud de l'Italie sont-elles condamnées à l'inefficience institutionnelle, aux difficultés économiques et à l'incivisme ? Robert Putnam paraît assez pessimiste en tous les cas, tant la reformulation d'un programme d'agir collectif optimal requiert un long processus social.

D. La clef de voûte démocratique

La relation entre démocratie et capital social semble en fait être symbiotique chez Robert Putnam, selon l'expression d'Eric M. Uslaner[17]. La démocratie requiert selon lui un haut niveau de confiance généralisée pour l'optimalité de son fonctionnement, et donc un important taux de capital social. L'étude de Tocqueville indiquait déjà cette voie et préfigurait toute la réflexion de Robert Putnam : la démocratie requiert la présence d'un univers associatif vigoureux. C'est essentiellement dans le monde coopératif que les êtres humains apprennent à dépasser leur crainte mutuelle en se fixant des objectifs communs et des moyens pratiques de les atteindre. Ce faisant, et ce quelle que soit la nature de l'objectif, les acteurs développent des dispositions de réciprocité et de confiance vis-à-vis de leurs proches, leur permettant de résoudre avec facilité et à moindres frais les dilemmes de l'action collective. Le premier élément est donc le fait que le capital social favorise l'agir collectif. Deuxièmement, et ce aussi bien pour Tocqueville que pour Robert Putnam, la solution hobbesienne du tiers oppresseur pour permettre un agir collectif montre rapidement ses limites. Les États et autres institutions à finalité prescriptive ont recours à des lois couplées à des mécanismes de sanctions pour parvenir à leurs fins ; il apparaît cependant que cette solution s'avère non seulement extrêmement lourde et coûteuse à mettre en place, mais aussi souvent bien trop rigide face aux changements radicaux de certains contextes. Dans l'introduction de l'important ouvrage collectif *Democracy and Trust* qu'il a édité, Mark E. Warren présente bien ce double enjeu :

> Democratic theorists increasingly have come to accept a principle first associated with Tocqueville : there are inherent limits to collective actions orga-

[17] Uslaner, E. M., « Democracy and social capital » in Warren, M. E. (dir.), *Democracy and trust*, Cambridge, Cambridge University Press, 1999, p. 141.

> nized by states or state-like organizations. (…) Ultimately, collective action depends upon the good will of participants, their share understandings, their common interests, and their skilled attention to contingencies. (…) As Tocqueville so famously put it, « In democratic countries knowledge of how to combine is the mother of all other forms of knowledge ; on its progress depends that of all the others »[18].

Face aux problèmes de l'agir collectif, certaines communautés mobiliseront leur stock de capital social, et ce faisant, elles l'enrichiront et le rendront plus accessible à la fois. Celles qui répondront aux dilemmes collectifs par d'autres moyens rationnels (l'opportunisme, la défection, ou encore l'emploi de tiers coercitifs pour l'essentiel), établiront pour leur part un point d'équilibre non coopératif sous-optimal pour l'action. Cette divergence d'équilibre social, résultant de la congruence en termes de capital social du collectif, permet donc d'expliquer la différence de performance institutionnelle : les sociétés adéquatement « modelées » seront hautement civiques et donc plus aptes à opérer à la fois un contre-balancement mais aussi et surtout un « prolongement » efficaces au niveau social des pouvoirs publics, alors que les sociétés présentant une faible capitalisation sociale se révéleront bien plus chétives au niveau démocratique. Et ce parce qu'elles auront économiquement internalisé des habitudes individualistes, faisant le lit du phénomène démocratiquement contre-productif de tyrannie de la majorité, sans être parvenues à les contrebalancer au moyen d'associations civiques : « *Tocqueville was right : democratic government is strengthened, not weakened, when it faces a vigorous civil society* »[19].

Le paradigme du capital social restreint donc le rôle des institutions gouvernementales en soumettant la normativité à un principe réticulaire. En effet, si Putnam se défend bien de nier toute incidence sur le progrès démocratique des pratiques politiques au niveau des institutions formelles, celles-ci semblent condamnées à dépendre *in fine* de l'évolution des mentalités. Il focalise donc toute l'attention sur la sphère civile et n'offre que très peu de réflexions sur le rôle en tant que tel des institutions étatiques, alors même que son analyse historique indique clairement l'incidence du statut gouvernemental sur l'établissement des équilibres socio-économiques. Bien que sa vision fasse peu état du rôle positif des réformes régionales menées par l'État italien, il conclut cependant son étude en estimant que des changements institutionnels menés au niveau public ont bel et bien des impacts sur l'évolution des croyances sociales.

---

[18] Warren, M. E., « Introduction » in Warren, M. E. (dir.), *Democracy and trust*, Cambridge, Cambridge University Press, 1999, p. 14-15.

[19] Putnam, R. D. *et al.*, *op. cit.*, p. 182.

> The civic community has deep historical roots. This is a depressing observation for those who view institutional reform as a strategy for political change. (...) The full results of the regional reform, however, are far from an invitation to quietism. On the contrary, (...) changing formal institutions can change political practice. The reform had measurable and mostly beneficial consequences for regional political life. As institutionalists would predict, institutional changes were (gradually) reflected in changing identities, changing values, changing power, and changing strategies. (...) Formal change induced informal change and became self-sustaining[20].

Mais ce passage soulève selon nous plus de questions qu'il n'en résout : si des réformes gouvernementales peuvent mener à un changement des pratiques civiques, il convient encore d'en étudier les modalités de fonctionnement et surtout les critères de réussite. Pour sa défense, comme indiqué au début de son étude, sa réflexion ne consiste pas à proprement parler à élaborer une théorie du design institutionnel, à propos de laquelle il fait alors référence aux travaux d'Elinor Ostrom[21]. Mais il nous semble malgré tout que sa vision des causes de la performance institutionnelle aurait grandement bénéficié de quelques réflexions en termes d'agencement politique ; en l'état, la simple évocation en toute fin de parcours d'une incidence bénéfique, sous conditions non traitées et sans doute intraitables par sa théorisation (comme nous le défendrons par la suite dans notre analyse critique du capital social), des institutions formelles sur la performance démocratique, ne nous semble pas dépasser une perspective strictement autorégulatrice et fondamentalement communautariste des enjeux politiques.

II. Études post-*Making Democracy Work*

Robert Putnam poursuivit ses recherches sur le capital social essentiellement dans deux directions : l'observation ainsi que le traitement d'un déclin généralisé de la participation civique à travers les États démocratiquement avancés, et l'élaboration d'hypothèses concernant une mutation des formes traditionnelles du capital social. Appliquant les hypothèses de travail établies dans *Making Democracy Work*, Putnam se fit en un premier temps l'observateur alarmiste d'un effritement de la société américaine à travers un essai intitulé *Bowling Alone*, et assura l'édition de l'ouvrage collectif *Democracies in Flux* analysant comparativement l'évolution générale du capital social au sein des sociétés post-industrielles. Il décrivit ensuite de façon plus optimiste, d'une part,

---

20 Putnam, R. D. *et al.*, *op. cit.*, pp. 183-184.

21 Ostrom, E., *Governing the commons : The evolution of institutions for collective action. Political economy of institutions and decisions*, Cambridge, Cambridge University Press, 1990.

l'émergence de nouvelles formes d'activité associative, et d'autre part, l'existence d'histoires particulières visant une recréation de capital social en vue d'un objectif commun dans *Better Together*.

A. Un désengagement civique généralisé

L'application de la méthodologie empirique de Robert Putnam au niveau du territoire américain et les conclusions qu'il en tira eurent un impact considérable qui dépassa le monde académique. Si son *Making Democracy Work* atteint le statut de *best-seller* en ayant des échos à travers l'ensemble des sciences sociales, la publication à peine deux ans plus tard de l'article *Bowling Alone : America's Declining Social Capital* parvint également à toucher le monde politique, et mena à la création du Séminaire Saguaro[22]. Robert Putnam décrit dans cet ouvrage plusieurs phénomènes qui, selon lui, témoignent de la diminution de l'engagement civique aux États-Unis, et donc, de par son impact sur la performance institutionnelle et la qualité de vie, d'une déficience du principe démocratique. Reprenant pour l'essentiel les quatre indicateurs de civisme mis à jour dans *Making Democracy Work*, à savoir les faits de participer à des associations, de lire des journaux, de se présenter à des référendums et d'employer son droit de vote, il parvient à démontrer une importante diminution du capital social dans l'ensemble des États.

Robert Putnam approfondit cette hypothèse d'un déclin de la participation civique en Amérique dans un ouvrage publié en 2000, intitulé *Bowling Alone : The Collapse and Revival of American Community*[23]. La référence au fait de jouer seul au bowling ne serait pas triviale : elle est symptomatique d'un changement des mentalités, lesquelles semblent de plus en plus opter pour des comportements individualistes. Alors que le bowling était principalement considéré comme un sport d'équipe, les chiffres montrent que, depuis quelques décennies, il devient de plus en plus un sport auquel on joue seul – Robert Putnam observe un déclin d'environ 50 % du nombre d'adhésions à un club, et ce malgré une augmentation du nombre de joueurs occasionnels. Le bowling n'est bien entendu pas le seul sport touché. Un phénomène général de dévalorisation des dispositifs collectifs est observable. La participation dans des

---

22 Le *Saguaro Seminar* réunit des individus provenant des divers États, de diverses expériences de vie et de diverses classes de la population américaine. À travers le dialogue, ils réfléchissent ensemble aux moyens concrets de recréer des incitants aux relations sociales et civiques afin de relancer l'innovation sociale qui fit les beaux jours du début du XXe siècle américain, et qui permit la création d'institutions aussi diverses que les *YWCA*, les *Boy Scouts*, l'*American Red Cross*, la *League of Women Voters* ou encore l'*Urban League*.

23 Putnam, R. D., *Bowling alone : The collapse and revival of American community*, New York, Simon & Schuster, 2000.

associations diminue elle aussi, ainsi que le nombre de personnes s'engageant dans les comités d'églises, de quartier ou encore au sein de structures syndicales. Au niveau politique, il observe également un accroissement du taux d'absentéisme lors d'élections, ainsi que, de façon générale, une désertion croissante lors de manifestations politiques, et une inquiétante diminution de l'activisme politique. Les États-Unis semblent donc connaître depuis les années 1970 une mutation à la fois de l'engagement civique, des liens sociaux et des rapports de confiance : les citoyens américains se rejoignent moins, votent moins, donnent moins, et sont de moins en moins confiants (bien que de plus en plus tolérants, ce qui ne revient pas au même), et ce aussi bien les uns envers les autres que vis-à-vis de leurs dispositifs institutionnels.

Entre plusieurs causes de natures aussi diverses que l'augmentation du temps de travail, la pression financière, l'évolution du rôle des femmes, des effets générationnels ou encore l'expansion urbaine, Robert Putnam estime que la plus déterminante n'est autre que l'apparition dans les foyers américains de la télévision[24]. Renvoyant à l'un de ses indicateurs de civisme, il estime que l'incroyable succès et déploiement de la télévision au milieu du XXe siècle a eu pour effet de réduire l'intérêt des citoyens pour la lecture de journaux, qui est par contre associée selon lui à la constitution du capital social. En effet, non seulement les journaux étaient souvent lus à l'extérieur, dans des lieux favorisant l'échange d'idées et le dialogue, mais ils étaient aussi et surtout caractérisés par des lignes éditoriales bien tranchées. En termes de contenu informationnel, les journaux télévisés sont aussi caractérisés par un principe de sélection sensationnaliste et un principe de construction dramatique qui ont pour effet pervers de détourner l'attention des informations réellement essentielles[25]. Le loisir télévisuel, entraînant les individus à rester

---

[24] Putnam, R. D., « Tuning in, tuning out : The strange disappearance of social capital in America » in *Political Science and Politics*, vol. XXVIII(4), 1995, pp. 664-683.

[25] Pierre Bourdieu décrit ainsi la télévision comme étant « le lieu de censures multiples et pour la plupart invisibles, y compris pour ceux qui les exercent ». Cette censure en télévision n'est pas autant le fait de pressions politiques ou économiques que celle issue des principes qui la régissent, à savoir la spectacularisation et la dramatisation, et qui mènent à une homogénéisation de l'image couplée à une catégorisation de l'information. Perverse car imperceptible, cette censure établit une unification des thématiques par la concurrence, et échappe à toute imputation de par sa nature systémique. Pour Bourdieu, la télévision cache tout autant qu'elle dévoile. Ainsi, la focalisation sur des faits divers conduit à une perte de temps précieux pour le traitement d'informations pertinentes pour l'exercice citoyen des droits et des pouvoirs démocratiques. La différence essentielle entre le journal papier et télévisé repose donc sur ce facteur temporel : la détermination de la pertinence des articles n'appartient plus à l'individu puisqu'elle devient déterminée par la sacro-sainte règle de l'audimat. La force de frappe de l'image, bien plus importante que celle du texte, permet à la télévision de créer une autre réalité pouvant s'avérer particulièrement

chez eux et restreignant de la sorte leurs opportunités d'interaction, doit donc être associé à un faible niveau de capital social.

Un autre élément mis en exergue par Robert Putnam afin d'expliquer le déficit d'engagement civique vécu par les États-Unis repose sur un argument bien connu de la *realpolitik*, selon lequel une importante crise nationale permet d'abondamment ressouder les liens entre ceux qui la vivent. Une guerre, un désastre naturel ou encore une crise économique constitueraient autant d'opportunités de reformation d'engagements solidaires. Or, à l'époque de *Bowling Alone*, les États-Unis n'ont plus fait les frais d'une importante crise galvanisante depuis des lustres. Les attentats perpétrés sur le sol américain le 11 septembre 2001 donnent-ils raison à cette hypothèse ? D'après les sondages menés par Robert Putnam dans le cadre du Séminaire Saguaro, le 11 septembre marqua en effet chez beaucoup d'Américains un regain de la confiance sociale et même institutionnelle à travers une importante relance patriotique. Cela se traduisit concrètement par une acceptation accrue au sacrifice de quelques libertés en vue de renforcer la sécurité, ainsi que par le dépassement de certains clivages inter-ethniques (et ce même si ces phénomènes se firent chez beaucoup par le biais de la détermination d'un nouvel ennemi prenant la figure de l'islamiste). Mais il apparut rapidement que la forme de capital social qui émergea directement après le drame était en quelque sorte tronquée par essence, car bien plus fondée sur la peur que sur un objectif commun, et qu'elle ne dura qu'un temps. Il en résulta pour preuve un *statu quo* au niveau du nombre d'inscriptions au sein d'organisations civiques. Cependant, une fois le choc passé, il apparut que la jeune génération qui vécut les attentats développa quant à elle un sens civique plus aigu. Les jeunes Américains prirent à la fois conscience de la faiblesse et des limites de leur nation, de ce qui lui est extérieur, de la complexité du monde et de l'interdépendance des destins. Ce fut pour eux, comme le dit Robert Putnam, un incroyable « moment d'apprentissage » qui les marqua à jamais[26] [27].

---

pernicieuse d'un point de vue démocratique. Or, les chiffres cités par Bourdieu rejoignant ceux de Robert Putnam, il apparaît qu'en un demi-siècle plus de 50 % des individus ont arrêté de lire des journaux. In Bourdieu, P., *Sur la télévision*, Paris, Raisons d'agir, 1996.

[26] Putnam, R. D. et Sander, T. H., « September 11 as civic lessons » in *The Washington Post*, Septembre 2005.

[27] Un autre exemple de « moment d'apprentissage » eut lieu lors de la dévastation de la Louisiane par l'ouragan Katerina en août 2005. La Nouvelle-Orléans subit un véritable retour à l'état de nature et vécut durant de nombreux mois dans la désolation la plus totale. Le nombre de volontaires disposés à venir en aide aux victimes fut conséquent, et de nombreuses associations se mirent en place afin de subvenir aux besoins de façon durable. Mais la lenteur avec laquelle le gouvernement prit ses res-

Quoi qu'il en soit, l'argument essentiel de *Bowling Alone* est simple : le capital social traditionnel qui a fait les beaux jours et la gloire des États-Unis est sur le déclin. Les Américains sont de moins en moins sociables et participent de moins en moins au devenir politique. Cependant, souligne Robert Putnam, le déclin de l'engagement civique ne signifie bien entendu pas la disparition de celui-ci. Les États-Unis ont déjà vécu de telles périodes, et le renouveau qui suivit en fut d'autant plus important. Les États-Unis connaîtraient-ils en fait des cycles en termes de capital social ? Ces cycles présenteraient-ils en fait des formes diverses de capital social ? La nature des relations interpersonnelles évolue-t-elle au fil du temps, et subit-elle l'impact des nouvelles technologies ? Si oui, alors il semblerait plus que plausible de penser une modification en parallèle des caractéristiques du capital social. L'engagement civique aurait-il donc muté, et si oui, pour prendre quelle forme ?

Partant de l'idée que le capital social a évolué durant cette dernière moitié de siècle aux États-Unis, Robert Putnam va alors voir s'il en est de même au sein d'autres démocraties avancées. Il va pour ce faire assurer l'édition d'un ouvrage collectif présentant les résultats d'études statistiques et empiriques menées au sein de huit pays développés appartenant à l'O.C.D.E., à savoir les États-Unis, l'Angleterre, la France, l'Allemagne, l'Espagne, la Suède, l'Australie et le Japon. La première conclusion va de soi : le taux de capital social ne suit pas une trajectoire identique pour tous les pays. La dynamique du capital social reste avant tout localisée, plus déterminée par les particularités d'une histoire nationale que par les conséquences de phénomènes globalisés. Toujours est-il que les observations indiquent l'existence d'un schéma, non synchronique mais bel et bien similaire à celui des États-Unis, de déclin du capital social dans tous les pays technologiquement avancés.

B. Un renouveau associatif particularisé

Comme le souligne Jean-Louis Thiébault, n'y a-t-il pas dans les résultats établis par Robert Putnam dans *Bowling Alone* une contradiction

---

ponsabilités afin d'agir sur le terrain et venir en aide aux sinistrés rappela alors aux Américains l'importance et l'enjeu du vote, chose qui semblait de plus en plus enfouie sous les simulacres de la surenchère démagogique des campagnes électorales. La société civile américaine sortit en partie de sa torpeur, et des signes tangibles d'un accroissement d'intérêt politique parmi la nouvelle génération apparurent, menant à un évènement aussi inattendu qu'il s'avérait improbable encore quelques années auparavant : l'élection au poste de président des États-Unis d'un jeune sénateur démocrate afro-américain de 47 ans. Mais après avoir vécu l'incroyable passage à l'acte de la menace terroriste, après la violence d'un désastre naturel, l'Amérique se révéla à nouveau être le terrain d'un autre drame, bien moins spectaculaire mais bien plus violent encore : un krach immobilier sans précédent aux retombées mondiales et persistantes, tristement nommé l'« automne noir » de 2008.

avec les conclusions établies dans *Making Democracy Work*[28] ? En effet, la thèse des cercles vertueux repose sur un principe de longévité, l'accumulation générationnelle de la vertu civique à travers l'histoire rendant cette dernière particulièrement robuste. Or, comme l'indiquait déjà Tocqueville, les États-Unis reposent sur une solide tradition civique et patriotique à travers de nombreuses associations ; il en résulte donc un haut niveau de confiance sociale (du moins intra-*Wasp*, il convient de souligner), qui selon la thèse de Robert Putnam devrait être profondément ancré dans les mentalités. Comment expliquer alors ce revirement ? Robert Putnam, sans doute soucieux de maintenir sa thèse des cercles vertueux, et sans doute avec elle l'ensemble du principe du capital social, parle en fait plus d'une mutation de l'engagement civique que de sa disparition à proprement parler. Selon lui, le principe associatif se serait modifié pour devenir moins efficace. Les nouvelles associations deviendraient selon lui de plus en plus focalisées sur leurs objectifs en réduisant les interactions sociales à leur strict minimum. Ce qu'il décrit renvoie en fait à une forme de rationalisation des groupes d'action qui encourage de moins en moins à la construction de liens durables. L'idée de Putnam pour expliquer le désintéressement vis-à-vis des affaires publiques ainsi que l'accroissement de cynisme et de méfiance envers les acteurs politiques est que les nouvelles générations sont marquées par la profusion des sources médiatiques. Typiquement, l'Internet et ses diverses potentialités d'échanges constituent pour lui des technologies communicationnelles plus individualistes que les médias traditionnels, et sont donc moins conductrices en termes de capacités de poursuite de buts collectifs. Putnam ne pousse cependant pas très loin son analyse des nouvelles technologies d'information et de communication.

Coécrit avec Lewis Feldstein et Donald J. Cohen, *Better Together* marque un changement radical dans la méthode d'approche du capital social[29]. Loin des descriptions statistiques d'ensemble de *Making Democracy Work* et de *Bowling Alone*, Robert Putnam opte pour une approche presque microsociologique, cherchant à observer le capital social dans ses incarnations particulières. Les douze histoires décrites impliquent toutes la constitution d'un réseau de liens sociaux autour d'un projet, et montrent les difficultés et enjeux de la formation de relations de confiance et de réciprocité ; en d'autres termes, ces histoires sont celles de la création de communautés. Signalons au passage qu'aucun

---

28 Thiébault, J. L., « Les travaux de Robert D. Putnam sur la confiance, le capital social, l'engagement civique et la politique comparée » in *Revue internationale de politique comparée*, vol. 10(3), 2003, p. 350.

29 Putnam, R. D. *et al.*, *Better together : Restoring the American community*, New York, Simon & Schuster, 2003.

des cas d'étude décrits dans cet ouvrage ne présente une forme technologisée de capital social.

Putnam et ses collègues nous invitent dans cet ouvrage à un voyage au travers divers visages de l'Amérique, allant des milieux ruraux des villes reculées, aux environnements urbains des grandes villes, en passant par leurs périphéries, avec pour focalisation des exemples de réussites associatives. Les auteurs décrivent par exemple l'incroyable succès d'une organisation activiste représentant près de 60 000 familles latino-américaines dans la vallée du Rio Grande au Sud du Texas, d'une église évangéliste en Californie comptant plus de 45 000 membres, d'une *middle school* du Wisconsin qui implique des jeunes de 12 ans dans des projets locaux, ou encore d'une association de quartier à Boston. Les douze cas décrits ont été sélectionnés sur la base de deux principes : le premier étant celui de montrer des réussites de mobilisation grâce à la constitution de capital social, et le second étant d'inclure autant de variété possible que ce soit aux niveaux des lieux (une salle communale, une classe, un salon, etc.), de l'âge et du nombre des participants, mais aussi et surtout de l'objectif associatif. De la sorte, il est possible d'observer les différences en termes d'identification groupale et de fonctionnement d'un syndicat, d'un programme d'art, d'un groupe religieux ou encore d'une communauté locale. En conclusion de ces travaux, les auteurs observent pour l'essentiel que la création de capital social requiert beaucoup de temps et d'efforts.

Remarques conclusives

Concluons ce chapitre avec quelques remarques. Tout d'abord il convient de bien comprendre que les modalités de l'engagement politique et social sont aussi primordiales au déploiement d'une communauté authentiquement civique que le simple fait de s'engager. Il ne suffit pas de s'impliquer dans les affaires socio-politiques, encore faut-il *bien* le faire, ce que ne manqueront pas de souligner les détracteurs de la théorie de Robert Putnam. En effet, il est tout à fait possible de s'impliquer corps et âme dans une association sans jamais soulever la question du bien-fondé de ses objectifs et de ses impacts. Ainsi, et ce sans ouvrir une dimension éthique dans sa réflexion, Putnam observe par lui-même l'importance et la difficulté d'analyser le régime des relations qui lient des individus au sein de communautés de vie et d'actions. Si les régions que Putnam indique comme étant moins civiques possèdent bien entendu elles aussi une activité politique, il apparaît que cette dernière fonctionne essentiellement sur la base de relations d'autorité et de dépendance, et non pas d'égalité et de résistance comme il semblerait que ce soit le cas dans les régions plus civiques. Il convient donc d'envisager la confiance comme un phénomène susceptible de renforcer l'asymétrie des rapports de pouvoir, dès lors que cette mise en vulnérabilité serait mal placée. Il suffit que le projet que se donne le réseau soit considéré comme allant à l'encontre du bien collectif pour comprendre que la confiance ne possède pas une moralité intrinsèquement tendue vers le bien – les mafias en constituent l'exemple paradigmatique. Suivant cette perspective plus critique de son propre concept, Putnam finit par établir une intéressante distinction entre « *bounding social capital* » et « *bridging social capital* »[30]. Les réseaux formant le premier relient des individus « similaires » sous plusieurs aspects, développant des risques de cristallisation des croyances et de routinisation des comportements, alors que ceux créant du capital social « pontant » présentent une perspective exo-groupale de confrontation à l'altérité et de remise en question des perspectives, et semblent devenir, de façon croissante à l'heure de la mondialisation, des éléments nécessaires pour le bon fonctionnement des démocraties.

Ensuite, il est intéressant de voir que Robert Putnam a totalement changé de méthodologie avec *Better Together*. Abandonnant les analyses statistiques comparatives, le fait qu'il ait opté pour des analyses microsociologiques, plus proches de la réalité des acteurs en action, est loin d'être neutre : le capital social ne saurait-il après tout se laisser découvrir que dans la particularité de ses phénomènes ? Conviendrait-il, afin de saisir les raisons et les causes du succès économique et de la performance politique, de laisser de côté les études quantitatives et de s'engager sur la voie d'analyses qualitatives ?

Enfin, il reste très étrange que Robert Putnam décrive une mutation du capital social suite au développement des nouvelles technologies, tout en argumentant qu'aucun des cas concrets étudiés dans *Better Together* ne permettrait d'observer cette mutation. Comment Robert Putnam peut-il en arriver à une telle conclusion alors que, d'une part, c'est lui-même qui a choisi les cas et donc leurs critères, et d'autre part, les États-Unis sont le lieu qui a vu naître Internet et où une importante majorité des foyers possède un ordinateur connecté ? Bien que ce problème puisse paraître futile, il nous semble au contraire qu'il est symptomatique de certaines difficultés méthodologiques rencontrées par la réflexion sur le capital social. Comme nous allons le voir à présent, il semble en effet que Robert Putnam n'en soit pas à une incohérence près…

Quittons donc notre sage relecture de la définition putnamienne du capital social et voyons de quoi retournent les critiques de ce nouveau paradigme, qui semble avoir conséquemment modifié le visage des sciences humaines du côté anglo-saxon. En effet, comme nous l'avons

---

[30] Putnam, R. D. *et al.*, *op. cit.*

déjà souligné plus haut, l'incroyable succès des ouvrages *Making Democracy Work* et *Bowling Alone* plaça le capital social au centre de l'arène théorique et devint rapidement *le* concept permettant d'expliquer à peu près tout et n'importe quoi dans une importante variété de domaines – le capital social comme solution à tous les problèmes de société pose pourtant question, comme nous allons le voir tout de suite. Et la science qui sembla tirer le plus grand parti de cette notion n'est autre que l'économie, l'éditeur du célèbre *Quarterly Journal of Economics* indiquant que le mot-clé « capital social » fut le plus cité des années 1990[31]. N'y a-t-il pas quelque chose de paradoxal dans le fait que la conceptualisation d'une notion « capitalisante », réalisée par un politologue cherchant à faire dépendre le politique et l'économique de la complexité sociale, soit précisément celle qui offre le plus d'affinités avec un traitement hypothético-déductif ? À la vue de notre relecture au plus proche de la lettre de Putnam, il apparaît que la réponse à cette question ne va pas de soi, tant un glissement intellectuel s'opère subrepticement entre les objectifs qu'il s'était fixés et les conclusions auxquelles il aboutit.

31 Fine, B., *Social capital versus social theory : Political economy and social science at the turn of the millennium*, Londres, Routledge, 2001, p. 83.

CHAPITRE 2

Critique du capital social

Le principe du capital social recréerait-il donc un pont sociologique entre le politique et l'économique ? Ce serait un élément non négligeable de l'œuvre de Robert Putnam, qui rejoindrait parfaitement les enjeux soulevés par le tournant néo-institutionnaliste en sciences sociales. Bien plus encore, l'hypothèse du capital social ouvrirait alors une brèche de dépendance dans la science économique : la consistance civique d'une société serait un facteur prédicatif essentiel de son évolution économique. Malheureusement, à y regarder de près, il s'avère non seulement que Robert Putnam, *in fine*, élabore toute sa construction sur une théorie de l'action rationnelle en faisant essentiellement référence à la conceptualisation colemanienne du capital social, mais qu'en plus il fournit à la science économique un concept tout indiqué pour parvenir à ses fins expansionnistes : le capital social, tel que conceptualisé par Putnam, ne s'avère n'être rien d'autre qu'une variable d'état économique résultant de l'agrégation d'intérêts particuliers, et par rapport à laquelle les institutions politiques deviennent redevables.

Les individus déploient hors de l'ordre marchand une rationalité économique fondée sur la poursuite d'intérêts établis en fonction de préférences, laquelle doit *nécessairement* – selon cette optique néolibérale résolument simpliste quant à la capacité d'autorégulation des acteurs – mener à la définition d'un équilibre socio-économique efficient. Ainsi, il nous semble non seulement que l'approche traditionaliste de Robert Putnam a pour effet de vider les enjeux de pouvoir auxquels doit faire face la démocratie de tout contenu, mais qu'en plus son adhésion tacite à la théorie du choix rationnel, qu'elle entendait remettre en cause, fait du concept du capital social un cheval de Troie tout indiqué permettant à l'économie normative d'envahir la théorie sociale.

En guise d'introduction, voici alors les divers points faibles de la théorie de Robert Putnam mis en exergue par Ben Fine, spécialiste et critique de la notion de capital social, et que nous allons traiter de près ou de loin durant ce chapitre :

> Robert Putnam's neglect of power and the unequal distribution of, and access to, social capital ; his reliance upon a questionable distinction between politics and civil society as a basis for examining the impact of social capital ; his limited economic analysis ; failure to recognize the weak relation-

ship between social capital and democracy in light of fascism in particular and authoritarianism, etc., in general ; neglect of power, not least in view of the importance of colonization and its heritage ; and, from an analytical perspective, the effect of social capital is understood deterministically, not least in omitting intermediate variables (for assessing, for example, the relationships between economic performance and democracy, and democracy and social capital)[1].

I. Éviction de la question du pouvoir

Le capital social, tout comme la confiance, ne constitue en rien un objet non ambigu. Les problématiques qui entourent ces deux phénomènes ne peuvent être réduites à la seule question de leur constitution et de leur maintien, pour la bonne et simple raison qu'ils mettent en place des relations de *pouvoir*. Mobiliser du capital social et faire jouer la confiance en vue de la réalisation d'un objectif instaurent une relation tripartite entre deux acteurs et un objet, l'un devant se mettre en situation de vulnérabilité par rapport à l'autre. Le dépassement du blocage sous-optimal de l'action collective passe nécessairement par une prise de risque de la part du premier acteur qui se met en situation de dépendance vis-à-vis de la volonté de rendre la pareille de la part de son homologue. Or, la vulnérabilité à l'encontre d'un tiers soulève automatiquement des enjeux en termes de pouvoir et de manœuvres pouvant viser, d'un côté, son maintien, et de l'autre, son renversement. Bien que le principe de précarité en situation d'incertitude ne constitue pas à proprement parler le propos du paradigme du capital social tel que mis en place par Robert Putnam, il nous semble malgré tout dangereux de faire l'impasse sur le traitement de ses conséquences.

Comme nous l'avons indiqué en guise de remarques conclusives du chapitre précédent, Putnam est cependant conscient de ce problème, et il le prouve une fois de plus en opérant une autre distinction entre réseaux horizontaux – selon un principe d'égalité d'accès aux ressources et de traitements – et verticaux – selon un principe de hiérarchisation, ces derniers étant selon lui impropres à la création d'une confiance généralisée et rayés de son étude pour cette raison. Mais, à nouveau, il nous semble que la simple description de cette distinction ne constitue rien d'autre qu'un subterfuge pour éviter d'affronter la réelle difficulté à laquelle confronte le phénomène de confiance. D'une part, il nous semble que, dans les faits, la séparation entre réseaux horizontaux et verticaux est loin d'être claire, tant les rapports interindividuels sont caractérisés par des passages incessants entre des ordres de hiérarchie et

1 Fine, B., *Social capital versus social theory : Political economy and social science at the turn of the millennium*, Londres, Routledge, 2001, p. 94.

d'équivalence, et d'autre part, elle ne supprime en rien l'enjeu du pouvoir qui peut parfaitement avoir lieu au sein de relations d'égal à égal. Toujours est-il que Putnam, en amalgamant tout à la fois réseaux civiques et capital social, normes de réciprocité et confiance, fait de tous ces objectifs des nécessités aveugles à leurs propres conséquences ; le capital social, de par ses capacités à améliorer aussi bien la performance économique que politique, devient une issue non problématisée dont l'unique difficulté est liée à sa réalisation.

Les conséquences en termes de gouvernance de la dénaturalisation du principe du pouvoir, comme tension entre les sphères privée et publique reliées par un enjeu commun, peuvent être décrites par deux postures. La première, officiellement adoptée par Robert Putnam, se contente d'un libéralisme républicain qui abandonne les questions structurelle et législative en se focalisant sur un discours de la société civile. Cette perspective ne semble en fait pouvoir mener qu'à la mise en place d'un État-providence restreint à un principe fonctionnel de type administratif et bureaucratique. La seconde, s'engouffrant dans le vide laissé par la première, se formalise en termes néo-conservateur et met l'accent sur le partage de valeurs au sein de communautés traditionnelles. La frontière entre l'une et l'autre s'avère en fait extrêmement ténue, toutes deux défendant une conception minimaliste de l'État, et ne tient que par l'aspect dénonciateur du développement libéral des droits individuels qui caractérise l'approche néo-conservatrice.

A. Séparation entre société civile et État

Le discours sur la société civile tenu par Robert Putnam marque par l'accent mis sur son mouvement strictement *bottom-up*. La sphère civile y est décrite comme une entité en soi dont les capacités intrinsèques permettent d'assurer le contre-balancement effectif des pouvoirs gouvernementaux. Or, des enjeux de pouvoir en tant que tel, il n'en est en fait jamais question dans l'étude de Robert Putnam. Le principe du pouvoir politique suppose des phénomènes de résistance, d'asservissement, de renversement et de maintien de l'ordre établi entre deux parties se disputant un bien – le pouvoir en l'occurrence. Les partisans de la société civile ont raison de voir en elle le lieu d'émergence d'énergies indépendantes, dont la non-conformité avec les incarnations exécutive, législative et judiciaire du pouvoir pousse celui-ci à se remettre en question et à maintenir des efforts de légitimation. Mais ils auraient tort de croire que ce mouvement s'opère en milieu éthéré, et que la réception institutionnelle des flux de tension se fasse sans résistance. Bien au contraire, des distorsions de natures diverses surviennent durant l'ensemble du processus, de l'émission à la réception, le traitement des requêtes modifiant la nature de celles-ci. En d'autres termes, la coordination collective est altérée dans son mouvement d'influence de l'ordre politique, et la confiance sociale sur laquelle elle se fonde est également soumise aux opérations des sphères techniques.

L'idée d'une influence verticale de la sphère publique sur la sphère civile est, sinon évacuée, mise au second plan de la réflexion chez Robert Putnam. Le capital social étant un attribut de la société situé à un méso-niveau réticulaire, son mode de production semble être strictement dépendant des volontés individuelles et de leurs capacités associatives : l'État ne possède qu'un rôle extrêmement limité dans sa production. Tout au plus peut-il inciter les sociétaires à créer des réseaux relationnels afin d'assurer le maintien d'un niveau décent de confiance. Les seules propositions concrètes pouvant émaner de l'État dans le cadre du capital social s'apparentent à des réformes de type *New Welfare* telles que celles menées par l'Administration Clinton durant la fin des années 1990, et visant à recomposer des communautés d'attention.

> Bill Clinton's proposals for job-training schemes and industrial extension agencies invite attention to social capital. The objective should not be merely an assembly-line injection of booster shots of technical expertise and work-related skills into individual firms and worker. Rather, such programs could provide a matchless opportunity to create productive new linkages among community groups, schools, employers, and workers, without creating costly new bureaucracies. (…) The latent effects of such programs on social capital accumulation could prove even more powerful than the direct effects on technical productivity[2].

Si ces réformes constituent autant de tentatives intéressantes visant à inciter les citoyens à s'occuper les uns des autres et à recréer des liens sociaux, la question de savoir si elles permettent *réellement* la création d'une confiance sociale reste par contre entière. En effet, il ne suffit pas d'inciter les individus à s'entraider pour *automatiquement* créer de la confiance généralisée, résorber les divisions sociales, et encore moins résoudre tous les maux de société.

Ainsi l'étude microsociologique réalisée par Paul Lichterman dans *Elusive Togetherness* de la concrétisation du principe du capital social par le biais de telles politiques incitatives montre bien que, dans les faits, les enjeux s'avèrent bien plus complexes que ne le laisse penser Robert Putnam[3]. Cette étude remet en effet en cause le principe fonctionnel du capital social en questionnant la capacité des incitants associatifs à proprement créer de la confiance sociale, et donc les normes de

---

2 Putnam, R. D. *et al.*, *Making democracy work : Civic traditions in modern Italy*, Princeton, Princeton University Press, 1993, p. 39.

3 Lichterman, P., *Elusive togetherness : Church groups trying to bridge America's social divisions*, Princeton, Princeton University Press, 2005.

réciprocité sur lesquelles reposerait la performance démocratique[4]. À la lecture de Lichterman, nous comprenons rapidement que l'enjeu est bien plus délicat. Des politiques incitatives resteront à jamais insuffisantes tant qu'elles ne s'accompagneront pas de programmes d'enquêtes et de *feedbacks* sur les succès et les échecs des mobilisations. De telles politiques ont par le passé déjà été menées avec une réussite toute relative : au lieu de tabler sur une approche quantitative des communautés civiques, il serait bien plus intéressant d'en étudier les aspects qualitatifs.

En d'autres termes, il faut qu'un lien vivace soit maintenu entre les communautés et les programmes institutionnels qui visent un accroissement d'engagements s'ils ne veulent pas en rester au niveau de simples injonctions, dont la pertinence n'implique en rien l'adéquation avec des contextes de vie complexes. Il nous semble bien au contraire que le véritable enjeu pour tout système étatique est de maintenir son implication de façon aussi adéquate que possible dans le développement des opérations de réciprocité ayant cours dans la sphère privée. Dès lors que l'État peut avoir des impacts aussi bénéfiques que néfastes sur la société civile, il est nécessaire de penser la complexité de ce mouvement dans le lien indéfectible qui les unit, et ce que ce soit sur un mode interventionniste ou non.

> There is no question that the welfare-state paradigm, corresponding forms of legalization, and established modes of civic engagement, political participation, and social integration are all in crisis today. But the dichotomous thinking that counterposes civil society to the state, duties to right, custom to code, informal to formal sociation (as the source of trust), culturalist to institutionalist approaches, and status to contract leads to an overly hasty conclusion of social decapitalization and a set of false policy choices[5].

B. Une tournure néo-conservatrice

Si la posture néo-conservatrice est aisément reconnaissable à travers sa logique manichéenne et impérialiste au niveau des relations internationales, il est également possible de la définir en termes de politique intérieure comme étant à la fois fondée sur le libéralisme mais tendue contre certaines de ses dérives. Cet aspect se révèle à travers toute une

---

4 « *To understand the conditions for solidarity, empowering civic relationships, it is not enough to ask about rates of group participation or stocks of social capital. It is not enough to ask why those stocks have fallen in America since the early 1970s. It is not enough to ask what makes people join civic groups. We should ask what group membership means to people. We need to bring group meanings and group communications squarely into the debates about civic engagement instead of resting content with counting groups.* » In Lichterman, P., *op. cit.*, 2005.

5 Cohen, J., « Trust, voluntary association and workable democracy : The contemporary American discourse of civil society » in Warren, M. E. (dir.), *Democracy and trust*, Cambridge, Cambridge University Press, 1999, p. 241.

série de réflexions parsemant les écrits de Robert Putnam, qui trahissent, d'une part, une appréhension à l'encontre des projets « collectivistes » et des nations n'ayant pas derrière elles une solide histoire capitaliste, et d'autre part, une vision traditionaliste des rapports entre société civile et institutions étatiques.

Les néo-conservateurs ne sont pas à proprement parler opposés au socialisme et à l'État-providence, qu'ils perçoivent comme étant minimalement nécessaire, mais plutôt contre les aspects hétéro-culturels et pluralistes qui se déploient à travers la permissivité du libéralisme politique. Le néo-conservatisme est donc loin d'impliquer un refus catégorique des capacités interventionnistes de l'État-providence, bien au contraire. Libéraux au niveau économique, l'État doit selon eux être le protecteur et le garant des traditions qui ont fait les grands jours d'un passé souvent fantasmé, se devant de restreindre les risques d'un individualisme offrant à tout un chacun le choix de vivre sa vie comme il l'entend. Et il apparaît assez clairement que Robert Putnam s'avère être un traditionaliste de pure souche, tant il défend une vision presque surannée de la société : crainte des nouvelles technologies d'information et de communication et promotion de la lecture de journaux traditionnels, scepticisme vis-à-vis des nouvelles formes délocalisées de mouvements sociaux et encouragement en faveur du schéma associatif traditionnel des comités de quartier ou des clubs de sport, amertume face à la désertion croissante dans les lieux de culte, et enfin accession de l'*old school American way of life* au rang de maître étalon dans les études comparatives au niveau international.

Cette tournure néo-conservatrice du capital social se révèle donc aussi au travers des études de comparaison internationale menées dans le cadre de ce paradigme. Comme nous l'avons vu, la conception du capital social putnamien repose sur des relations interpersonnelles qui permettent la diffusion du facteur civique et d'une confiance généralisée à travers les réseaux de coopération et les normes de réciprocité qui en émergent. L'accent mis sur les réseaux sociaux, comme incubateurs privilégiés de cet agent civique au sein d'une population, lui permet de ne pas tomber dans une approche strictement culturaliste du capital social et de la confiance ; faire de ces derniers les fruits de relations sociales et non pas d'une culture particulière permet en effet d'expliquer les « différences d'appréciation de la confiance entre générations au sein d'une même culture »[6]. Mais si la théorisation de Robert Putnam ne s'avère pas directement culturaliste[7], elle n'en demeure pas moins éta-

---

[6] Tazdaït, T., *L'analyse économique de la confiance*, Bruxelles, De Boeck, 2008, p. 43.

[7] En effet, Putnam se défendait bien de tomber dans le travers des conservateurs, comme l'indique le passage suivant : « *Conservatives are right to emphasize the value of intermediary associations, but they misunderstand the potential synergy bet-*

blie sur un argument taillant une bonne part de causalité à la dimension accumulative du capital social par héritage générationnel, et donc, sur son aspect communautaire. Son idée de l'existence d'une spirale de réciprocité vertueuse se déployant à travers les associations civiques étant un principe ne pouvant fonctionner que sur le long terme, il en résulte une vision assez pessimiste concernant l'avenir des pays dont le tissu social fut complètement déchiré à un moment donné, et ce même lorsque des changements institutionnels bénéfiques ont été opérés.

> Where norms and networks of civic engagement are lacking, the outlook for collective action appears bleak. The fate of Mezzogiorno is an object lesson for the Third World today and the former Communist lands of Eurasia tomorrow, moving uncertainly toward self-government. The « always defect » social equilibrium may represent the future of much the world where social capital is limited or nonexistent. For political stability, for government effectiveness, and even for economic progress social capital may be even more important than physical or human capital. Many of the formerly Communist societies had weak civic traditions before the advent of Communism, and totalitarian rule abused even that limited stock of social capital. Without norms of reciprocity and networks of civic engagement, the Hobbesian outcome of Mezzogiorno – amoral familism, clientelism, lawlessness, ineffective government, and economic stagnation – seems likelier than successful democratization and economic development. Palermo may represent the future of Moscow[8].

Les deux décennies qui suivirent cette déclaration lui donnent-elles raison ? Dans les faits, certainement, mais le problème repose bien selon nous sur les *causes* attribuées par Robert Putnam aux difficultés vécues aussi bien par les anciens régimes communistes que par les pays du tiers monde. En d'autres termes, s'il y a bien lieu de s'alarmer, il semble absurde de réduire tous les enjeux sociaux à la présence ou non d'associations civiques. Les États et leurs responsables sont comme exonérés de toute responsabilité selon cette approche. S'il est sans aucun doute en partie vrai que la performance institutionnelle est dépendante de la présence de réseaux civiques, les enjeux politiques et surtout économiques peuvent s'avérer totalement imperceptibles à des échelles

---

ween private organization and the government. Social capital is not a substitute for effective public policy but rather a prerequisite for it and, in part, a consequence of it. Social capital, as our Italian study suggests, works through and with states and markets, not in place of them. The social capital approach is neither an argument for cultural determinism nor an excuse to blame the victim. » In Putnam, R. D. *et al.*, *op. cit.*, p. 42.

Mais, à nouveau, il nous semble qu'il ne suffit pas de se défendre de l'adoption d'une certaine posture alors que l'ensemble d'une théorisation indique précisément sa parfaite adéquation avec la position en question.

8 *Ibid.*, p. 183.

locales, et à ce point complexes qu'ils requièrent des analyses expertes approfondies. En d'autres termes, le fait de se mobiliser en vue d'un agir collectif nécessite une perception de l'enjeu dans le chef des participants. De plus, ceux-ci ne sont pas toujours équipés des moyens d'action nécessaires à la prévention de crises d'ampleur systémique. À l'heure de la mondialisation, il relève quasiment de la mauvaise foi de réduire des enjeux géopolitiques aussi complexes à une question de capacité d'associativité locale.

Le problème s'avère extrêmement complexe en ce qui concerne les pays du Tiers-Monde, car reposant sur un faisceau de raisons diverses. Une voie de réflexion nous semble cependant apparaître assez nettement : la grande majorité de ces pays, qui ont manqué la révolution industrielle du XIXe siècle, ont vécu durant de nombreuses années sous divers régimes colonialistes, beaucoup continuant encore à subir à l'heure actuelle un impérialisme économique. Le colonialisme a de plus toujours été couplé à d'importants phénomènes d'imposition de schèmes culturels souvent fort éloignés de ceux en place dans les structures traditionnelles[9]. Le fossé économique séparant le Nord et le Sud continue en effet à s'agrandir de façon aussi alarmante qu'il apparaît de plus en plus inéluctable, beaucoup de pays tiers-mondistes continuant à subir le joug couplé de pouvoirs étatiques qui n'ont de démocratiques que le nom, et de mécanismes économiques inéquitables et discriminants issus de la mondialisation libérale. Quoi qu'il en soit, la pauvreté, les manquements en termes d'accès à l'instruction et à de l'information de qualité, la criminalité, la faim et la malnutrition des populations du Tiers-Monde constituent sans aucun doute les principales barrières au déploiement de réseaux civiques jouant le rôle de contre-pouvoir politique et permettant la dissémination d'une confiance généralisée. Sans éducation ou le ventre vide, les chances de parvenir à se mobiliser collectivement apparaissent bien minces. De plus, d'importants phénomènes de solidarité sont observables dans ces pays également, mais les moyens à disposition sont bien trop maigres que pour parvenir à inverser l'ordre des choses.

> This is a particularly vexing problem when applying social capital to sub-Saharan Africa because, for better or worse, sub-Saharan Africa stands out in the so-called era of globalization for its marginalization. This is the vast region that the Western world cumulatively seems to know the least about and therefore feels most comfortable imposing its own images (darkness) and ideals (modernization) upon. The search for social capital in sub-Saharan Africa therefore easily turns into a critique of local communities and wider societies, with an understanding that if they only looked a bit

---

9 Pour une analyse aussi approfondie que passionnante sur la question de la réduction culturelle à l'œuvre dans le colonialisme, nous renvoyons à l'ouvrage *Culture et Impérialisme* d'Edward Saïd.

more like those in the advanced capitalist west, many problems could be overcome[10].

Les anciens régimes communistes, devenus au sortir de la Seconde Guerre mondiale des démocraties maladroitement appelées « populaires », ont connu et connaissent encore pour la plupart d'importantes difficultés sur les plans économique et politique. Le cas de Moscou semble symptomatique d'un décalage entre une modification radicale de l'idéologie déterminée au niveau des structures de gestion avec celle encore à l'œuvre au sein de la population. Devenue du jour au lendemain un Éden capitaliste après des décennies de communisme, Moscou connut un important *boom* économique qui profita aux élites et aux influents, favorisant le déploiement et l'enrichissement des mafias par le truchement, entre autres, d'une spéculation immobilière débridée, le tout laissant sur le carreau une importante partie de la population, qui vit tout aussi rapidement se dégrader ses conditions de vie[11]. Moscou connaît donc, en effet, un important développement économique, mais pour une frange seulement de sa population, dans la plus pure tradition néolibérale oserions-nous dire. Cette crainte est confortée par un simple regard sur le mode de fonctionnement politique du pays, vis-à-vis duquel nous pouvons légitimement émettre d'importantes réserves quant à l'aspect authentiquement démocratique. Toujours est-il que la réalité moscovite démontre bien la possibilité d'avoir un important développement capitaliste tout en maintenant des structures institutionnelles démocratiquement peu performantes. Il est donc également possible de générer la forme du capital social nécessaire à l'industrialisation sans que celui-ci ne repose sur une base civique de type tocquevillien.

Au final, pourquoi supposer que le destin de toute société est de réaliser une modernisation économique telle que nos sociétés occidentales l'ont vécue ? N'y a-t-il pas dans cette prédétermination une certaine

---

10 Zuern, E. K., « Social capital and modernity » in *Transformation*, vol. 53, 2003, p. 71.

11 « La conséquence négative de la transformation de Moscou en ville mondiale tient dans le caractère non planifié et trop rapide de la croissance des fonctions liées à la superstructure. On songe ici au management, aux équipements haut de gamme, au commerce des biens de luxe et aux logements destinés aux élites. Les fonctions de bases (production et recherche) sont, par contraste, en déclin. Le processus actuel de reconstruction de la capitale ne touche qu'une partie des districts urbains. (...) Dans la mesure où les autorités municipales n'ont aucune volonté de s'attaquer au phénomène de dualisation qui affecte Moscou de manière particulièrement apparente dans le centre et quelques quartiers d'affaires clés, le processus de polarisation sociale est, à l'inverse de ce qui s'est produit dans les villes occidentales, très rapide. » In Kolossov, V. et O'Louglin, J., « Comment Moscou se transforme en ville géante capitaliste » in *Revue internationale des sciences sociales*, vol. 181, Cairn, 2004, pp. 463-479.

forme d'impérialisme néo-conservateur ? Mettant de côté la question du pouvoir, le soubassement économique du capital social présuppose que le capitalisme constitue un phénomène *nécessairement* bénéfique et ne présentant aucune entrave au bon développement d'une société. Pourtant, cette perspective semble plus que contestable, comme l'histoire des exemples critiques avancés par Robert Putnam le démontre *a posteriori*.

En résumé, la question de savoir si le paradigme du capital social est parvenu à réellement cerner la cause des malheurs sociaux semble toujours d'actualité. Robert Putnam et ses politiques de remobilisation civique ne se tromperaient-ils pas dans la direction causale, en s'attaquant bien plus aux symptômes qu'aux sources réelles des difficultés ? Celles-ci ne résideraient-elles pas plutôt à un niveau systémique, celui du prix des marchandises, de la circulation et de la captation des capitaux dans le cas du développement du Tiers-Monde, comme le défend avec beaucoup de conviction Sydney Tarrow[12] ? Nous le pensons effectivement : les dispositions civiques sont dépendantes d'un faisceau de critères économiques et politiques bien plus complexe que ce que ne laisse entrevoir la simple idée de l'associativité civique.

C. Faiblesses méthodologiques et historiques

Sa perspective réactionnaire et sa déception vis-à-vis de l'évolution des mœurs civiques traduit déjà le choix d'une lecture proprement optimiste de l'histoire américaine, qu'il conviendrait également de remettre en perspective à l'aune d'autres décodages historiques plus critiques, tel que celui d'*Une Histoire Populaire des États-Unis* de Howard Zinn, soulignant toute la violence sur laquelle repose l'avènement américain. De plus, comme l'indique Ben Fine, de nombreuses critiques de nature aussi bien historique que méthodologique furent déjà émises à l'encontre du travail réalisé dans *Making Democracy Work*, et auxquelles Robert Putnam ne répondit en fait jamais. Selon Fine, la raison de ce silence est la suivante : elles sont tout simplement irréfutables. Ainsi, des historiens italiens ont fortement remis en question l'analyse de Putnam en complexifiant son modèle au-delà de la séparation Nord/Sud, et en prouvant l'existence de communautés civiques dans la région des Pouilles. Beaucoup d'entre eux soulignent également l'important rôle que joua l'État après l'unification dans la politique et la définition des enjeux civiques dans le Sud du pays, qui constitue un fait totalement évacué de la lecture historique par Robert Putnam.

---

[12] Tarrow, S., « Making social science work across time and space : A critical reflection on Robert Putnam's Making democracy work » in *American political science review*, vol. 90(2), 1996, pp. 389-397.

> How could Robert Putnam, who knows the history of Italian unification well, have missed the penetration of southern Italian society by the northern state and the effect this had on the region's level of civic competence ? The reason seems to lie in the model with which he turned to history, a model that conceived of civic capacity as a native soil in which state structures grow rather than one shaped by patterns of state building and state strategy. In a comparison between the nineteenth-century unification of Italy and the twentieth-century installation of the regions, Robert Putnam reveals this « bottom-up » model of causation very clearly[13].

La majorité des reproches établis à l'encontre de l'étude italienne se fondent sur cette même faiblesse : l'incapacité de Putnam de prendre du recul et d'adopter une posture critique vis-à-vis de sa lecture « civique » et « associative » de la vie politique. Obnubilé par sa volonté de déterminer la source de toute performance institutionnelle dans la coopération sociale, il analyse les facteurs et les données obtenues au moyen d'une méthode unilatéralement *bottom-up*. L'impact des stratégies étatiques n'est dès lors pas pris en compte dans ce cadre, ce qui semble difficilement acceptable pour toute recherche souhaitant décrire de façon complète la complexité et la richesse d'un paysage politico-économique. En d'autres termes, la faiblesse historique de Robert Putnam – ainsi que de beaucoup d'autres études sur le capital social par ailleurs – provient de son inaptitude à circonscrire et à s'affranchir des limites de sa méthodologie d'analyse en admettant une caractérisation structurelle des données traitées.

Ben Fine souligne alors le besoin d'incorporer une réflexion sur la nature du contexte socio-idéologique particulier d'une communauté à un moment donné, en lieu et place d'une analyse de siècles d'histoire *à partir* d'une conceptualisation contemporaine[14]. Le choix d'un puissant schème d'analyse – l'accent mis sur les associations dans le cas de Robert Putnam – n'est pas neutre : les données historiques qui en ressortiront seront marquées de l'empreinte de la problématique de départ qui justifia l'étude. En découle une présélection automatique, voire inconsciente, des données faisant sens, tronquant les résultats du traitement.

> History is not a neutral reservoir of facts out of which viable generalizations are drawn. The social scientist looking for validation of research findings goes to history with a theory, or at least with a set of theoretical hunches. Robert Putnam's hunches came from his admiration of civic competence, specified and operationalized mainly through association. From the original twenty-year time frame of the study and the expectation that explanation would come from direct inference on behavioral variables, his focus shifted

13 Tarrow, S., *op. cit.*, p. 394.

14 Fine, B., *op. cit.*, p. 193.

> to a much longer time frame in order to interpret and explain what he had observed. The key to that door became historically developed traditions of civic competence.
>
> But how can a concept that is derived from contemporary democratic politics be transposed to other periods of history and to other political systems[15] ?

Au final, la théorisation de Robert Putnam aurait gagné en tout point à traiter les enjeux du pouvoir et les effets pervers du capital social. Plutôt que de simplement distinguer les réseaux horizontaux et verticaux selon un critère hiérarchique loin d'être évident, et de rejeter les seconds comme étant impropres à la création de capital social, la description et le traitement des jeux d'autorité, de captation des ressources, de monopolisation de la définition des objectifs, de répartition des charges, de redistribution inéquitable des bénéfices, etc., auraient permis d'affiner son analyse et de soulever le pari éthique du capital social. Loin d'être manifeste, la garantie que le capital social serve à des fins bénéfiques pour l'ensemble de la collectivité et permette l'amélioration de la performance institutionnelle serait alors questionnée comme il se doit. D'autre part, plutôt que de condamner sans appel les ordonnancements « collectivistes » comme étant inaptes au déploiement d'une confiance sociale, la question pourrait alors s'articuler autour de l'autoritarisme, ce qui permettrait de traiter également les dérives gouvernementales des régimes libéralisés. En d'autres termes, la focalisation sur la société civile et l'inattention portée sur la sphère publique rendent sa théorie inadaptée à un traitement critique des véritables enjeux de gouvernance, à savoir ceux qui relient les sociétaires avec les structures qu'ils mettent en place pour gérer la collectivité.

> Social capital becomes the academic equivalent of the Third Way in politics. You can have whatever you want, although we would prefer to draw a hard line against certain factors – such as class, power, conflict, and control (social capital without the capitalist system in other words) – and a discernible but softer one against the role of the (central) state and major agencies in economic and political life – such as ruling elites, trade unions, and major political parties and movements[16].

II. L'enjeu de la capitalisation

Le second grand problème de la conceptualisation putnamienne du capital social est qu'elle constitue au final une approche purement fonctionnaliste réduisant sa base théorique aux principes de la théorie du

---

15 Tarrow, S., *op. cit.*, p. 396.

16 Fine, B., *op. cit.*, p. 95.

choix rationnel. Pourtant, les références adressées à des théoriciens néo-institutionnalistes laissaient justement présager un dépassement des limites de la théorie du choix rationnel et de sa méthodologie individualiste. Robert Putnam présente même la caractéristique sociale de son concept de capital réticulaire comme étant celle assurant le dépassement d'une perspective économiste, offrant matière à penser à des réflexions sociologiques ; cette dernière idée est même à la base de son analyse historique de la société italienne et de ses institutions civiques. Malheureusement, à y regarder de plus près, Robert Putnam ne parvient pas à s'extraire d'une détermination purement individualiste du capital, ceci étant dû à l'influence de la théorisation effectuée par James Coleman sur son travail. Or, la contribution de ce dernier se révéla être la création d'une sociologie fortement influencée par les perspectives économistes de l'un de ses collègues de l'école de Chicago, à savoir Gary Becker.

Célèbre avocat de l'impérialisme économique, le projet affirmé de Gary Becker consiste à expliquer le chaos social au moyen des puissants principes de la théorie économique standard. Dans cette perspective, toutes les interactions sociales sont du même type que celles à l'œuvre sur un marché : les comportements humains sont guidés par une logique de l'intérêt personnel, et la sphère sociale constitue une abstraction comprenant tous les facteurs non personnels résultant de l'agrégation des acteurs[17]. Dans un tel cadrage, les autres sciences sociales deviennent pratiquement inutiles, leur langage théorique semblant obsolète face à la puissance hypothético-déductive de la méthodologie économique. L'objectif de James Coleman est alors d'appliquer les principes de la théorie du choix rationnel à la sociologie. À l'origine, le capital social est donc un concept de nature économique qui fut mobilisé afin d'expliquer les comportements non marchands au moyen des principes de la théorie du choix rationnel. En effet, ce concept décrit pour Coleman les interactions sociales tombant en dehors du panier du capital personnel, et qui révèlent un effet persistant permettant l'établissement d'une confiance, définie par sa fonction de lubrifiant pour l'agir économique.

D'après Ben Fine, l'auteur dont la conceptualisation du capital social s'avère être la plus employée en sciences sociales n'est autre que James Coleman, dont le travail a grandement éclipsé celui réalisé par Pierre Bourdieu par exemple. Si Bourdieu présenta lui aussi une conceptualisation individualiste du capital social, il était pour sa part bel et bien conscient des dangers du réductionnisme économiste en insistant sur les aspects profondément *contextuel* et *fluide* du capital social. Bien que nous étudierons seulement dans le prochain chapitre les implications de

---

17 Fine, B., *op. cit.*, p. 51.

la théorie du choix rationnel sur l'enjeu de la confiance, la description de la conceptualisation réalisée par James Coleman du capital social va déjà nous permettre d'en entrevoir les limites.

A. La détermination économiste du capital social

James Coleman représente sans doute la figure paradigmatique du sociologue jetant tous ses efforts dans la reconceptualisation de cette science autour de la figure de l'*homo œconomicus*. Opposé aux approches de la sociologie historique et culturelle, son objectif est de formuler une théorie sociologique sur le principe de l'individualisme utilitariste. Comme le soulignent bien Wacquant et Calhoun, la spécificité de la théorie colemanienne repose donc sur sa volonté de faire des choix individuels le *modus operandi* de toute forme d'agir[18]. Le principe du « système social » se voit alors dépourvu de toutes finalités propres, et l'acteur est anthropologiquement redéfini par les principes de la microéconomie néo-classique. La question sociologique fondamentale devient alors celle de savoir comment les intentions individuelles produisent des conséquences systémiques. La seconde question, comme corollaire à la première, consiste à voir comment les contraintes systémiques déploient en retour des effets sur les conduites individuelles dont elles résultent.

> Selon James Coleman, le passage du micro au macro peut s'effectuer, non pas par le biais du seul marché, comme le postulent les modèles économiques relativement grossiers de Gary Becker, mais selon trois grands types de mécanismes : les marchés, les hiérarchies ou systèmes de relations d'autorité ou de rapports contractuels, et les systèmes normatifs. Il évoque aussi le rôle de la confiance et des réseaux de communication. Tous, cependant, sont justiciables de la même analyse en termes d'intérêt individuel. Il n'est pas jusqu'aux normes que le sociologue de Chicago ne s'efforce d'expliquer comme la résultante de l'action rationnelle d'agents cherchant à réguler efficacement les conduites de tiers dont ils ont à subir les « effets secondaires négatifs »[19].

Pour Coleman, de même que pour tous les adeptes de la théorie du choix rationnel, le marché est et restera à jamais ce qui se rapproche le plus d'un « système parfait »[20]. Le marché pur, ouvert et concurrentiel, assurant la « réunion » et la confrontation d'un grand nombre d'acteurs intéressés, constitue l'institution sociale offrant la traduction la plus exacte qui soit entre des préférences individuelles et des décisions collectives. Si la structure sociale possède bel et bien des dimensions igno-

---

[18] Wacquant, L. J. et Calhoun, C. J., « Intérêt, rationalité et culture : À propos d'un récent débat sur la théorie de l'action » in *Actes de la Recherche en Sciences Sociales*, vol. 78, 1989, p. 46.

[19] *Ibid.*, p. 47.

[20] Fine, B., *op. cit.*, p. 78.

rées par le paradigme walrassien du marché, il n'en reste pas moins que toutes les formes institutionnelles qui en sont issues restent au final intrinsèquement tendues vers la recherche d'un équilibre économique. La relation au cœur de la théorie sociologique est donc celle qui part du comportement économique au niveau micro pour expliquer la nature du système économique au niveau macro. La question des valeurs individuelles est essentielle, mais uniquement dans le sens où ces dernières influencent le comportement économique. Enfin, toutes les relations de type strictement macro deviennent autant de raisonnements fallacieux n'ayant plus droit de cité dans la réflexion sociologique.

Le point de départ théorique de Coleman est celui du paradigme de l'« échange social ». Selon ce principe, la relation d'échange sur la durée entre deux acteurs devient le cœur du problème social, le principe à partir duquel tout peut et *doit* trouver une explication. L'idée y est d'expliquer les relations, les institutions et les normes, strictement en fonction d'une addition de rapports dyadiques entretenus par deux acteurs rationnels se tenant l'un face à l'autre, et dont l'objet de référence pour l'agir n'est ni un prix, comme c'est le cas dans la logique économique, ni l'autre en tant que tel, comme cela devrait être le cas d'une logique sociale, mais bien leur relation d'*échanges négociés*. Le postulat de base est donc que les relations humaines sont le résultat d'analyses et de comparaisons des coûts ainsi que des bénéfices générés par la poursuite des échanges. Si l'échange subit à un moment donné un déséquilibre, il y a de fortes chances qu'il signifie la fin de la relation. Le concept d'échange comprend alors aussi bien le commerce de produits au sein des marchés que les échanges sociaux au sein de familles, de collectivités et d'organisations, qui finissent tous par être traités selon la même logique microéconomique[21].

---

[21] La perspective colemanienne du capital social peut être exemplifiée au niveau de ses idées sur les enjeux de l'éducation, et frappe également par sa tournure conservatrice. Pour lui, les écoles sont inaptes à assurer l'éducation des enfants, ce rôle étant dévolu aux seuls parents. Les institutions n'étant que des sources de contraintes, c'est aux membres familiaux, en tant qu'acteurs privilégiés des échanges et responsables de leur progéniture, qu'il revient d'élever selon les bonnes traditions les plus jeunes, leur échec dans cette tâche devant être perçu comme une externalité négative pour les autres. L'idée étrange n'est bien entendu pas que les parents soient responsables de leurs enfants mais plutôt qu'ils doivent l'être par souci pour les autres selon un calcul rationnel, c'est-à-dire afin qu'ils ne deviennent pas des « encombrants sociaux ». Il en vient alors à proposer un projet au réalisme plus que discutable qui consisterait à récompenser les parents faisant bien leur « travail », et à instaurer une échelle des « salaires » en fonction des capacités des enfants et de leur niveau de « difficulté ». Bref, ce que James Coleman propose, c'est de rémunérer la disposition des parents à créer du capital social générationnel en déployant un marché de l'éducation.

La théorie de l'échange social déployée par James Coleman lui permet donc de formuler les enjeux sociaux en termes de choix individuel, et, ce faisant, de résoudre selon lui le problème sociologique de la transition du niveau personnel au niveau social. Le concept économique de l'« agrégation » trouve ainsi grâce à ses yeux de par la simplicité de son principe et sa capacité d'universalisation. Pour Coleman, les économistes n'ont cependant fait que la moitié du chemin en ne reconnaissant pas à la société des capacités d'influence en retour sur les individualités qui la composent. En d'autres termes, il estime que des rapports de négociation ont également lieu entre les acteurs et leurs environnements *par le biais* des institutions. Cependant, en bon théoricien du choix rationnel, il perçoit l'agir humain comme étant le résultat de choix réalisés par des acteurs volontaires, et non pas comme étant celui de la conformité aux normes[22]. Les normes, comme incarnations de la sphère sociale, et comme réponses aux besoins de protection des échanges dyadiques, y sont donc avant tout perçues comme des contraintes entre lesquelles les choix sont faits. Le système social résulte donc pour James Coleman de la sédimentation de relations interindividuelles guidées selon deux catégorisations fondamentales, celles de l'intérêt et du contrôle.

> The social system then comes to consist of individualistic solutions to individual problems, with all suffering at the hands of each, as each carries out his actions unconstrained by their consequences for others.
>
> It is in this sense that social norms constitute social capital. Their presence results in higher levels of satisfaction (…). Their absence allows individuals to realize greater satisfaction from their own actions, but leaves them with less satisfaction overall, as they suffer from the unconstrained actions of others. The system is not quite a Hobbesian « war of all against all », for there are governmental and formal institutions to sanction actions in certain areas, which insure the provision of public goods and inhibit public bads. It is, however, a system of « each for himself », with each imposing external diseconomies upon the others[23].

Résultant des volontés individuelles de poursuivre des rapports bénéfiques, le capital social est une ressource économique qui a pour fonction de résoudre le problème des biens publics ainsi que celui des externalités négatives, en empêchant à la fois les comportements de *free-riding* ainsi que ceux à la base de la tragédie des communs. La rationalité économique de l'intérêt se trouvant rattachée aux agencements collec-

---

22 Coleman, J. S., « Norms as social capital » in Radnitsky, G. et Bernholz, P. (dir.), *Economic imperialism : The economic approach applied outside the field of economics*, New York, Paragon House Publishers, 1987, p. 133.

23 *Ibid.*, p. 153.

tifs, le capital social permet la traduction en ressources échangeables de tout ce qui n'est pas financièrement traduisible sur le marché. Le capital social remplit de la sorte le rôle de la monnaie dans toutes les sphères *a priori* non économiques de la vie humaine, en y produisant une fiction marchande ouvrant la réflexion en termes d'équilibre.

Voilà donc comment James Coleman détermina la réflexion sur le concept de capital social en en faisant un « parapluie analytique » recouvrant tous les principes sociologiques échappant à première vue à un traitement microéconomique. Les réseaux de soutien, d'entraide, les communautés de vie, de pensée, les associations de quartier, de bénévoles, la société civile et la famille, mais aussi toutes les institutions et normes sociales, les principes éducationnels, les us et coutumes, etc., tous tombent dans la manne du capital social en tant que solutions collectives à des enjeux individuels, c'est-à-dire en tant que pis-aller aux imperfections humaines qui empêchent la poursuite des intérêts personnels. Les logiques qui sous-tendent le capital social sont alors celles de l'individualisme méthodologique et du choix rationnel appliquées à une sphère sociale qui se voit alors traitée comme un marché reliant des biens à des personnes par un mécanisme de prix.

Et c'est exactement ce concept, avec toutes ses implications économistes, dont se saisira quelques années plus tard Robert Putnam. Sans chercher à en remettre en cause l'étrange logique consistant à réduire le social à un calcul économique, Putnam applique tel quel le concept à son champ d'étude des gouvernements régionaux d'Italie. Il convient de ne pas se méprendre : les considérations historiques et culturelles qu'il insère et justifie dans son analyse ne sont en fait mobilisées qu'afin de déterminer le type d'équilibre socio-économique en vigueur. Le capital social, alors qu'il aurait pu être conçu comme un axiome assurant l'irréductibilité du fait social, devient tout au contraire un cheval de Troie tout indiqué pour asseoir le choix rationnel dans le traitement de la socialité et en coloniser les principes vitaux. En résumé, le capital social pour James Coleman, et donc aussi de façon indirecte pour Robert Putnam, est une variable d'état économique définie par sa fonction de contrôle des individus et justifiée par l'intérêt qu'ils obtiennent en retour. Malheureusement, comme nous le verrons bien plus en détail par la suite, cette posture théorique dont la radicalité se veut justifiée par la simplicité de sa puissance analytique, ne va pas sans poser question, comme nous l'étudierons durant la seconde partie de ce travail. Au risque de vendre la mèche, voici comment Wacquant et Calhoun indiquent le problème fondamental de la théorie du choix rationnel dans son développement sociologique :

> En focalisant ainsi le regard théorique sur la combinaison des conduites individuelles autonomes en résultats collectifs, James Coleman présuppose ré-

solue la question de la nature et de la logique immanente des conduites sociales. Autrement dit, et c'est là un paradoxe de taille, l'adoption, sans examen critique, de la philosophie du subjectivisme utilitariste, interdit à la théorie de l'action de James Coleman de poser comme problème cela même qui est censé constituer son objet[24].

B. La fluidité du capital

Finalement, l'argument clef allant à l'encontre du principe du capital social est que celui-ci repose sur une dichotomie problématique de ses deux termes. Les autres formes de capital doivent être *a*sociales, sans quoi le capital social ne serait rien d'autre qu'un malheureux et inutile pléonasme. Selon les auteurs de référence en la matière que nous venons d'étudier, il constituerait bien au contraire une forme d'oxymoron signifiant la réunion théorique de deux champs jusqu'alors opposés. Il y aurait donc, d'une part, un domaine strictement économique, et de l'autre, un domaine du social et de l'histoire ; d'une part, le marché, et de l'autre, la société. L'acceptation orthodoxe du concept de capital est celle entretenue par l'économie néo-classique : il s'y résume aux propriétés productrices des ressources physiques obtenues et conservées par un agent. Dans cette approche conventionnelle, le capital est caractérisé par sa capacité à contribuer à l'utilité de façon asociale selon la logique stricte de l'*homo œconomicus*. La théorie économique de l'équilibre général traitant les acteurs comme étant séparés et individualisés, il est tout à fait logique que leurs acquis et leurs bénéfices subissent le même traitement. Il y a donc un sens dans ce cadre à vouloir apposer le qualificatif social au capital, en acceptant le fait qu'il existe des formes de ressources productrices d'avantages qui s'avèrent sociales par nature, c'est-à-dire reposant sur des relations interindividuelles situées en dehors des échanges marchands.

La perspective traditionnelle qui appuya le développement des économies de type capitaliste traite donc le marché comme un domaine structurellement séparé du social et fonctionnant uniquement sur la base de relations économiques. Alors qu'auparavant les échanges économiques étaient marqués par des rapports de classes empreints de Sacré, il revient en grande partie au processus de sécularisation d'avoir mis sur pied d'égalité les acteurs dans le cadre du commerce. Résultant du mouvement d'égalité des conditions et lié à une acceptation particulière du libéralisme, le capitalisme contemporain constitue un système socio-économique spécifique dans l'histoire. Les enjeux économiques du conflit entre capital et travail prirent corps à travers diverses problématiques qui acquirent une véritable attention durant le XXe siècle : les luttes

24 Wacquant, L. J. et Calhoun, C. J., *op. cit.*, p. 47.

raciales, de genres, et environnementales parmi les plus essentielles, sont là pour nous le rappeler[25]. Dès lors, la définition du capital comme facteur de production asociale est historique dans le sens où elle est confinée à une période procédant de circonstances sociales singulières. Le capital conçu comme un concept strictement économique constitue donc un construit social en ce sens.

> There is something specific about capitalist society that has induced misplaced interest in social capital, especially towards the end of the twentieth century. For capitalism does create what is perceived to be a division between economy and society, or market and non-market. This is bridged to a large extent by the state. But, when the role of the state is questioned along with that of the market, attention turns to alternative forms of non economic life, broadly providing a rationale for the notion of social capital. In this, admittedly crude, fashion, social capital can be seen to be an intellectual product of the crisis of faith in both the capitalist state and the capitalist market in late-twentieth-century capitalism. It represents a desire in both analytical and policy terms to find alternatives to the neo-liberal agenda of market versus state[26].

Le capital social reflèterait la volonté de maintenir la séparation entre les sphères économique et non économique, en expliquant par exemple la crise néo-libérale comme étant le résultat d'autres facteurs que ceux définissant les canons de l'économie capitaliste, à savoir la réalisation d'un profit personnel au moyen des principes de liberté d'échange et de propriété privée. Le discours sur le capital social préserve ces grands fondements de toute critique en indiquant la source du problème ailleurs que dans l'intérêt personnel et la rationalité individuelle, à savoir dans l'interindividuel, dans le relationnel, dans ce qui est décrit comme appartenant au social par opposition à une vision individualiste du sociétaire.

Pour Ben Fine, cette opposition analytique entretenue par le concept constitue en fait la plus importante, car la plus fondamentale, des inconsistances du capital social. L'ensemble de la réflexion de Fine a pour objectif de décrire le déplacement de la frontière entre l'économique et le non économique qui fut réalisé dans le passage de l'économie classique à la science économique néo-classique. Les processus de désocialisation et « déhistoricisation » de l'économie résultent en fait de deux mouvements : premièrement, le schisme réalisé entre les méthodes dé-

---

[25] Ainsi, l'émergence du concept moderne de « capital naturel » témoigne non seulement de l'aspect historique des conceptions du capital mais aussi du fait que ces dernières répondent à des problèmes résultant d'une construction sociale. L'admissibilité de l'idée que la terre constitue un facteur de production avec des limites et des conditions d'exploitation repose sur une prise de conscience généralisée.

[26] Fine, B., *op. cit.*, p. 28.

ductive/synchronique et inductive/ diachronique, et deuxièmement, la révolution marginale et la mise en équivalence qu'elle opéra entre utilité et valeur économique[27]. Ce double mouvement mena alors aux importants développements de la microéconomie ainsi que de la théorie de l'équilibre général. Les grands penseurs « classiques » tels que Adam Smith, John Stuart Mill et Karl Marx, traitaient un domaine d'analyse qui traversait l'ensemble du bouquet contemporain des sciences sociales. Ils n'étaient pas des économistes au sens que nous attribuons à ce terme à l'heure actuelle, la lecture de leurs théories renvoyant autant à la sociologie, la politologie, l'histoire et la psychologie, qu'à l'économie en tant que telle. On parle alors bien d'« économie politique » comme d'une science éminemment sociale, ne traitant pas que des enjeux marchands, mais aussi de ceux de la cité en les reliant au sein de la problématique du vivre ensemble. Faisant référence à la fois aux premiers grands théoriciens de l'« économie politique » ainsi qu'à diverses économies hétérodoxes contemporaines, Fine assure pour sa part que toute forme de capital *est* sociale par nature. Il n'existerait donc selon lui pas de capital asocial, et le concept qui rendit célèbre Robert Putnam serait en fait vide de sens. Ou plus exactement, il signifierait bel et bien une chose : l'adhésion pour ceux qui l'emploient à la perspective économique néo-classique, et leur acceptation d'un isolement du domaine économique.

La perspective change donc du tout au tout lorsque l'on se réfère à celui qui constitue la référence en la matière, l'économiste politique qui dénomma l'œuvre qui le rendit célèbre *Le Capital* : Karl Marx. Pour ce dernier, le capital est par essence social de par les relations de classes qu'il opère. Il n'est nul besoin de recourir à une thématique révolutionnaire pour accepter cette assertion, le simple recours à une perspective historique suffit : il est impossible d'expliquer l'évolution d'une économie, par exemple, de type féodal à une économie capitaliste, sans mobiliser des enjeux de classes. Ceux qui détiennent des moyens de production ne peuvent en fait à la fois posséder et accumuler qu'à travers le rapport entretenu avec les travailleurs. Le capitaliste investit une somme pour se procurer à la fois des moyens de production et une force de travail, et ce afin d'obtenir des ressources dépassant la somme initiale. La plus-value réalisée dans ce schéma, aussi appelée profit, constitue alors du capital dans le sens où, au lieu d'être reversé aux travailleurs, il est conservé par l'investisseur au travers la mise en place d'un rapport social particulier, que Marx décrit comme l'« exploitation capitaliste »[28].

---

27 Milonakis, D. et Fine, B., *From political economy to economics : Method, the social and historical in the evolution of economic theory*, Londres, Routledge, 2009.

28 Marx, K., *Le capital : Critique de l'économie politique. Livre 1 : Le développement de la production capitaliste*, Paris, Éditions Sociales, (1867) 1977.

Contrairement à ce qui est défendu par l'économie classique, le concept du capital reposerait bien plus sur cette relation sociale que sur la présence d'un marché de biens, ou que sur l'élaboration d'un principe de propriété privée. Le recours à une perspective diachronique permettait ainsi à Marx d'expliquer le cycle des économies à travers l'histoire, et de prédire la révolution sociale qui mènerait à l'abolition du capitalisme.

Bien que l'analyse marxiste du capital mette l'emphase sur le moment producteur de l'économie capitaliste ainsi que sur la thématique de la lutte des classes, elle décrit cependant bien un circuit entre la sphère de l'échange et celle de la production que suit le capital, prenant différentes formes à travers trois étapes. Le mouvement que subit le capital dans cette analyse, absent de la conception statique et strictement physique de l'économie néo-classique, est décrit comme relevant de la *fluidité* du capital. Prenant essentiellement trois formes au travers de ce circuit industriel[29], le capital y présente deux caractéristiques : premièrement, il n'est pas exclusif à la sphère de production dès lors qu'il émerge de la sphère de l'échange et y retourne pour l'obtention d'un profit, et deuxièmement, il s'avère bel et bien en rapport d'influence et

[29] Grossièrement présentés, voici les trois principaux « mouvements » du capital tel que conceptualisé par Karl Marx :

1. La première forme du capital est de type monétaire. Elle consiste en l'ensemble des fonds propres à disposition de l'investisseur qui lui permettent d'acheter à la fois matériel et force de travail. Le capital monétaire se situe donc dans la sphère de l'échange en s'inscrivant dans la complexité du système financier, enchevêtrement de différents capitaux tels que des crédits et des titres. Il est intéressant de remarquer que ce capital monétaire physique de départ révèle déjà une consistance sociale selon Marx : le pouvoir d'achat qu'il contribue a des implications directes sur les autres acteurs du marché du travail en en modifiant les données de disponibilité et concurrence. La monnaie comme capital est donc fondamentalement sociale dans ce cadre, ce qui n'est pas du tout le cas pour l'économie néo-classique.

2. La seconde étape est celle du capital productif en tant que tel, étape qui, comme nous venons de le voir, s'avère également sociale de par la relation d'exploitation qu'elle met en place entre le capitaliste et le travailleur. La notion de capital sous sa forme productrice comprend donc tout ce qui contribue de façon directe au fonctionnement du processus de production.

3. Enfin, le dernier mouvement du capital, qui rapatrie ce dernier dans la sphère de l'échange, est celui de la marchandisation du capital productif, et de la volonté qui l'accompagne d'obtenir une somme d'argent supérieur à la mise de départ afin de générer du profit. C'est cette volonté d'acquérir une plus-value qui déploie également de la texture sociale : l'acteur doit alors à nouveau échanger, investir du temps dans des relations et négocier les termes de l'accord. De la même façon que le capital monétaire, le capital commercial opère une déconnexion avec la sphère de la production ; la plus-value ne peut en effet être créée que dans un système d'échange financier. Le capital dans ce dernier mouvement, qui permet de fermer la boucle pour mieux en ouvrir une autre, correspond donc à la finance en tant que telle.

de dépendance avec des données sociales dans chacune de ces trois figures.

Ben Fine souligne alors le paradoxe du capital comme provenant du fait que ne pas reconnaître cette fluidité mène à une plus grande fluidité conceptuelle. Passer à côté du traitement spécifique des formes du capital permet, en d'autres termes, de le vider de sens et de lui accoler n'importe quel adjectif selon la perspective et les enjeux qui justifient son recours. C'est ainsi que, partant d'une réflexion sur l'échange social, James Coleman en vient tout bonnement à remplacer la notion par celle de capital, niant la particularité de cette dernière dans la sphère de l'échange. Le capital n'est pas l'équivalent de l'échange comme semble le penser Coleman, mais bien l'une de ses données, influençant l'échange sans pour autant le réduire à sa spécificité. Dès lors, la perspective néo-classique qui sous-tend les conceptions beckerienne, colemanienne et putnamienne du capital mène à une altération de la frontière entre, d'une part, le phénomène du capital, et d'autre part, ses conditions de création et autres causes qui lui sont bénéfiques. Typiquement, n'importe quelle caractéristique de la vie humaine peut potentiellement être saisie sous une forme capitaliste dans un tel cadre.

Le propos critique ne tient donc pas ici au fait que les réseaux sociaux et la socialité en général ne favoriseraient en rien le déploiement de capital, mais qu'il est dangereux de croire qu'ils sont perçus en tant que tels en tout temps et tout lieu : il revient à la perspective capitaliste de traiter les actes collectifs comme des facteurs de production visant la constitution d'un profit en dehors d'une réflexion en termes de pouvoir lié au travail.

> The social sciences are replete with the economic and the non economic examined separately from one another, with each subsequently extended to consider the other. This is most apparent in the notion of social capital. However understood, capital and social are broadly associated with the economic and the non economic, respectively. Having been artificially separated, they are brought back together in this all-encompassing term. (…) Any use of the term social capital is an implicit acceptance of the stance of mainstream economics, in which capital is first and foremost a set of asocial endowments possessed by individuals rather than, for example, an exploitative relation between classes and the broader social relations that sustain them[30].

Au final, le problème que pose cette vision réside moins dans ce qu'elle offre que dans ce qu'elle oblitère : tout capital est social par essence de par l'univers relationnel qu'il met de facto en place, et ce aussi bien dans la sphère de l'échange que dans celle de la production. Les relations de classes qui émergent de la tension entre le capital et le

30 Fine, B., *op. cit.*, p. 38.

travail, irréductibles à l'une ou l'autre des sphères économique et non économique créées par le capitalisme, démontrent bien l'étroite imbrication de ces deux structures. Le capital asocial, qui constitue l'objet central des économies capitalistes, n'est donc qu'une notion factice dont l'appauvrissement conceptuel résulte de son extraction forcée hors de ses contextes sociaux et historiques. Traiter d'un capital social revient alors bien à décrire les implications économiques du contexte social, mais selon un cadrage théorique de type capitaliste, c'est-à-dire fondamentalement asocial et anhistorique, car économiquement biaisé par des considérations de propriétarisation des moyens de production, de liberté de concurrence et de profit.

Les limites analytiques de cette dichotomie entre les sphères de production et d'échange mena alors au développement de théories hétérodoxes, telles que les économies des coûts de transaction et l'institutionnalisme, qui cherchèrent à étudier les implications des mécanismes non économiques présents sur le marché. Recourant à des principes non strictement marginalistes, ainsi qu'à des méthodologies interdisciplinaires, les acteurs du courant institutionnaliste cherchèrent alors à recomposer un questionnement social au sein de l'économie par le biais du concept d'institution.

Remarques conclusives

D'une part, une optique de type néo-conservatrice se ressent de façon prégnante au niveau des conclusions tirées par Robert Putnam sur les raisons du déclin de l'engagement civique, ainsi qu'au niveau des propositions qu'il formule en vue de le contrer. Adoptant une posture réactionnaire, il regrette l'âge d'or associatif des Etats-Unis, et voit dans le développement des nouvelles technologies d'information et de communication, pourtant propices à la dissémination de l'information, une dérive condamnable et la source du déclin de la sociabilité. Mais au lieu de chercher à multiplier les groupements civiques traditionnels, ne conviendrait-il pas plutôt d'analyser en première instance les nouvelles formes d'interactions et d'attentions sociales, et de les traiter en tant que telles plutôt que de les condamner de but en blanc ? Ne gagnerions-nous pas à quitter les méthodologies quantitatives pour nous pencher sur les aspects qualitatifs des propositions normatives de resocialisation ?

Une seconde lecture relève quant à elle le double jeu de Robert Putnam face à la conceptualisation effectue par James Coleman du capital social. D'un côté, il se réclame d'un mouvement théorique souhaitant dépasser les limites de l'individualisme méthodologique autour d'un principe institutionnaliste, alors que d'un autre côté, il articule toute sa réflexion sur un concept portant précisément en lui les germes d'une vision réductrice des structures institutionnelles. Plus exactement, si

Robert Putnam ne cesse de se retenir de basculer dans une définition économiste des enjeux sociaux, son projet met en place une structure conceptuelle parfaitement adéquate avec une appropriation rationaliste de son principal facteur explicatif, à savoir le capital social. Ce dernier, de par la séparation de principe qu'il opère entre l'économique et le non économique, peut alors être mobilisé en vue de réunir ce qui avait été analytiquement défait tout en mettant en exergue la supériorité hypothético-déductive du versant utilitariste. Dans ce cadre, la contribution économique du capital social nous semble être devenue à travers l'œuvre de Robert Putnam un artifice politique masquant une vision fondamentalement réductionniste des enjeux sociaux. Ces derniers sont donc appréhendés selon une logique de l'échange entre individus optimisateurs, lesquels mobilisent des ressources sociales afin de mettre en place des structures normatives, hiérarchiques et marchandes, afin de résoudre les dilemmes posés par leurs interactions stratégiques. L'attention portée par Robert Putnam sur les réseaux civiques peut en effet être aisément perçue comme étant portée par cette vision calculatrice des rapports sociaux où ce qui guide les conduites humaines reste définit de façon utilitariste ; elle parvient alors à justifier rationnellement la pauvreté de l'équilibre socio-économique du Sud de l'Italie comme étant le résultat d'un calcul défensif menant au familialisme amoral.

Le problème essentiel de l'approche putnamienne du capital social repose sur son incapacité fondamentale à penser les rapports de pouvoir : les vulnérabilités conséquentes aux relations de confiance y sont problématiques à théoriser. Le peu de considération porté par Robert Putnam sur la capacité des structures institutionnelles à participer à la diffusion d'une confiance sociale peut alors venir conforter cette lecture. Au final, l'optique du capital social ne véhicule-t-elle pas essentiellement une vision marchande de la société, où seul un marché ouvert et concurrentiel des capitaux sociaux est perçu comme pouvant assurer le succès économique, et en retour, la performance démocratique ? Il apparaît en effet que pour Putnam, l'enjeu se situe bien *in fine* sur une vision néo-libérale de la performance institutionnelle : les institutions politiques seront efficientes dès lors qu'elles reposeront sur une structure socio-économique concurrentielle et faisant peu état des risques monopolistiques, hégémoniques, de captation de pouvoir et de ressources à des fins personnelles qu'elle contient. Ne conviendrait-il pas aussi de s'interroger sur l'impact des valeurs sociales véhiculées par les structures néo-libérales sur la définition des considérations individuelles de bien-être et de bien commun ?

> What is striking in recent accounts of the decline of social capital and the sources of citizen disenchantment in the Unites States and elsewhere is the glaring omission of reference to two of the most far-reaching changes in late twentieth-century life, both in the United States and worldwide – namely,

the twin phenomena of economic restructuring and dismantling of the welfare state[31].

La seconde partie de notre étude tentera d'apporter des éléments de réponse à ces deux salves de questions. En attendant, il serait faux de croire que tout chez Robert Putnam est sujet à critique. Tendu entre logique conformiste et individualiste, le sociétaire chez Putnam, renvoyant à la figure janusienne de l'individu tocquevillien, est fondamentalement paradoxal. Entre égocentrisme et fanatisme, l'acteur y est bien perçu comme un être complexe inscrit dans des contextes historiques et culturels. Le problème est qu'aussi bien sa méthodologie d'analyse que ses propositions normatives tendent vers une résolution individualiste faisant peu état de la réduction de la complexité qu'elle opère.

[31] Edwards, B. et Foley, M., « Social capital and the political economy of our discontent » in *American behavioral scientist*, vol. 40(5), 1997, p. 674.

CHAPITRE 3

Confiance et choix rationnel

Plusieurs critiques de natures diverses furent donc émises à l'encontre de l'étude menée par Robert Putnam ; parmi elles, une des plus importantes n'est autre que son incapacité à penser le pouvoir de par une séparation analytique entre société et État. Obnubilé par une vision émergentiste et communautariste de la société civile, Putnam fait l'impasse sur le traitement théorique de la réception par les institutions démocratiques des revendications et potentialités sociales. En d'autres termes, les institutions étatiques ne possèdent aucune consistance dans son approche, les questions de résistance et de flexibilité étant évacuées par un discours sur la société civile faisant des individus les maîtres esseulés de leur destin. Si le traitement par Russell Hardin de la question du collectif repose lui aussi sur les principes de la théorie du choix rationnel, il a par rapport à celui de Robert Putnam au moins deux avantages conceptuels : il permet de penser le pouvoir en attribuant un rôle précis aux institutions étatiques, et il opère une réflexion poussée sur la notion de confiance. En effet, la particularité de ce théoricien du choix rationnel est d'avoir modélisé son approche autour de la question de la confiance comme phénomène appuyant les interactions sociales.

Comme nous venons de le voir, il apparait que Robert Putnam confond en grande partie la confiance généralisée, ou sociale, avec son principe du capital social. Cette assimilation n'est pas sans conséquences : premièrement, elle mène à une analyse des phénomènes de confiance selon une définition des interactions à une échelle agrégée et non pas individuelle[1], et deuxièmement, elle ne permet pas de penser la confiance sociale autrement qu'articulée autour du facteur civique selon un principe d'émergence associatif[2]. En d'autres termes, il traite la confiance uniquement à travers ses conséquences pour le collectif, la réduisant à un simple instrument sous forme de boîte noire[3].

---

1 Tazdaït, T., *L'analyse économique de la confiance*, Bruxelles, De Boeck, 2008, p. 45.

2 Warren, M. E., « Introduction » in Warren, M. E. (dir.), *Democracy and trust*, Cambridge, Cambridge University Press, 1999, p. 13.

3 Six, B., « Confiance et gouvernance démocratique : Du paradigme néo-institutionnaliste du capital social » in Lobet-Maris, C. *et al.* (dir.), *Variations sur la confiance : Concepts et enjeux au sein des théories de la gouvernance*, coll. Philosophie et Politique, vol. 18, Bruxelles, P.I.E. Peter Lang, 2009, p. 186.

Alors que Putnam reste dans le vague en confondant une confiance généralisée avec la vertu civique émergeant des réseaux sociaux, Hardin se présente pour sa part comme le fer de lance d'une approche concise et étayée de la confiance, faisant la part belle aux capacités déductives des acteurs. Rapatriant le phénomène de confiance du méso-niveau dans lequel l'avait placé Robert Putnam, Hardin propose une perspective radicalement interpersonnelle de ce phénomène, tout comme l'atteste partiellement sa préférence pour l'approche beckerienne du capital social. Évitant les difficultés d'une approche macroéconomique de la confiance, le traitement individualiste choisi par Hardin lui permet d'appliquer avec un indéniable succès les principes de la théorie du choix rationnel. Selon une logique de l'intérêt individuel, Hardin définit la confiance comme un « enchâssement d'intérêts », l'un attribuant sa confiance à l'autre en sachant qu'il sera dans l'intérêt de ce dernier de respecter le crédit qui lui est accordé. En d'autres termes, la confiance est une activité purement cognitive par laquelle un individu évalue la fiabilité d'un autre en fonction d'une raison bien précise.

La confiance en ce sens est donc tripartite, deux acteurs étant rationnellement reliés par un enjeu commun, rendant caduque l'idée d'une confiance institutionnelle. Si les institutions peuvent difficilement être envisagées comme des récipiendaires de la confiance – Hardin parlant de la confiance que peuvent attribuer des citoyens vis-à-vis de leur gouvernement comme d'une « attente rationnelle » vis-à-vis de son bon fonctionnement –, elles possèdent cependant un rôle important à jouer dans l'approche du choix rationnel, à savoir celui de tiers coercitif. La prise de décision étant rendue ardue par, à la fois, l'opacité du contexte et les limitations informationnelles, les institutions favorisent l'agir collectif en contraignant les comportements et en installant un voile de confiance. Les artefacts légaux assurant le respect des libertés individuelles et de l'autonomie, constituent dans ce cadre des modérateurs de dérives liées au risque de la confiance. Comme nous allons le voir, cette approche est alors caractérisée par la figure de la « convention » comme co-agencement des limites informationnelles de part et d'autre.

I. Contexte de l'analyse rationaliste

Un temps collègues à l'Université de Chicago, Russell Hardin reprend en un sens la discussion sur les principes de l'action collective et de la confiance là où James Coleman les avait laissés. Pour Hardin, la conceptualisation de la rationalité parfaite qui sous-tend les explications économiques standard s'avère profondément illusoire. Il est donc le premier à critiquer son emploi dans les sciences sociales, bien que, comme nous allons le voir, cela ne l'empêche pas de croire en la pertinence de l'individualisme méthodologique et d'une définition strictement utilitariste de l'acteur dans la lecture des enjeux politiques. L'individu au sein d'un cadrage théorique « étendu » du choix rationnel, comme le propose et le défend avec conviction Hardin, bien que fonctionnant sur la base d'une rationalité limitée, reste bel et bien le seul et unique étalon de mesure analytique. Tout l'enjeu réside alors dans la capacité de l'*homo œconomicus* à parvenir à optimiser ses préférences en recourant au système informationnel le moins coûteux possible. En effet, étant soumis à une indétermination contextuelle, l'optimisateur va devoir s'appuyer sur des « béquilles » afin de maintenir la stabilité de l'horizon cognitif qui lui permet de continuer *malgré tout* à choisir en fonction des motifs que lui dicte sa raison.

A. La théorie des choix publics

L'idée qui sous-tend la *Théorie des choix publics* à laquelle appartient Russell Hardin est limpide : les valeurs qui guident les acteurs politiques sont parfaitement identiques à celles qui conduisent les acteurs économiques. Ces préférences sont celles que formulent des individus cherchant à optimiser leurs intérêts personnels, et le traitement des fonctions de valeurs repose sur une méthodologie strictement individualiste. Ainsi James M. Buchanan, l'un des principaux investigateurs de ce courant d'économie politique, définit-il son projet de recherche :

> Any differences in the predicted results stemming from market and political interaction stem from differences in the structures of these two institutional settings rather than from any switch in the motives of persons as they move between institutional roles. The relevant difference between markets and politics does not lie in the kinds of values interests that persons pursue, but in the conditions under which they pursue their various interests[4].

Comme l'indique Hardin, cette citation résume parfaitement l'enjeu de la théorie des choix publics, qui constitue selon lui l'une des entreprises les plus importantes de la philosophie politique contemporaine[5]. La notion normative centrale dans ce cadre est celle de l'« accord » entre parties : la règle de l'unanimité est l'équivalent politique de la liberté d'échange sur des marchés décentralisés. Aussi, les choix collectifs doivent-ils être le résultat d'accords issus de la détermination d'un « avantage mutuel », principe reposant sur l'agrégation des intérêts individuels. Les institutions démocratiques servent donc à déployer des résultats collectifs à travers une somme d'actions individuelles. Les politiciens, les administrateurs et les électeurs doivent être perçus comme

---

4 Buchanan, J. M., « The constitution of economic policy » in *Science*, vol. 236, Juin 1987, p. 1434.

5 Hardin, R., « Constitutional political economy : Agreement on rules » in *British Journal of Political Science*, vol. 18(4), Octobre 1988, p. 528.

n'agissant qu'en fonction de leurs propres valeurs, lesquelles sont en grande partie définies par leur intérêt. La politique est donc avant tout affaire de contractualisation entre des producteurs et des consommateurs qui cherchent à maximiser leur utilité : les candidats sont intéressés par leur propre élection et les citoyens cherchent à élire ceux qui défendront au mieux leurs intérêts.

Le principe de l'action collective comme justificatif du politique y est donc analysé en recourant à la conclusion théorique issue du dilemme du prisonnier, ou encore dilemme de l'échange : un individu pleinement rationnel ne prendra jamais le risque de coopérer. Dans le cas de l'électeur, pourquoi perdre son temps dans la procédure du vote (collecte d'informations, analyse, déplacement, etc.) dès lors que, non seulement ce vote sera perdu dans la masse et donc de faible influence, mais que cela revient en plus à déléguer du pouvoir à une personne qui, au final, est elle aussi guidée par son intérêt personnel ? Dans le cas du représentant, le dilemme repose précisément sur l'usage qu'il doit faire du pouvoir et des moyens financiers qui lui sont conférés. À être entièrement rationnel, pourquoi ne pas pleinement tirer profit des avantages plutôt que de réinjecter les forces dans une bataille publique qui le dépasse de toute manière ? Nous voyons donc apparaître, en filigrane de ces interrogations, l'enjeu critique de la confiance au niveau politique, dont Hardin fera son cheval de bataille.

> Rational choice theorists commonly treat motivation from anything other than interest or personal preference as an anomaly to be explained, not only for actions in the province of public choice but, increasingly, for action across the broad spectrum of life[6].

Il existerait selon Russell Hardin deux classes de problèmes étroitement connectés dans l'approche microéconomique de la rationalité, laquelle est simplement définie comme étant la capacité des individus à toujours choisir ce qu'ils valorisent le plus, toutes choses étant égales par ailleurs. Le premier problème repose sur le fait d'attribuer un contenu objectif à l'ordonnancement des valeurs et préférences sur lequel se base le choix individuel ; cette difficulté repose sur la question de savoir si les valeurs attribuées aux objets sont stables et prévisibles. La seconde difficulté consiste à comprendre ce qui est rationnel pour un individu impliqué dans des relations stratégiques avec d'autres acteurs rationnels ; cette question est bien mise à jour par la théorie des jeux et les dilemmes coopératifs qu'elle démontre.

---

6 Hardin, R., « Rational choice theory » in Edward, C. (dir.), *Routledge Encyclopedia of Philosophy*, vol. 8, Londres, Routledge, 1998, p. 71.

B. Les enjeux rationnels de l'indétermination

La forme d'indétermination qui intéresse Hardin est celle qui résulte des interactions stratégiques entre acteurs. Partant de la définition la plus épurée de la rationalité qui soit, comme étant ce qui guide les choix individuels selon un strict principe d'augmentation de la valeur, Hardin montre en quoi cette dernière fait difficilement sens dans certains contextes complexes de choix interactifs, et dont le dilemme du prisonnier constitue la figure emblématique. Si le cadre d'analyse du dilemme de l'échange itératif démontre l'impossibilité de donner théoriquement des instructions non contingentes quant à la façon de jouer le coup suivant, alors il convient selon Hardin de conclure à l'indétermination générale de la rationalité[7].

Le dilemme itératif, et spécialement le dilemme répété un nombre de fois précises, démontre l'impossibilité de déterminer *a priori* la meilleure stratégie. Si dans le dilemme à un coup, la stratégie dominante est la défection – un joueur rationnel ne prendra jamais le risque de coopérer si l'autre en vient à trahir, et choisira donc *systématiquement* la défection et l'obtention directe d'un gain, aussi faible soit-il –, les choses ne sont plus aussi claires lorsque les joueurs savent que l'interaction va se reproduire, disons une centaine de fois, et qu'il reviendra alternativement à chacun de poser le premier choix. Sachant que d'autres coups suivront, la stratégie de la défection réciproque peut alors sembler rapidement absurde pour les joueurs, dès lors qu'ils savent qu'ils n'en retireront absolument aucun gain. Pourtant, il apparaît que même la répétition soit condamnée à l'échec s'ils recourent à l'argument de « *backward induction* ». Mettons que les joueurs aient atteint une stratégie coopérative, il n'en reste en effet pas moins qu'au dernier coup, après que le premier joueur ait une fois de plus pris le risque de la coopération, la défection reste avantageuse pour le dernier à jouer puisqu'il en retirera plus de valeur que son concurrent. En poussant le raisonnement, l'autre joueur peut prévoir ce risque et commencer déjà à trahir à l'avant-dernier coup, voire même à l'antépénultième, et ainsi de suite pour remonter jusqu'au premier coup et donc choisir rationnellement la défection dès le départ. Sous l'emprise de l'argument d'induction rétrospective, la trahison constitue alors une stratégie *encore et toujours* déterminante.

Le « trouble rationnel » surgit en fait lorsque, pour une raison quelconque – mais s'avérant essentielle dans le cadre d'une réflexion sur la confiance –, l'un des joueurs décide *malgré tout* de coopérer lors de l'un de ses premiers choix. L'autre joueur se retrouve alors devant le même

---

7 Hardin, R., *Indeterminacy and society*, Princeton, Princeton University Press, 2003, p. 17.

dilemme : soit il trahit en retour, empochant un gain direct mais risquant fort de mettre définitivement hors de propos tout autre sortie coopérative entre eux, soit il accepte de coopérer à son tour (*tit-for-tat* ou « rendre la pareille »), envoyant le message implicite de son acceptation de jouer selon une coordination coopérative. L'équilibre optimal étant atteint dans des situations de choix interactifs lorsque les actes posés par un agent génèrent des messages informationnels qui n'entraînent pas dans le chef de l'autre agent la volonté de changer de stratégie, la coopération en vient à se fixer, et les deux joueurs se mettront enfin à tirer profit de la coopération mutuelle. Le cas devient alors encore plus clair lorsque nous l'appliquons à une série illimitée de dilemmes d'échange. L'argument de l'induction rétrospective perdant sa raison d'être, les acteurs se trouvent confrontés de façon bien plus prégnante à l'existence des deux stratégies équilibrées de la défection et du *tit-for-tat* (bien qu'il en existe en fait plusieurs, nous nous contenterons des deux plus importantes).

La stratégie conditionnelle de la coordination coopérative devient alors « supérieure » au sens de Pareto à celle de la trahison parce que les deux parties y acquièrent plus de gains. La disposition à rendre la pareille devient donc une disposition rationnelle dans une série illimitée de dilemmes d'échange. Comme le souligne bien Philip Pettit, la rationalité de la stratégie de coopération conditionnelle repose alors sur l'anticipation mutuelle des décisions et sur leur coordination reposant sur la manifestation des bénéfices[8]. Le plus important est sans aucun doute le fait qu'elle devienne une stratégie « croyable », c'est-à-dire que la menace rationnelle de stopper la coordination si l'un des joueurs en vient à trahir lors d'un coup est effective. Robert Axelrod appuya alors dans ce cadre l'idée qu'il existe une multitude de raisons d'opter pour le donnant-donnant dans le monde naturel[9] [10]. L'argument de Hardin est donc simple : pour atteindre l'équilibre optimal, il convient de rejeter le raisonnement déterminant. Il existe donc une raison de rejeter la rationalité de la défection automatique. La conclusion que Hardin tire alors de tout ceci est que le principe d'une rationalité optimisatrice impose de violer son propre fondement théorique afin d'obtenir des gains substantiels, et

---

8 Pettit, P., « Normes et choix rationnels » in *Réseaux*, vol. 11(62), 1993, p. 95.

9 Axelrod, R., *Donnant-donnant*, Paris, Odile Jacob, (1984) 1992.

10 Ainsi l'exemple de la guerre des tranchées durant la Première Guerre mondiale décrit-il parfaitement le déploiement quasiment « automatique » de la stratégie du *tit-for-tat* : les soldats des deux camps se mirent à tirer dans le vide tant qu'ils maintenaient cette stratégie d'un côté comme de l'autre. Les officiers eurent alors beaucoup de difficultés pour briser cette coopération vitale, et n'y parvinrent qu'en introduisant les raids de nuit. Dès que l'un des camps subissait des pertes, l'équilibre stratégique coopératif était remis en question et remplacé par l'équilibre de la riposte.

que ce principe est donc contradictoire. L'indétermination est donc *irréductible* car il n'existe pas de stratégie plus rationnelle sur laquelle se fonder, ni pour prendre le risque de la coopération (dès lors qu'il est tout autant irrationnel de le faire), ni pour savoir à quel moment basculer dans la défection dans la suite limitée des interactions.

La théorie du choix rationnel que défend Hardin est donc « évoluée » de par le fait qu'elle s'avère indéterminée dans le cadre des interactions stratégiques et qu'elle repose sur une conception non simpliste de la rationalité. En un sens, c'est moins le fait que les sujets fassent des erreurs que le fait que la rationalité soit indéterminée qui mine le contexte des choix stratégiques. L'idée y est alors moins de maximiser que d'optimiser *tant bien que mal*, en choisissant non plus des résultats déterminés mais bien des stratégies d'action marquées par l'indétermination des résultats qu'elles offriront. C'est la raison pour laquelle Hardin rejette les propositions théoriques qui cherchent, soit à ignorer le problème en supposant que la théorie du choix est déterminante, soit à cardinaliser les valeurs afin de pouvoir les additionner en vue de sélectionner l'état des choses le plus valorisé, soit à recourir à une éthique déontologique précisant des règles de comportement[11]. Hardin choisit de gérer l'indétermination en lui faisant face et en l'incorporant au centre de son analyse et de sa vision de l'ordre social. Les institutions sont créées dans ce cadre afin d'appliquer un schème d'optimisation au principe de l'avantage mutuel en vue d'atteindre une détermination mécanique. Il défend donc un institutionnalisme prenant en compte le problème de l'acquisition de connaissances, et permettant une intégration de la question des droits individuels au sein d'un cadrage utilitariste.

> We need an institutional structure of rights or protections because not everyone is utilitarian or otherwise moral and because there are severe limits to our knowledge of others, whose interests are therefore likely to be best fulfilled in many ways if they have substantial control over the fulfillment[12].

C. Fonctionnalisme et conventionnalisme

À l'encontre de nombreuses démarches critiques, dont celle fondatrice de Jon Elster[13], Hardin défend les apports d'une approche fonctionnaliste dans les sciences sociales. Défini de façon large, le fonctionnalisme est un paradigme reposant sur l'idée que les institutions existent de par leurs effets bénéfiques et non intentionnels sur la société.

---

11 Hardin, R., *op. cit.*, p. 5-6.

12 Hardin, R., *Morality within the limits of reason*, Chicago, University of Chicago Press, 1988, p. 78.

13 Elster, J., *Ulysses and the Sirens*, Cambridge, Cambridge University Press, 1979.

L'explication est alors fondée sur un principe de « main invisible »[14], dès lors que ces effets sont non reconnus mais appuyés par des boucles de rétroaction, ainsi que sur un principe de « crible » lorsque les effets en viennent à être perçus par le groupe qui en bénéficie[15]. Pour Hardin, le fonctionnalisme permet de donner du sens à l'étrangeté de certains aspects rationnels et irrationnels de la vie sociale, en justifiant essentiellement trois phénomènes importants : le fait qu'il résulte de situations complexes des résultats collectifs déficients, que des systèmes normatifs se maintiennent dans la durée, et enfin le mouvement par lequel certaines conventions finissent par être institutionnalisées. Passons brièvement en revue ces trois manifestations.

Premièrement, le fonctionnalisme permet d'expliquer pourquoi des actions individuelles rationnelles produisent des résultats collectifs irrationnels. L'exemple auquel recourt Hardin est celui du rapport entre le Congrès des États-Unis et ses agences, dans le cadre d'une critique de l'ampleur excessive et du pouvoir que prend la bureaucratie nationale américaine. L'institution en question dans l'équation fonctionnaliste est donc celle de l'accroissement des bureaux, trouvant une explication par le biais de sa fonction de réélection des membres du Congrès. Les carrières parlementaires bénéficient du développement des agences administratives en ce que celles-ci permettent, en un premier temps, une meilleure prise en compte des demandes des électeurs et donc une valorisation du rôle de médiateur dans le chef des parlementaires, et en un second temps, un rôle accru des bureaux dans la gestion des circonscriptions électorales et le dialogue avec les groupements d'intérêt offrant la puissance électorale requise. Les membres du Congrès qui parviennent alors à être réélus sont ceux possédant l'agence la plus puissante et efficace derrière eux.

Cette évolution révéla essentiellement deux effets particulièrement pernicieux : premièrement, la phagocytation chez les membres du Congrès de leur fonction purement législative par une fonction d'*ombudsman*, et deuxièmement, la création de « sous-gouvernements » administratifs au sein desquels les parlementaires, bureaucrates et représentants de lobbies, commencèrent à prendre de plus en plus de décisions politiques majeures. Dès lors, c'est non seulement le collectif qui pâtit de cette focalisation électorale de la part des parlementaires, mais ces derniers se retrouvèrent également rapidement pris au piège du pouvoir acquis par la machine administrative dont ils finirent par dépendre, au point d'en devenir les esclaves. Nous voyons donc bien comment le déploiement de comportements de *free-riding* au sein de l'appareil légi-

---

14 Pettit, P., *op. cit.*, p. 89.

15 Hardin, R., *op. cit.*, p. 756.

slatif mena à un résultat collectif sous-efficient, dont la remise en question requiert non seulement la reconnaissance de cette boucle de causalité, mais aussi et surtout l'acceptation de se trouver face à un problème d'action collective nécessitant la reformulation d'une autre stratégie de coordination, qui semble bien illusoire dans ce cas – un comble pour les représentants du pouvoir législatif.

Deuxièmement, des actions irrationnelles d'un point de vue individuel peuvent être collectivement maintenues et mises en vigueur en vue de produire des résultats bénéfiques pour un groupe particulier d'acteurs. Le cadre d'analyse que choisit alors Hardin est celui de la confrontation entre deux systèmes normatifs : celui, robuste, de la non-violation physique et matérielle, et celui, faible, de la redistribution de biens aux plus démunis. Les deux institutions fonctionnellement problématisées sont donc ici les normes de support à la propriété et celles d'autonomie. La norme sociale d'exhortation au don d'argent peut être individuellement perçue comme irrationnelle, car entrant en compétition avec le principe d'autonomie, dont la fonction est de protéger les intérêts de chacun. Cette norme est cependant maintenue et encouragée car elle permet d'en faire respecter plus facilement une autre, celle de non-agression, laquelle possède pourtant déjà un système coercitif en soi. Une explication fonctionnaliste permet alors de voir en quoi le principe normatif de non-violence, voulu en tant que tel, maintient indirectement par ses effets le déséquilibre de la répartition des richesses.

Troisièmement, le fonctionnalisme explique en quoi des conventions fondées sur des considérations extra-rationnelles ne sont pas directement abandonnées en attente de l'émergence d'une convention alternative. C'est ici que nous voyons apparaître l'articulation particulière que font les théoriciens des jeux entre les concepts de « convention » et d'« institution ». Faisant référence aux travaux séminaux de David K. Lewis en la matière[16], la perspective conventionnaliste de Hardin voit l'institution comme étant *endogène* au problème des jeux, et en vient donc à faire correspondre institution et convention. La convention est une régularité de comportement permettant la coordination entre individus sans que ces derniers n'aient à recourir à des arrangements explicites ; elle constitue donc une solution d'équilibre dans les jeux de coordination. C'est en ce sens que les institutions sont toutes des conventions pour Hardin : elles sont le résultat d'un apprentissage issu de la répétition de stratégies de coordination performantes (la « saillance »), et sont fondées sur un système de préférences et d'attentes mutuelles.

---

[16] Lewis, D. K., *Convention : A philosophical study*, Cambridge, Harvard University Press, 1969.

Toute la difficulté de la mise en place d'une convention dépend alors de l'apparition de cette régularité. C'est à ce niveau qu'intervient alors une condition particulière de la rationalité, qui devrait nous être aisément accessible après ce que nous venons de voir avec Hardin. L'idée est qu'aussi indéterminée soit la rationalité, elle l'est de la même manière pour tout le monde, et tout acteur doit être supposé rationnel : c'est ce que Lewis appelle le « savoir commun » (*common knowledge*). C'est ce savoir commun qui permet aux joueurs dans une série illimitée de coups de stabiliser la stratégie optimale, et de poursuivre de la sorte la coordination[17]. La conceptualisation de la convention que retient Hardin est donc endogène au cadre du jeu, c'est-à-dire qu'elle constitue un moyen de résoudre le dilemme en spécifiant la conduite à suivre, et qu'elle repose sur une notion de régularité associée au *common knowledge*[18]. En d'autres termes, les conventions servent à résoudre les problèmes de coordination.

Mais si toutes les institutions sont des conventions, l'inverse ne semble pas valoir. La différence essentielle qui apparaît est l'existence d'un système coercitif indépendant de la perte de bénéfices que provoquerait la défection pour venir appuyer les institutions. L'institution est un moyen mécanique de centralisation, un outil spécialement élaboré par l'être humain, assurant de façon menaçante le respect de la convention établie, et dont la valeur repose sur cette fonctionnalité. Ainsi le fait de rouler à droite est une convention, dans le sens où ce principe ne nécessita pas une centralisation de la coordination, qui se vit par la suite renforcée au moyen du système institutionnel du code de la route. Il peut donc exister derrière une institution un faisceau de conventions diverses – rouler à droite, rouler à gauche – dont l'une d'entre elles émergea pour être institutionnalisée. En d'autres termes, alors que les conventions sont endogènes aux jeux, les institutions sont pour leur part *exogénéisées* du dilemme de l'échange afin d'être montées en généralité.

> Often (…) when a convention becomes an institution, it comes to be actively enforced. No longer is one merely better off to follow the convention because it is in one's interests, but one faces severe sanctions created specifically to punish deviance from the convention. In this sense, then, institutions are artefactual incentive systems, and they are partly to be explained in functionalist terms[19].

---

17 Comme nous le verrons dans la seconde partie, cette notion de savoir commun ne va pas sans poser question dès lors qu'elle repose sur un processus de « spécularité infinie » qu'en viendront à critiquer les conventionnalistes français.

18 Côme, T. et Diemer, A., « Convention et institution » in *Document de travail du CERAS*, vol. 4, Avril 1995, p. 35.

19 Hardin, R., « Rationality, irrationality and functionalist explanation » in *Social science information*, vol. 19(4), 1980, p. 764.

Si le bon fonctionnement des institutions démocratiques dépend bien entendu du succès de la coopération, le pouvoir attribué à celles-ci sert précisément à renforcer la coopération. Plus précisément, la coopération comme produit des interactions intéressées des sociétaires est ce qui fonde le pouvoir étatique. Le pouvoir et la coopération se soutiennent donc mutuellement et sont intrinsèquement liés dans l'organisation de la société et des instances gouvernementales[20]. Adoptant une perspective dans la lignée d'Adam Smith, Russell Hardin voit notre société actuelle comme le résultat d'une série de *paliers de développement* visant une intégration accrue de capacités de coordination. L'évolution sociale fonctionne donc sur la base d'un principe d'unification des individus et du pouvoir qu'ils retirent de l'à-propos de leur formation groupale, laquelle mène non seulement à la survie mais aussi à de meilleures conditions structurelles économiques et politiques. La perspective défendue par Hardin permet donc de penser la congruence entre l'évolution biologique, fortement fondée sur la survie individuelle, et l'évolution sociale, dépendante du développement institutionnel et normatif : la coopération est consistante avec notre détermination biologique égoïste[21]. La société devient alors un mélange inextricable d'échanges et de coordinations, dont le principe du pouvoir étatique est justifié à la fois par l'échange des ressources au niveau économique et par la coordination au niveau politique.

> Rational choice political institutions are organized to achieve their outcomes through the ordinary choices and actions of individuals who act from their own pragmatic incentives. They do not require extensive individual commitment to values other than own-welfare. This works because the mutual advantage of all is de facto the collective implication of self interest. Because mutual advantage is a collective principle, not an individual principle, and is therefore normatively different from own-welfare, the theory is inherently both normative and pragmatic in its implications[22].

La coordination crée donc du pouvoir en ce qu'elle sélectionne certains types de comportement et en interdit d'autres. En retour, le groupe puissamment coordonné peut alors réaliser bien plus de choses à un coût moindre en temps et en ressources. Selon un principe auto-renforçant, passé un certain palier, l'avantage de la coordination est perçu en tant que tel et le recours au pouvoir centralisé ne devient plus nécessaire : la

---

20 Hardin, R., « The social evolution of cooperation » in Cook, K. S. et Levi, M. (dir.), *The limits of rationality*, Chicago, University of Chicago Press, 1990, p. 358.

21 *Ibid.*, p. 378.

22 Hardin, R., « Rational choice political philosophy » in *Presentation at the University of Maryland*, 2001, p. 10.

coordination en vient donc à réduire l'usage du pouvoir[23]. La théorie de la coordination du pouvoir étatique et de l'obéissance à la loi permet alors d'aisément expliquer de nombreux phénomènes politiques. Tout l'enjeu politique réside donc sur cette capacité de coordination pouvant créer le pouvoir nécessaire à la création de sanctions – passage de la convention à l'institution – afin de motiver la coopération et les échanges, lesquels, rappelons-le, sont eux-mêmes fondés sur la tension entre conflit et coordination.

II. La confiance rationnelle selon Russell Hardin

Nous pouvons à présent mieux percevoir quel est l'enjeu paradoxal de la confiance pour la théorie du choix rationnel : permettre la coopération à moindre coût requiert d'augmenter la vulnérabilité des acteurs. Reprenons les axiomes de base de la théorie du choix rationnel et la structure offerte par la théorie des jeux. Les joueurs intéressés cherchent à optimiser coûte que coûte leurs préférences individuelles dans les interactions sociales. Leur rationalité étant marquée par l'indétermination dans le contexte de la coopération, c'est la structure informationnelle sur laquelle ils peuvent se baser afin de prédire le mouvement de l'autre qui devient déterminante. Cependant, l'acquisition d'informations de valeur peut s'avérer, au mieux, extrêmement coûteuse en temps et en argent, et au pire, totalement impossible – l'autre est un parfait inconnu. Il peut alors décider de prendre un *risque*, et attribuer le bénéfice du doute à l'autre joueur quant au fait qu'il ne trahira pas en retour ; en d'autres termes, il décide de faire confiance à l'autre en pensant qu'il s'alignera sur la stratégie de la coopération en lui rendant la pareille. Mais ce faisant, le joueur confiant (*truster*) se met dans une situation de vulnérabilité importante, dès lors que le joueur confident (*trusted*) peut décider de mobiliser l'autre forme de rationalité fondée sur l'argument de l'induction rétrospective, et qui lui dicte de profiter dès à présent du gain qu'il peut tirer de la défection. Le second joueur ne réciproquera donc pas, et le premier regrettera amèrement d'avoir suivi le raisonnement le menant à faire confiance.

À travers cet exemple, c'est toute la problématique des échanges sociaux qui est lue à travers le spectre de la confiance. S'il est possible de saisir le dilemme de l'échange sans recourir au concept de confiance, mobiliser celui-ci nous permet tout à la fois de complexifier le modèle en recourant à une notion hautement problématique – c'était le sens de notre encart sur la confiance telle que mobilisée chez Robert Putnam – mais aussi de le rendre plus perceptible, dès lors que la notion est con-

---

[23] Hardin, R., « The social evolution of cooperation » in Cook, K. S. et Levi, M. (dir.), *The limits of rationality*, Chicago, University of Chicago Press, 1990, p. 363.

nue de tout un chacun et que, comme se plaît à l'évoquer Hardin, elle constitue un ressort dramatique essentiel dans un nombre important de réalisations artistiques. Quoiqu'il en soit, ce qui nous intéresse avant tout ici est cet aspect fondamentalement paradoxal de la confiance : la prise de risque que constitue le fait d'attribuer sa confiance et la vulnérabilité de l'acteur qui en résulte paraît irrationnelle et improbable d'un point de vue individuel. Dès lors, si l'on souhaite permettre le déploiement d'interactions coopératives et non plus seulement conflictuelles, il convient de créer les moyens de son existence ; comme l'indique bien Tarik Tazdaït dès le début de son étude, « c'est une des situations qui fondent la légitimité des institutions »[24]. Les conventions servent donc dans ce cadre à favoriser le déploiement de relations de confiance afin d'assurer la mise en place d'équilibres stratégiques.

A. Confiance incorporée et fiabilité

Le titre attribué par Russell Hardin à son ouvrage majeur et référentiel sur la question de la confiance, *Trust and Trustworthiness*, peut paraître aussi révélateur que trompeur. On pourrait croire que Hardin y traite de façon théoriquement séparée les notions de confiance et de fiabilité[25] – ce qu'il fait par ailleurs mais d'un point de vue purement méthodologique. Il n'en est rien : la confiance est intrinsèquement reliée chez lui au principe de la fiabilité. Ainsi établit-il de façon claire la base analytique de sa réflexion dès les premières lignes de son ouvrage :

> Usually, to say that I trust you in some context simply means that I think you will be trustworthy toward me in that context. Hence to ask any question about trust is implicitly to ask about the reasons for thinking the relevant party to be trustworthy. (…) I canvass some of the potentially many reasons for thinking someone trustworthy. One of the most important and commonplace is trust as encapsulated interest (…). On this account, I trust you because I think it is in your interest to take my interests in the relevant matter seriously in the following sense : you value the continuation of our relationship, and you therefore have your own interests in taking my interests into account[26].

---

[24] Tazdaït, T., *op. cit.*, p. 16.

[25] À la suite de Louis Quéré, nous avons choisi de traduire le terme *trustworthiness* – « digne de confiance » littéralement – par « fiabilité », plutôt que par « fidélité », « loyauté » ou encore « honnêteté », pour des raisons liées aux emplois communs de ces trois termes en français. Ainsi il nous semble que la fidélité suggère une répétition du comportement, là où la loyauté renvoie à des rapports souvent hiérarchisés, alors que l'honnêteté révèle quant à elle une connotation d'ordre moral. Or, « *to be trustworthy* » ne présuppose pas forcément une routine, la souscription à un code de conduite ou encore à des principes moraux.

[26] Hardin, R., *Trust and trustworthiness*, Russel Sage Foundation series on trust, vol. 4, New York, Russel Sage Foundation, 2002, p. 1.

On peut difficilement trouver une définition plus explicite dans un cadre utilitariste que celle proposée par Hardin à la suite des travaux de James Coleman : je te fais confiance dès lors que mes intérêts sont *incorporés* dans tes propres intérêts. La confiance n'est donc rien d'autre qu'un enchâssement d'intérêts entre deux joueurs dont le problème central est celui de la coopération. En suivant en grande partie le propre raisonnement de Hardin, voyons à présent quels sont les éléments de cette confiance.

Premièrement, la référence à la particularité du contexte n'est pas neutre ; il apparaît pour Hardin que l'on ne puisse faire confiance que sur un sujet bien établi, et autour duquel émerge le besoin de confiance. La confiance décrit donc une relation tripartite : « A fait confiance à B quant à la réalisation de X ». Signalons que Hardin n'est pas le premier à avoir défini la confiance comme étant une relation tripartite ; Niklas Luhmann la déterminait déjà avant lui de telle façon[27]. Non seulement la confiance ne peut être perçue comme un phénomène « intégral », dans le sens où elle s'attribuerait de façon inconditionnée à tous les actes posés par le confident, mais en plus elle s'avère dépendante du contexte dans lequel elle est posée. La confiance est donc marquée par la spécificité de ses agents et la particularité de son objet[28]. On peut dès lors avoir confiance en une personne sur telle ou telle matière, et être à la fois sceptique quant à ses capacités de réaliser d'autres choses. « Faire confiance à B » ne signifie donc rien tant que n'est pas spécifiée « la raison X » pour laquelle on fait confiance : « faire confiance (*to trust*) » c'est donc « croire l'autre fiable (*to believe to be trustworthy*) » par rapport à telle occurrence.

Ainsi Hardin se positionne-t-il en opposition aux approches normative et psychologique de la confiance qui voient celle-ci comme une relation bilatérale ou même unilatérale. Éventuellement, les enfants en bas âge peuvent être perçus comme fonctionnant sur un schème de confiance unilatérale, mais des adultes sains d'esprit ne déploient pas une confiance inconditionnelle vis-à-vis de tout le monde et quant à n'importe quel sujet. C'est la raison pour laquelle Hardin en vient à critiquer les notions de « confiance sociale » ou encore de « confiance généralisée » : elles relèvent bien plus selon lui de l'ordre de l'attente (*expectation*) ou de la dépendance (*reliance*) que de la confiance à proprement parler. Ce qui définit la confiance est la *raison* qui sous-tend l'attente comportementale, et non pas la *prévision* du comportement en tant que telle. En d'autres termes, « si ton intérêt est de faire ce que tu fais indépendamment de ma présence, ton intérêt n'enchâsse pas le

[27] Luhmann, N., *Trust and power*, Chichester, John Wiley & Sons, 1979.

[28] Hardin, R., *op. cit.*, p. 9.

mien ». La confiance incorporée à ceci de particulier qu'elle est donc profondément relationnelle, et qu'elle repose essentiellement sur la croyance en la continuité des interactions entre deux acteurs[29]. On comprend donc aisément que ce soit le niveau interpersonnel, celui qui relie uniquement un confiant avec un confident, qui constitue le modèle essentiel de la confiance au sein du paradigme rationaliste : « *trust is inherently a micro-level phenomenon* »[30].

Deuxièmement, la confiance permet d'appuyer la coopération. Hardin est bien entendu loin d'être le seul à traiter cette importante fonction de la confiance, et de nombreux auteurs en ont fait le centre de leur étude, dont Diego Gambetta[31]. Mais le fait qu'elle soit fondée sur une croyance – celle que l'autre sera fiable – implique que la confiance ne peut pas être *déterminée*, dans le sens où elle serait intentionnellement voulue pour un objectif qui lui est extérieur. Elle ne peut pas être orientée en finalité parce qu'on ne peut faire confiance en vue d'obtenir un gain de l'interaction en tant que tel ; bien plus, c'est parce que l'on fait confiance que l'on peut espérer réaliser des gains si l'opportunité se réalise. L'aspect profondément cognitif de la confiance l'empêche également d'être comportementale, dans le sens où les actes posés ne sont pas la confiance en tant que telle. On agit en se basant sur la confiance et les actions peuvent révéler la confiance en jeu mais la confiance incorporée ne doit pas être confondue avec les actions qu'elle permet. C'est pourquoi la confiance ne doit pas être confondue *avec* la coopération : elle n'est pas un acte stratégique[32].

> I do not trust you in order to gain from interacting with you. Rather, because I do trust you, I can expect to gain from interacting with you if a relevant opportunity arises[33].

---

29 Hardin, R., *op. cit.*, p. 88.

30 *Ibid.*, p. 200.

31 Gambetta, D., *Trust : Making and breaking cooperative relations*, Oxford, Basil Blackwell, 1988.

32 De plus, la confiance n'est pas un phénomène *nécessaire* à la coopération. Comme nous l'avons vu, il est tout à fait possible de comprendre la coordination et la stratégie coopérative sans faire appel à la confiance. Une telle stratégie peut être mise en place entre deux joueurs totalement méfiants l'un envers l'autre. De nombreux débats politiques menés au sein de gouvernements de coalition en constituent autant de remarquables exemples : les compromis qui en ressortent sont loin d'être établis entre des acteurs confiants les uns envers les autres. Si la confiance peut grandement faciliter les choses, elle n'est pas nécessaire à la recherche d'un accord coopératif dans lequel les différentes parties trouvent chacune leur compte. Dès lors, si la coordination et la coopération sont bien les objectifs au final, il existe diverses façons de les atteindre dont certaines ne dépendent pas de la confiance.

33 Hardin, R., *op. cit.*, p. 10.

Troisièmement, comme le rend tout particulièrement évident le dilemme de l'échange, l'attribution de la confiance implique une prise de risque dès lors que le confiant se place en situation de vulnérabilité vis-à-vis du confident. En effet, faire confiance, c'est laisser à l'autre le choix de respecter au non l'intérêt qui est mis en jeu. Cependant, bien qu'agir sur la base de la confiance soulève un risque, la confiance n'étant pas une question de choix, elle ne peut être en tant que telle une prise de risque délibérée. Le risque qui émerge de l'acte confiant résulte du fait de l'indétermination de la rationalité, et devient en cela un critère de détermination de la confiance : si la structure coercitive est à ce point puissante qu'elle ne laisse que peu de choix aux acteurs en rendant leurs actes hautement déterminés, alors la confiance n'a pas lieu d'être[34]. Il serait donc impossible de faire confiance à autrui dès lors que ce dernier ne possède pas de raison particulière de respecter l'enchâssement des intérêts – à l'exception de quelques êtres chers tels que des membres de la famille ou des amis proches, il faut qu'il y ait des raisons valables *hic et nunc* pour pouvoir faire confiance. La confiance semble donc apparaître dans l'entre-deux des extrêmes de l'horizon d'intentionnalité, entre détermination totale et incertitude radicale.

> Trust is not itself a risk or a gamble. It is, of course, risky to put myself in a position to be harmed or benefited by another. However, I do not calculate the risk and then additionally decide to trust you ; my estimation of the risk is merely my degree of trust in you. Again, I do not typically choose to trust and therefore act ; rather, I do trust and therefore choose to act. In some circumstances I might even go so far as to risk cooperation with someone I genuinely distrust if that is the best option open to me. The degree of trust I have in you is just my expected probability of the dependency working out well[35].

L'idée qui sous-tend la théorisation de Russell Hardin est donc que la confiance est souvent remise en question après qu'il y ait eu trahison ; or la trahison n'est pas l'échec de la confiance – sinon elle n'aurait pas à subir une remise en cause – mais bien celui de la fiabilité ; dès lors, il suffit d'évaluer la fiabilité pour s'assurer une relation de confiance bien placée. Faire confiance revient donc dans l'approche rationaliste à évaluer en première instance la fiabilité du partenaire. La fiabilité, au sens du respect des engagements pris ou de la volonté de ne pas tromper son prochain, est donc une caractéristique s'appliquant sur le confident, le confiant jugeant pour sa part l'importance du risque encouru dans la

---

[34] Pour reprendre l'exemple de Hardin, il ne relève pas de la confiance d'attendre de quelqu'un qu'il agisse sur la base d'un intérêt incorporé à partir du moment où l'on tient une arme sur sa tempe, l'individu mis en joue dans ce cas réagissant à son propre intérêt de survie.

[35] Hardin, R., *op. cit.*, p. 119.

posture de faiblesse qu'il prend vis-à-vis de l'autre personne selon des critères de capacité, de volonté et de compatibilité d'intérêts. Il convient alors de recourir à ce que Hardin dénomme une *street-level epistemology* afin de renforcer l'argument cognitif de l'approche rationaliste de la confiance.

La fiabilité résultant d'un enchâssement des intérêts constitue alors la raison principale de la confiance, laquelle repose donc sur un important usage de la raison : il convient d'évaluer à partir d'indicateurs de fiabilité. C'est à partir de cette idée que Diego Gambetta a étudié la façon dont les chauffeurs de taxi de New York et Belfast évaluent la fiabilité de leurs clients à partir d'une série de critères forgés dans l'expérience[36].

B. Retour sur le capital social

L'approche du capital social de Robert Putnam n'emporte pas l'adhésion totale de Russell Hardin. Hardin décrit en effet lui aussi la conceptualisation du capital social effectuée par Putnam comme étant par essence un capital interpersonnel, un attribut de l'organisation sociale. Cette vision est donc en opposition avec l'approche de Gary Becker, que lui préfère Hardin, et qui défend une intégration du capital social dans la fonction d'utilité des individus. Le capital « personnel » au sens beckerien constitue alors une conceptualisation plus à même de saisir le véritable enjeu de la confiance. La critique formulée par Hardin à l'encontre de l'approche putnamienne se fonde donc sur la façon dont elle mobilise le concept de confiance, comme émergeant au méso-niveau des réseaux civiques et des associations traditionnelles. Pour Hardin, ceci constitue une *fallacy of composition*, une montée en généralité douteuse du principe de réciprocité, qui en vient à vider de sens les analyses statistiques de déclin de la confiance citoyenne. Une telle théorie passe donc à côté de son véritable objet d'analyse, qui est moins la confiance, ne signifiant rien à un niveau agrégé, que la fiabilité issue de la continuité des relations en tant que telle.

En plus d'une critique de la méthodologie d'enquêtes statistiques employée par Robert Putnam, Hardin souligne également, à la suite de Gary Becker, le fait que les approches du capital social ont une fâcheuse tendance à invoquer ce principe ainsi que le phénomène de confiance de façon non critique comme étant strictement habilitant ; or, le capital social peut également être perçu de façon contraignante. Les réseaux et les institutions peuvent constituer des obstacles à la liberté de choisir et

---

[36] Bacharach, M. et Gambetta, D., « Trust in signs » in Cook, K. S. (dir.), *Trust in society*, Russel Sage Foundation series on trust, vol. 2, New York, Russel Sage Foundation, 2001.

des sources de distorsion des perceptions cognitives. Comme nous l'avons vu lors de notre chapitre critique sur le manque de considération des enjeux de pouvoir, le capital social peut en effet consister en des normes destructrices pour les individus.

Enfin, chez Robert Putnam, l'attention était portée sur l'impact institutionnel de la présence d'un haut niveau de capital social. En ce sens, la causalité en étude allait chez Putnam du niveau individuel vers le niveau institutionnel. Ceci constitue une faiblesse théorique selon Hardin :

> Under the rubric of social capital, we seemingly cover several quite varied and often amorphous causal relations : the effects of lower-level social interactions that facilitate individual achievements for James Coleman ; between individual-level trust and social institutions and other collective-level outcomes in the recent work of political scientists ; and the displacement of some institutional-level devices by individual-level relationships in the relational theory of law. Still others see social capital at work in facilitating the relations between organizations. Notably missing from the list are the effects of institutions on lower-level interactions[37].

L'emphase sur les effets institutionnels des relations interpersonnelles permet de déceler la nature du véritable enjeu du principe du capital selon Hardin : l'objectif de ce dernier sert moins la société que les individus à proprement parler. Les diverses formes du capital social, à savoir la fiabilité, les réseaux et les institutions, servent en fait la coopération et l'action collective à travers l'établissement d'une confiance *strictement* interpersonnelle. En cela, Hardin s'oppose à la perspective défendue par les politologues dans la lignée de Putnam, et ce malgré qu'il admet l'apport de leur contribution, estimant que ces travaux comptent parmi les plus prometteurs en sciences sociales de ces dernières années.

C. La méfiance gouvernementale

Abordons à présent le sens que peut donner une telle approche rationaliste de la confiance aux rapports entretenus entre les sociétaires et l'État. Il existe selon Hardin essentiellement trois visions majeures en théorie politique au sujet de l'« intrigue » de la confiance gouvernementale[38]. La première, d'ascendance hobbesienne, adopte un profil hiérarchisant du lien de causalité dans lequel l'accent est mis sur les capacités de l'État à permettre le déploiement de relations de confiance entre les

---

37 Hardin, R., « Social capital » in Alt, J. E. *et al.* (dir.), *Competition and cooperation : Conversations with nobelists about economics and political science*, New York, Russel Sage Foundation, 1999, p. 172.

38 Hardin, R., « Communautés et réseaux de confiance » in Ogien, A. et Quéré, L. (dir.), *Les moments de la confiance : Connaissance, affects et engagements*, Paris, Economica, 2006, p. 103.

citoyens. Inscrite au cœur des approches légale et contractuelle, cette vision repose sur l'idée que les normes étatiques sont ce qui permet aux individus d'échanger librement et d'engranger des bénéfices. La seconde approche, traitée par des auteurs tels qu'Alexis de Tocqueville et Robert Putnam, estime que c'est avant tout l'État qui est dépendant de la confiance au niveau sociétal en termes de stabilité et de performance. Comme le souligne Hardin, cette thèse, qui affleure souvent au sein des débats sur le communautarisme, assure en fait que le cœur de la relation entre les citoyens et leur gouvernement est une relation de confiance et non pas de nature contractuelle. Enfin, Hardin isole une troisième posture théorique fondée sur les *Federalist Papers* rédigés par le quatrième président des États-Unis d'Amérique, James Madison, et qui défend l'utilité des postures de défiance envers le gouvernement pour son bon fonctionnement. Ainsi Madison écrit-il au travers de sa promotion de la Constitution américaine que le principal enjeu démocratique est de parvenir à obliger le gouvernement à se contrôler soi-même en sus de sa fonction gouvernementale[39].

Bien qu'il ne rentre pas particulièrement dans le cadre de l'une de ces trois visions, nous pouvons dire que si Hardin se réclama en un premier temps essentiellement de la première d'entre elles en s'opposant à la seconde, ces derniers écrits semblent indiquer sa préférence vis-à-vis de la perspective madisonienne de la confiance. Mais à y regarder de plus près, il n'existe en fait pas de conflit théorique entre ces deux visions ; bien au contraire, elles paraissent même se compléter. Nous pouvons ainsi présenter la posture de Hardin comme s'impliquant essentiellement, de haut en bas, dans la production institutionnelle de confiance, et de bas en haut, dans le besoin d'un certain niveau de méfiance à l'encontre des institutions étatiques.

Dans le cadre du paradigme rationaliste de la confiance, l'idée d'attribuer sa confiance à une entité telle qu'un gouvernement constitue une improbabilité. Plus exactement, si cela peut faire sens de parler de « confiance gouvernementale », cette dernière ne peut avoir que très peu de points de communs avec la confiance interpersonnelle. Selon l'approche de la confiance comme enchâssement d'intérêts, l'idée revient à s'interroger sur la fiabilité de ces différents destinataires quant à la prise en compte de nos propres intérêts. Or, cette position semble totalement improbable dans un cadre administratif et fonctionnel : les agents gouvernementaux étant, eux aussi, des acteurs rationnels et optimisateurs, ils travaillent avant tout pour leur propre bien-être. Il ne fait

---

[39] Hardin, R., « Trust in government » in Braithwaite, V. et Levi, M. (dir.), *Trust and governance*, Russel Sage Foundation series on trust, vol. 1, New York, Russel Sage Foundation, 1998, p. 20.

aucun sens de penser que, de par leur inscription au sein de la structure étatique, ces individus en viendraient à quitter leur enveloppe d'*homo œconomicus* pour revêtir le manteau du désintéressement et de l'altruisme absolu. Aussi bien les bureaucrates que les leaders politiques sont avant tout des êtres motivés par leur propre carrière et avantages, et à défaut de les connaître personnellement et d'avoir avec eux des interactions privilégiées, il ne fait aucun sens de dire que nous pouvons réellement leur faire confiance.

Hardin estime donc qu'il est plus convenant de parler de « *confidence* » envers une entité gouvernementale (de même qu'envers toute entité d'ailleurs) que de « *trust* » à proprement parler[40] – distinction conceptuelle qu'il hérite des travaux de Niklas Luhmann sur la confiance, où « *confidence* » renvoie à un principe de « confiance assurée », non calculée, et « *trust* » à celui d'une « confiance décidée », fondée sur une prise de risque[41]. Si la confiance est bien vitale au niveau des relations personnelles, la participation dans des systèmes fonctionnels ne requiert que de l'assurance. Un gouvernement ne requiert pas la confiance de ses citoyens pour agir, mais bien uniquement son attente légitimée à travers le dispositif électoral qu'il mettra tout en œuvre pour agir de la façon la plus convenante qui soit.

Dès lors, la solution qu'il propose consiste à jouer sur le design institutionnel afin d'empêcher le déploiement de bureaucrates et d'officiels ne répondant qu'à leur intérêt propre. Le problème est donc de faire en sorte que, par le biais de procédures, l'intérêt des membres du gouvernement soit *tant bien que mal* enchâssé avec celui des citoyens. Pour cela, il convient de renforcer les procédures de réponse aux interrogations citoyennes mais aussi de celles émanant des autres membres de l'institution ; en d'autres termes, de jouer sur la légitimité. Hardin souligne cependant la difficulté de ce projet, la méfiance semblant endémique dans les rapports entre certaines sociétés et leurs instances gouvernementales.

> In actual life we might not trust an organization but might merely depend on its apparent predictability by induction from its past behavior. Then we have merely an expectations account of the organization's behavior. Inductive knowledge in some contexts seems very compelling[42].

---

40 Hardin, R., *op. cit.*, p. 31.

41 Les termes de confiance assurée et décidée proviennent de la traduction anglaise réalisée par Louis Quéré d'un article de Luhmann. In Luhmann, N., « Confiance et familiarité : Problèmes et alternatives » in Quéré, L. (dir.), *La confiance*, Réseaux, vol. 108, Paris, Hermès Science Publications, (1989) 2001, pp. 15-36.

42 Hardin, R., *op. cit.*, p. 22.

Ainsi Hardin en vient-il à conclure à l'inadéquation du modèle de la confiance institutionnelle au sens d'une confiance incorporée et décidée : tout au plus une population a-t-elle des attentes induites de l'expérience passée quant à la capacité d'une organisation étatique à remplir efficacement son rôle. Il fait alors bien plus sens de parler de méfiance ordinaire de l'ordre citoyen vis-à-vis de l'ordre politique. Cette idée est renforcée à travers l'observation de nombreuses dérives importantes lors de l'établissement d'une assurance trop prononcée d'une population à l'encontre de ses décideurs politiques.

Reste alors entière la question de savoir quel niveau de *confidence* – dans le sens d'une méfiance suspendue – est requis afin d'appuyer l'action gouvernementale sans que le risque de tomber dans l'autre extrême n'opère au final. Si les tâtonnements de Hardin en vue d'y répondre nous indiquent bien la difficulté – voire l'impossibilité – d'y apporter une réponse exacte, nous venons de voir que, malgré sa difficulté d'implémentation, la nature de la solution avancée par Hardin consiste à jouer sur le design institutionnel afin d'empêcher la multiplication d'opportunistes au sein des instances étatiques. Cette idée, intéressante mais loin d'être innovante, recontextualisée dans l'ensemble des travaux de Hardin, nous permet alors de ressaisir l'essence de sa vision de la gouvernance : si les institutions existent afin de nous permettre de coopérer dans les cas où la confiance vient à manquer, elles doivent être strictement perçues en tant qu'artefacts créés à cette fin. Dès lors, en tant qu'instruments servant les intérêts individuels, les institutions ne requièrent pas un support de confiance de la part de ceux qui en bénéficient, et doivent au contraire être sceptiquement soutenues par rapport à leurs strictes capacités à favoriser la confiance interpersonnelle et à fluidifier les échanges.

> Because most of us live in large-scale societies, we need devices other than trusting and trustworthiness to make many of our more or less cooperative activities go well. Typically, we can overcome the scale limits of direct trusting by relying on social constructions such as intermediary guarantors and reputations, although even these devices are commonly limited. To go much further, we must have strong institutional and especially legal backing that displaces the need for trust and reliance on others' doubtful trustworthiness[43].

Ce qui prévaut ici est donc l'instauration d'un ordre social aussi libre que possible afin de lui permettre de s'autoréguler de façon spontanée ; les institutions sont créées dans ce cadre uniquement afin de permettre la coopération, et le pouvoir qu'elles acquièrent à travers ce mouvement

43 Hardin, R., *Trust and trustworthiness*, Russel Sage Foundation series on trust, vol. 4, New York, Russel Sage Foundation, 2002, p. 200.

doit être perçu de façon négative et contrebalancé par une méfiance sociale. Les dérives étatiques résultant de l'acquisition d'une force trop importante de contrôle représentent un risque incomparable aux limites et blocages que rencontrerait une société libre de toute contrainte institutionnelle. En d'autres termes, les institutions n'existent qu'au travers de leur servitude à un principe d'économie ouverte et concurrentielle, à un marché des échanges où, tant qu'elles fonctionnent et permettent aux intérêts de trouver leur équilibre, sera postposée leur remise en question.

Remarques conclusives

Russell Hardin ne cache pas son admiration pour la vision libérale soutenue par les économistes de l'école autrichienne. Il ne fait aucun doute pour lui que la connaissance permettant de diriger une société est bien trop distribuée et éparse que pour être rendue accessible et traitable par un principe centralisé de gouvernement. La question n'est plus uniquement d'assurer la décentralisation de l'économie par le marché, mais aussi et avant tout celle d'assurer la décentralisation de la gestion des biens et de l'évolution sociétale de la coopération.

L'idée essentielle devant sous-tendre les politiques économiques modernes est celle de la préservation des savoirs et des valeurs individuelles. Les valeurs d'une société sont celles de ses membres, et il n'incombe qu'à eux seuls de parvenir à les ordonner. Dès lors que le principe du collectif ne peut pas constituer une fonction d'utilité générale, n'étant que la résultante causale de la généralisation des intérêts individuels, il convient de laisser se rencontrer de façon aussi libre que possible les intérêts et préférences citoyennes. La société comme un ordre spontané est bel et bien au cœur du projet théorique de Hardin et de son approche institutionnelle : la coordination précède logiquement et justifie le pouvoir de l'État. Les institutions sont des conventions renforcées, fondées sur un principe de stratégie comportementale et provenant d'une répétition de celle-ci ; elles n'existent que pour servir la coopération en produisant des contextes normatifs favorables aux relations de confiance. Les institutions chez Hardin sont des artefacts d'atténuation des risques de la confiance comme phénomène cognitif.

La référence aux structures sociales intermédiaires est là pour rappeler l'importance de maintenir des réseaux civiques énergiques. Comme nous l'avons vu, ces réseaux ont aussi l'avantage de favoriser la coopération en inscrivant les acteurs dans des contextes réputationnels et informationnels permettant de s'assurer plus aisément de la fiabilité de leurs partenaires. À nouveau, comme c'est le cas pour les institutions, ces réseaux n'ont cependant pas d'intérêt en soi, dès lors qu'ils n'existent qu'au travers de leurs implications sur les acteurs. Le rôle des relations épaisses, de même que celui des conventions et des institutions, est de solutionner des problèmes cognitifs de passage à l'acte. L'indétermination des contextes et l'incertitude informationnelle étant de mises, la nécessité d'anticiper les décisions d'autrui fait naître le besoin de la confiance comme fiabilité.

Préférence pour la perspective profondément non constructiviste de l'école autrichienne au niveau social chez Hardin, couplée à celle pour la perspective madisonienne au niveau politique. L'État et le pouvoir qui lui est attribué selon le principe de l'avantage mutuel doivent être surveillés par les sociétaires selon un principe de méfiance civile. À la différence de Robert Putnam, l'idée n'est plus de dire que la performance des institutions gouvernementales est dépendante du soutien et du relais confiant des sociétaires selon une optique de souveraineté populaire, dès lors que la théorie de la confiance incorporée met à mal celle de la confiance généralisée. L'assurance qui fonde la légitimité institutionnelle n'est fondée que sur les capacités fonctionnelles des instances étatiques à permettre l'équilibre des intérêts. À nouveau, leur rôle doit se limiter au maintien d'une sphère sociale libre de contraintes mais fondamentalement confiante en termes d'attentes fiables quant à la façon dont se comportera le prochain.

> The U.S. Constitution, as designed principally by James Madison, was intended to obstruct government, not to enable it. (...) What Madison ideally wanted (...) has in some respects come to pass only recently with the slow scaling back of the statist regime that was put in place in the 1930s, largely to deal with the overreaching power of business. If the social agenda crowd, the mercantilist-statist right, or the socialist-statist left were to control government, a Madisonian would consider it a disaster. In Madison's view people need government to maintain order, but they do not need it to run their lives, as any of these groups would want it to do.
>
> The statist vision that once seemed to be good and even necessary now seems wrong-headed. Maybe we were not wrong before, but the preconditions of our earlier view no longer apply. The economy is finally close to free-standing[44].

Voici donc comment Hardin justifie le rôle économique de la confiance dans le cadre d'une interrogation politologique : les interactions politiques ne créent pas de la confiance en tant que telle dès lors qu'elles servent avant tout à permettre l'établissement de structures institutionnelles favorisant le déploiement de la confiance au niveau des interactions économiques. Ce n'est donc pas la démocratie qui requiert de la confiance, mais bien l'économie qui repose sur la capacité démocratique

---

44 Hardin, R., « The public trust » in Pharr, S. J. et Putnam, R. D. (dir.), *Disaffected democracies : What's troubling the trilateral countries ?*, Princeton, Princeton University Press, 2000, pp. 50-51.

à maintenir un contexte social dans lequel les échanges interpersonnels sont fluidifiés par des structures conventionnelles et institutionnelles adéquates. Ainsi la source de la confiance selon l'approche rationaliste est-elle essentiellement située dans la surveillance des risques par les individus[45], et l'action collective réduite à un principe de rationalité individuelle.

Enfin, signalons le fait que, pour Hardin, il conviendrait de mettre de côté le débat entre les théoriciens pro- et anti-choix rationnel afin de se concentrer sur les capacités explicatives concrètes des solutions apportées[46] [47]. Comme nous allons le voir à travers la seconde partie de notre étude, il nous semble que c'est précisément en se concentrant sur ces capacités que se fait ressentir le besoin de dépasser la vision strictement rationaliste de la confiance. En effet, l'idée que la confiance soit avant tout un phénomène cognitif – dans le sens où, bien qu'il y ait des interférences affectives et contextuelles, la confiance s'établit malgré tout sur la base de raisons articulées – est très controversée de par le fait qu'elle suppose chez le confiant une bien trop importante capacité à prévoir la naissance d'un intérêt intrinsèque à la coopération dans le chef du confident.

---

45 Warren, M. E., « Democratic theory and trust » in Warren, M. E. (dir.), *Democracy and trust*, Cambridge, Cambridge University Press, 1999, p. 317.

46 Hardin, R., « Trust in government » in Braithwaite, V. et Levi, M. (dir.), *Trust and governance*, Russel Sage Foundation series on trust, vol. 1, New York, Russel Sage Foundation, 1998, p. 25.

47 Cette requête révèle une sensibilité étrangement pragmatiste chez Hardin, comme l'attestait déjà sa référence au concept d'« intuitions pragmatique » dans son approche conventionnaliste, lors de la stabilisation d'un avantage mutuel. Mais cet usage ne doit en rien nous leurrer : Russell Hardin ne présente que très peu en commun avec les idées avancées par les pères du pragmatisme que sont Charles S. Peirce, William James et John Dewey.

DEUXIÈME PARTIE

VERS UNE CONFIANCE RÉFLEXIVE DANS LE CADRE DE L'INSTITUTIONNALISME MONÉTAIRE

CHAPITRE 4

De la routine à la réflexivité

L'objectif de cette seconde partie consiste à analyser les potentialités offertes par le dépassement d'une approche purement rationaliste de la confiance. À cette fin, la première étape consistera à passer en revue les deux autres caractérisations majeures de la confiance mises en exergue par le théoricien néo-institutionnaliste Guido Möllering. Selon le cadrage intégratif de ce dernier, fortement influencé par les travaux séminaux sur la confiance du philosophe et sociologue Georg Simmel, la confiance se présente comme le moyeu d'une jante comprenant à la fois raison, routine et réflexivité, et dont la nature des rayons réside dans le principe de « suspension ». Dans ses travaux d'épistémologie sur la socialisation et la monnaie, Georg Simmel avança très tôt l'idée selon laquelle la confiance « réclame une certaine dose d'évaluation rationnelle, mais implique également un « saut », qui est un acte de foi excédant toute justification »[1]. L'heuristique de la roue employée par Möllering fait alors de cette image du *leap of faith*[2] le processus essentiel à tout acte de confiance, en offrant aux individus une réponse face à l'incertitude radicale et la vulnérabilité générale des conditions : la suspension du questionnement et le « saut dans l'engagement »[3] qui s'en suit constituent alors à la fois les sources et les promesses d'un agir libre ainsi que d'une pensée de la confiance collective.

> Although the image of the leap of faith is a very fortunate one since it connotes agency without suggesting perfect control or certainty, I prefer to speak of « suspension » as the process that enables actors to deal with irreducible uncertainty and vulnerability. Suspension is the essence of trust, be-

---

1 Nooteboom, B., « Apprendre à faire confiance » in Ogien, A. et Quéré, L. (dir.), *Les moments de la confiance : Connaissance, affects et engagements*, Études sociologiques, Paris, Economica, 2006, p. 63.

2 Cette dénomination de « saut dans la foi » qu'emploie Möllering provient en fait de sa volonté d'insister sur un aspect de la confiance chez Simmel, peu, voire pas, mobilisé par ceux qui s'inspirèrent de ses travaux – dont Luhmann par exemple. En effet, Simmel ne parle de la confiance dans le corps du texte que comme d'un « mélange de connaissance et d'ignorance » se fondant sur un faible savoir inductif ; sa référence à la « foi » de l'homme en l'homme sur laquelle reposerait tout geste confiant n'apparaît en fait que dans une de ses notes infra-paginales. In Simmel, G., *Philosophie de l'argent*, Paris, Presses universitaires de France, (1900) 1987.

3 Giddens, A., *Modernity and self-identity*, Cambridge, Polity Press, 2001.

cause trust as a state of positive expectation of others can only be reached when reason, routine and reflexivity are combined with suspension[4].

Guido Möllering part en fait de la définition la plus large possible de la confiance afin de ne se couper d'aucune approche et de parvenir à embrasser toute la complexité du phénomène. La confiance est alors comprise en première instance comme un état d'attente *favorable* au regard des intentions et des actions d'une autre personne[5]. Cette large caractérisation a alors l'avantage de bien mettre au jour deux éléments essentiels du processus mental de la confiance, à savoir l'interprétation et l'attente. L'expectation est le résultat du processus de confiance, alors que l'interprétation en constitue la base. Se tenir à cette définition, comme le font tous les auteurs que nous avons étudiés jusqu'à présent, revient à comprendre la confiance uniquement dans son aspect fonctionnel : à partir de jugements d'identification de la fiabilité, on en vient à espérer la fonctionnalité de la confiance comme instance coopérative, de réduction de la complexité, de création de capital social, de maintien durable de l'interaction et de l'échange, ou encore de justification de la prise de risque. De la sorte, les approches de la confiance s'inscrivant dans la théorie du choix rationnel voient-elles un lien direct entre le processus d'interprétation et de formation de bonnes raisons et celui de l'attente d'un comportement. Cependant, à la suite de la réflexion de Georg Simmel sur la question de la confiance, Guido Möllering estime que cette définition est insuffisante et qu'il lui manque un élément dans le passage de l'interprétation à l'attente, à savoir le mécanisme de suspension. Ce dernier permet le saut dans la confiance en mettant entre parenthèses les inconnues de la connaissance interprétative. En assurant ce rôle de médiateur, le besoin de suspension démontre la faiblesse du lien entre les sources de la confiance et ses différentes fonctions ; la confiance serait donc bien plus « mystérieuse » que ce que ne le laissent penser bon nombre des approches qui la réduisent à des « bonnes raisons », aussi intuitives soient-elles.

Comme nous l'avons déjà vu avec Russell Hardin, l'indétermination est en amont et en aval de la confiance, elle est ce qui la fonde, la nourrit et la justifie. Sans indétermination, il n'y aurait ni besoin de confiance, ni liberté de choisir, ni opportunité de vivre nos réussites et nos échecs. La confiance consiste alors en l'acceptation de l'ignorance et en la suspension du doute. Ce terme de suspension s'avère donc essentiel à toute compréhension se voulant cohérente et exhaustive de la confiance. Nous employons de façon constante ce processus de suspension, et si nous

---

4 Möllering, G., *Trust : Reason, routine, reflexivity*, Oxford, Elsevier, 2006, p. 110.

5 Möllering, G., « The nature of trust : From Georg Simmel to a theory of expectation, interpretation and suspension » in *Sociology*, vol. 35(2), 2001, p. 404.

n'en avons pas nécessairement conscience, c'est pour la bonne et simple raison que le passage à l'acte ne requiert pas toujours une déduction. C'est en ce sens que l'agir se révèle transcendant : il mobilise incessamment un ensemble d'éléments acquis et innés dans les divers registres de la socialité afin de nous permettre d'exister au sein de la foule.

Une question qui reviendra à l'une ou l'autre reprises sera celle de la prédétermination institutionnelle de l'agir. Nous verrons comment une réflexion entre les principes de la confiance et celui d'un agir libre *malgré* son enchâssement dans un contexte contraignant (ce que Möllering dénomme l'*embedded agency*) est envisageable. C'est l'un des principaux apports de la réflexion de Möllering à la confiance : son emphase sur l'aspect non purement dyadique du phénomène de confiance, lequel n'apparaît pas entre deux acteurs isolés, dès lors que le contexte social, historique, institutionnel, mais aussi émotionnel, constitue un troisième acteur à part entière – et non plus seulement un facteur contraignant ou capacitant exogénéisé comme le pense Hardin. De plus, une prise en compte sérieuse de la question de l'action encastrée permet de reformuler de façon intéressante les rapports entre confiance et pouvoir : loin de constituer un dualisme, embrasser une perspective complémentaire de ces deux concepts permet d'ouvrir à la réflexivité[6].

Nous avons découvert durant notre première partie, dans le chef de Russell Hardin, un théoricien du choix rationnel particulièrement adroit dans la construction de son approche du principe confiant dans un cadre de rationalité imparfaite. L'idée à ce stade sera moins de réfuter ses propositions que d'en souligner les limites, et surtout, la réduction conceptuelle qu'il opère en choisissant, au final, de la définir comme étant de part en part un phénomène cognitif reposant sur l'évaluation rationnelle de la fiabilité du confident. L'objectif de ce chapitre est, avec l'aide de Möllering, mais aussi d'autres auteurs aux confessions théoriques diverses, d'élargir notre vision du phénomène de confiance en soulignant la pertinence de son irréductibilité à une conceptualisation de la rationalité utilitariste, individuelle, intéressée et optimisatrice. En d'autres termes, l'idée ici est de reconstruire les divers éléments permettant de comprendre la phénoménalité particulière de la confiance.

I. Confiance et routine

Cette section sur la confiance et la routine va nous permettre de faire émerger une ligne argumentaire à l'encontre du lien rationaliste entre interprétation et attente. Tout d'abord, il est tout à fait possible d'attri-

---

6 Möllering, G., « The trust/control duality : An integrative perspective on positive expectations of others » in *International sociology*, vol. 20(3), Septembre 2005, p. 283-305.

buer sa confiance en étant totalement incertain quant à la fiabilité de l'autre. Ensuite, le risque semble bien réel de finir par totalement dénaturer le concept de confiance en se focalisant uniquement sur les indicateurs de fiabilité. À l'encontre de l'approche rationaliste, un traitement phénoménologique de la confiance permet alors de voir qu'il fait bel et bien sens de parler de confiance institutionnelle, et ce bien qu'elle soit différente de sa modalité interpersonnelle.

> I refer to routine (…) in order to suggest a very broad notion of trust that captures the idea of taken-for-grantedness. When trust is a matter of routine, it can still be reasonable, but the main point is that the routine is performed without questioning its underlying assumptions, without assessing alternatives and without giving justifications every time. It is a procedure or program that people follow regularly and habitually (…), a recurrent action pattern[7].

La composante routinière de la confiance nous permettra de mettre à jour la nature et le rôle de la suspension de l'incertitude dans le saut dans la confiance. Cet aspect habituel, automatisé, assuré de la confiance fut traité par plusieurs grands penseurs de la confiance s'inscrivant dans le sillon tracé par Simmel, dont les plus célèbres sont sans doute les sociologues Niklas Luhmann et Anthony Giddens. La lecture luhmannienne fera souvent écho à celle réalisée par Russell Hardin, ce dernier étant grandement influencé par les travaux du sociologue allemand. Si la théorisation de Luhmann ne nous satisfait que très peu de par sa perspective, elle aussi, étroitement fonctionnaliste, sa traversée et son dépassement phénoménologique nous permettront de mieux mettre à jour le « sol raboteux » de l'ordinaire[8], et, au final, de mieux appréhender la confiance dans sa dimension routinière.

A. Un médium communicationnel

Un des ouvrages fondateurs sur la confiance est sans conteste *Trust and Power* de Niklas Luhmann. Comme pour Hardin, le rôle essentiel de la confiance réside dans sa capacité à réduire l'incertitude ambiante[9]. Un simple regard sur la structure de son exposé permet de le comprendre : la difficulté essentielle de notre époque repose sur la croissance de la complexité du social. Le concept de complexité renvoie en

---

[7] Möllering, G., *Trust : Reason, routine, reflexivity*, Oxford, Elsevier, 2006, p. 52.

[8] Quéré, L., « Les rationalités de la confiance » in Lobet-Maris, C. *et al.* (dir.), *Variations sur la confiance : Concepts et enjeux au sein des théories de la gouvernance*, coll. Philosophie et Politique, vol. 18, Bruxelles, P.I.E. Peter Lang, 2009, p. 37.

[9] Cette focalisation de la part de Luhman sur la fonction de réduction de la complexité sociale de la confiance s'avère en fait même de l'ordre de l'obsession comme le souligne Gianfranco Poggi dans la préface de l'édition anglaise. In Luhmann, N., *Trust and power*, Chichester, John Wiley & Sons, 1979, p. x.

fait directement à la systémique luhmannienne, à sa vision de la société comme d'un ensemble perfectionné de multiples systèmes, autonomes de par leur fonctionnalité et de par leur rationalité. Chaque système social représente dans cette théorie un dispositif communicationnel particulier disposant de ses propres codes et de son propre programme. Le droit, l'administration ou encore le monde économique constituent autant de sphères de réduction de l'incertitude, filtrant et traitant toutes les informations provenant de ce qui leur est « extérieur ». Dans son livre *La Légitimation par la Procédure*, Luhmann décrit alors notre société moderne comme étant une machine guidée par d'uniques exigences fonctionnelles, et dont la régulation repose sur la procéduralisation des principes de communication. La sophistication de la société doit donc sa raison d'être à la complexification des signaux échangés entre chacun des systèmes, lesquels considèrent comme relevant de l'environnement extérieur tout ce qui ne rentre pas dans le cadre défini de leurs fonctions. Pour Luhmann, l'élément fondamental sur lequel doivent se consacrer les réflexions en sociologie est donc la *communication*, par laquelle la société se présente comme un ensemble complexe de groupes d'individus liés par des valeurs et des intérêts communs. Dès lors, la conception défendue par Luhmann de la confiance n'est autre que celle d'un message communicatif assurant un niveau minimal d'interopérabilité entre les divers systèmes sociaux[10]. L'aspect communicationnel de la confiance pousse à considérer cette dernière comme un processus de réduction de la complexité fonctionnant lui-même en régime d'incertitude.

Cette indétermination résultante de la complexité ne doit pas être perçue comme un élément purement exogène, comme un défaut de l'environnement à résorber coûte que coûte. L'incertitude est *immanente* à tout regard posé sur les choses. Comme le rappelle bien Christian Thuderoz en faisant référence à Herbert Simon, « l'incertitude est aussi dans l'œil et dans l'esprit du décideur »[11]. Il y a donc, au centre de tout acte que nous posons, un pari sur l'interprétation que nous faisons des choses, et ce défi que constitue tout acte confiant reflète donc le lien étroit qui existe entre les notions de complexité et de confiance. La

---

[10] L'argent, exemple des médiums communicationnels au sein du chapitre 7 de *Trust and Power*, facilite les transactions en réduisant la complexité de réaliser un échange de biens équivalents selon la rareté de ses éléments, ou encore le savoir-faire derrière sa réalisation. L'analyse d'un système social ne repose pas sur les intentionnalités de ses acteurs mais principalement sur les échanges communicationnels qui y ont lieu. Une étude faisant l'impasse sur les actes communicationnels posés par les individus – et donc sur les relations de confiance – serait dès lors socialement dénuée de sens.

[11] Thuderoz, C., « La confiance en questions » in Mangematin, V. et Thuderoz, C. (dir.), *Des mondes de confiance : Un concept à l'épreuve de la réalité sociale*, CNRS Sociologie, Paris, CNRS Éditions, 2003, p. 25.

complexité radicale de l'environnement, entraînant l'indétermination aussi bien des actes qui s'y passent que de la perception des informations qui le traversent, compose donc non seulement la source du besoin de confiance, mais également l'opportunité de son succès. Sans incertitude, il n'y aurait pas d'intentionnalité, les événements se succéderaient alors par pure anticipation dans un cadre de rationalité parfaite, où tout serait connu et déterminé à l'avance.

B. La confiance assurée

Il revient encore à Niklas Luhmann d'avoir distingué deux modalités bien distinctes du geste confiant, dont l'une ne repose pas sur une prise de risque[12]. L'octroi de la confiance ne relèverait donc pas dans certains cas de la contingence et de tentatives de maîtrise probabiliste, mais se ferait parfois de façon automatique et inconsciente. Comme nous l'avons vu avec Hardin, il existe donc une distinction importante entre *confidence*, forme de « confiance assurée » renvoyant à l'habituel et à la normalité, que nous pourrions également qualifier de « confiance systémique », et *trust*, « confiance décidée » où la situation de risque est prégnante dans le processus décisionnel. La perception ou non du risque par l'individu modifie donc la structure du processus communicationnel de confiance. Dans le cas de la confiance assurée, il n'y a pas de réflexion en termes de risque encouru, et dès lors pas d'attente particulière en termes de *feed-back* informationnel. L'assurance peut donc être définie comme un large phénomène d'occultation de la perception des dangers ambiants renvoyant à l'idée d'une confiance immédiate et tranquille, dont la mise en place repose sur l'habitude, la routinisation ou encore la familiarité[13].

---

[12] Le concept de risque est habituellement décrit à partir de celui de danger, dont les différences reposent sur deux critères : premièrement, le risque n'existe pas indépendamment d'une décision et d'un acte, et deuxièmement, sa saisie repose sur l'espérance d'obtenir un bénéfice en retour. Le premier élément du risque consiste en l'agir : il s'élabore en acte et est pris en connaissance de cause. Le risque se présente alors comme un danger identifié, dont ce qui nous échappe n'est autre que la survenance ou non des évènements ; c'est donc « un calcul purement interne de conditions externes qui crée le risque ». In Luhmann, N., « Confiance et familiarité : Problèmes et alternatives » in Quéré, L. (dir.), *La confiance*, Réseaux, vol. 108, Paris, Hermès Science Publications, (1989) 2001, p. 25.

[13] Notons que Luhmann établit en fait une distinction tripartite entre « familiarité », « confiance assurée » et « confiance décidée ». La confiance familière opère de façon semblable à la confiance assurée, la principale distinction reposant sur leur raison d'être, à savoir l'allégement de la charge de gestion et d'attention vis-à-vis des proches dans le cas de la familiarité, et le dépassement des blocages que pourrait provoquer la perception de dangers incessants sur nos chemins de vie dans le cas de l'assurance.

Ainsi, à moins de subir les affres de la paranoïa, personne n'opère un calcul de risque lorsqu'il sort de chez lui face à la crainte d'un évènement extraordinaire, tel que l'explosion d'une bombe ou encore la présence d'un tireur aux aguets – du moins pas en temps de paix. En effet, le niveau de possibilité qu'un tel scénario survienne est tellement faible que l'être humain, au travers d'un mécanisme psychologique à l'utilité aisément compréhensible, évite automatiquement de s'embarrasser de telles considérations pour pouvoir se focaliser sur d'autres possibles, ceux sur lesquels il possède précisément un pouvoir décisionnel. Ces possibles, et l'acceptation du risque qu'ils constituent, renvoient alors au second cas mis en exergue par Luhmann, à savoir celui de la confiance décidée. C'est le cas par exemple de la confiance que nous attribuons à tout vendeur de seconde main, lorsque nous prenons le risque que l'objet d'occasion s'avère en fait défectueux. Cette confiance décidée qui requiert donc un engagement préalable de notre part peut cependant elle aussi faire l'objet d'une routine et d'une conduite renvoyant à l'habitude, mais elle se distingue alors de l'assurance au niveau de la perception d'une alternative à l'agir, du lien qui émerge entre action et risque.

Il importe donc de percevoir le lien tenu entre ces deux modèles de confiance avec la complexité. Alors que dans le schéma de la confiance systémique nous pouvons observer dans le chef de l'acteur comme une acceptation inconsciente à évoluer dans un environnement marqué par l'incertitude, le principe de la confiance décidée renvoie quant à lui, comme son nom l'indique, à une prise de décision consciente, calculée, de subir l'inconstance de la complexité contextuelle. La nature du message est alors fondamentalement différente : la confiance assurée atteste l'expression d'un niveau minimal de volonté interactive, du désir de l'individu d'être une créature sociale acceptant son intrication avec les systèmes, là où la confiance décidée repose sur la prise de risque et la transmission d'une information bien plus lourde de sens, suscitant l'attente d'un comportement particulier dans le chef du confident. Il ne fait aucun doute que ces deux confiances entretiennent alors des rapports entre elles, étant sujettes à des jeux d'influence.

> L'évolution sociale qui produit des sociétés de plus en plus complexes peut en fait engendrer des systèmes qui requièrent moins de confiance assurée comme prérequis de la participation, et plus de confiance décidée comme condition d'une meilleure utilisation des chances et des opportunités. La confiance assurée dans le système et la confiance décidée dans les partenaires sont des attitudes différentes vis-à-vis des alternatives qui se présentent, mais peuvent s'influencer mutuellement. En particulier, un déclin de la confiance assurée, ou une difficulté croissante à trouver des situations et des

partenaires qui garantissent la confiance décidée, peut produire des effets dévastateurs qui diminuent la gamme des activités accessibles au système[14].

La confiance assurée ne repose sur aucun calcul, sur aucune réflexion en termes de probabilité de la part de l'acteur, et relève dès lors non pas du registre du risque, mais bien de celui de l'incertitude. En effet, comme le souligne Guido Möllering en reprenant la distinction opérée par Frank Knight, il convient de ne pas confondre les modalités du risque avec celles qui régissent l'incertitude. Alors que dans le risque la difficulté réside bel et bien dans l'aléatoire des dénouements qui s'offrent à l'acteur, et donc au choix d'agir ou de s'abstenir, dans l'incertitude, ni l'alternative ni les perspectives ne sont connues de l'acteur. Pour Louis Quéré, exégète attentif de Luhmann, le lien entre confiance et risque repose en majeure partie sur l'aspect temporel du processus de confiance. Pour ce dernier, la confiance trouve son fondement dans la volonté de connaître et de contrôler du mieux possible la complexité ambiante en élargissant l'horizon temporel de l'acteur. Elle se présente donc en un sens comme un dispositif d'organisation de l'action d'un ordre radicalement différent de celui de l'action rationnelle.

> Faire confiance, c'est adopter une certaine attitude vis-à-vis du futur, plus précisément : élaguer l'éventail futur des possibilités et « se conduire comme si le futur était certain »[15].

L'individu chez Luhmann suspend donc ses doutes et ses craintes en se rassurant du fait que le futur n'est pas si incertain que ce que veut bien nous montrer le constat d'indécidabilité radicale de la raison. Face à ce constat froid et sans appel, l'acte de confiance démontre une volonté optimiste de croire en l'avenir, qui, bien que reposant derrière le voile de la fiction, n'en indique pas moins un caractère essentiel de l'être humain : sa sociabilité. « L'homme est un animal social », et nous trouvons de la sorte chez Luhmann une influence platonicienne dans sa vision de l'être humain comme communicatif par essence.

Si la confiance se résumait à une prise de risque, cela présupposerait que l'individu est capable d'identifier précisément les possibilités qui lui sont offertes et d'agir en conséquence, avec, une fois encore, pour unique indétermination celle touchant à la marche des évènements futurs. Mais si le ressort de risque s'avère déterminant pour expliquer certaines modalités de confiance, il n'est donc pas suffisant pour en interpréter tous les aspects et tous les phénomènes. Pour Luhmann, le processus de la confiance ne peut pas être entièrement traité en analogie

---

[14] Luhmann, N., *op. cit.*, p. 24.

[15] Quéré, L., « La structure cognitive et normative de la confiance » in Quéré, L. (dir.), *La confiance*, Réseaux, vol. 108, Paris, Hermès Science Publications, 2001, p. 137.

avec celui de la cognition ; le problème de la stabilisation des attentes est souvent déplacé du contexte vers les systèmes et leurs capacités programmatiques de résolution des problèmes. Ainsi, comme l'indique bien Gianfranco Poggi dans la préface de *Trust and Power*, les systèmes révèlent-ils chez Luhmann une certaine *transcendance* entre la thèse individuelle et l'antithèse sociale à travers leur capacité d'assurer la suspension des doutes face à la complexité, comme le laisse bien entendre le passage suivant :

> Trust is then nothing other than a type of system-internal « suspension » (*Aufhebung*) of this kind of contradiction in expectation. The possibility of a disappointment is not simply ignored, but anticipated and dealt with internally[16].

Cette dernière citation de Luhmann nous permet alors de mieux saisir la nature de l'apport de la phénoménologie, avec laquelle, de par son antisubjectivisme, il entretient des rapports pour le moins ambivalents. Comme le résume bien Stéphane Haber dans son article *Confiance et Lien Interpersonnel de Husserl à Luhmann*, l'étude de Niklas Luhmann sur la confiance peut en fait être interprétée comme une volonté de combler une lacune présente dans l'approche phénoménologique de la sociologie chez Edmund Husserl : influencé par la perspective dualiste de Ferdinand Tönnies, Husserl aurait tendance à manquer la retranscription sociologique de ses intuitions dialectiques entre rationnel et pulsionnel, là où Luhmann trouverait précisément dans le concept de confiance matière à comprendre la nature de l'équilibre entre « le conscient et le préconscient, le réflexif et le préréflexif, l'actif et le passif »[17]. En effet, de par sa focalisation sur la complexité, Luhmann fait de cette dernière la condition de toute forme d'intentionnalité, sur laquelle vient en un second temps s'apposer son concept de système. Ce dernier, en tant qu'être générique adoptant des formes aussi diverses que l'organisation sociale, le système économique, le cerveau humain ou encore la psyché, a donc pour fonction de diminuer l'incertitude, entre autres au moyen du médium de la confiance. En ce sens, la confiance permet alors de justifier la montée en puissance des systèmes dans la société moderne, en maintenant au sein de la société/*Gesellschaft* cet élément essentiel et rassurant de la communauté/*Gemeinschaft* – élément qui lui permet alors d'éviter la critique de la perte du sens formulée par les théoriciens critiques de l'école de Francfort[18].

---

[16] Luhmann, N., *op. cit.*, p. 79.

[17] Haber, S., « Confiance et lien interpersonnel de Husserl à Luhmann » in Ogien, A. et Quéré, L. (dir.), *Les moments de la confiance : Connaissance, affects et engagements*, Études sociologiques, Paris, Economica, 2006, p. 45.

[18] Haber, S., *op. cit.*, p. 49.

C. Apports phénoménologiques

Une approche néo-institutionnaliste souhaitant saisir adéquatement la modalité routinière, « allant de soi » (*taken-for-grantedness*) de la confiance, requiert une compréhension des fondements phénoménologiques qui la sous-tendent. Pour Möllering, un des concepts essentiels à cette fin n'est autre que celui d'« attitude naturelle » avancée par le philosophe Alfred Schütz dans son ouvrage *The Phenomenology of the Social World*. Schütz y présente les deux grands problèmes essentiels des sciences sociales comme étant ceux de la question des rôles de l'objectivité et de la subjectivité d'une part, et celui de la nature de l'agir d'autre part[19]. Son principe de l'attitude naturelle s'inscrit dans une approche proprement existentialiste, partant de l'idée que l'être humain naît dans un monde dont il ne remet pas en question la réalité, en prenant comme allant de soi la présence des autres ainsi que celles des objets qui l'entourent. Là où Husserl chercha à questionner cette idée du « monde vécu » (*Lebenswelt*), Schütz l'appréhende pour sa part comme étant la condition sur laquelle vient se construire toute la réflexion sociologique : les individus ont une connaissance subjective relativement stable de la réalité, leur permettant de conduire pragmatiquement leurs comportements quotidiens, tout en présumant le fait que la vision des autres ne doit pas être trop éloignée de la leur. Cette vision repose alors sur un principe interactionnel de « perspectives réciproques » menant à l'idée que nous partageons en majeure partie un « monde sensitif commun »[20]. Enfin, bien que cette attitude, issue d'un socle d'expériences préalables, constitue la base des interactions sociales, il ne fait pas l'ombre d'un doute qu'elle va de pair avec d'autres attitudes de curiosité et de doute à l'encontre des mondes vécus[21]. En bref, cette « attitude de la vie quotidienne », pour reprendre les termes employés par Louis Quéré, repose sur un principe de supposition couplé à un processus d'attente normative concernant le comportement d'autrui[22].

Les travaux d'Alfred Schütz ont en fait pénétré la réflexion sur la confiance par le biais de leur relecture par l'ethnométhodologue Harold Garfinkel. L'interprétation que fit ce dernier du concept d'attitude natu-

---

19 Schütz, A., *The phenomenology of the social world*, Evanstone, North-Western University Press, (1932) 1967.

20 Garfinkel, H., « A conception of, and experiments with, « trust » as a condition of stable concerted actions » in Harvey, O. J. (dir.), *Motivation and social interaction*, New York, The Ronald Press Company, 1963, pp. 187-238.

21 Möllering, G., *op. cit.*, pp. 55-56.

22 Quéré, L., « Les rationalités de la confiance » in Lobet-Maris, C. *et al.* (dir.), *Variations sur la confiance : Concepts et enjeux au sein des théories de la gouvernance*, coll. Philosophie et Politique, vol. 18, Bruxelles, P.I.E. Peter Lang, 2009, p. 39.

relle inclut en effet la notion de confiance, au sens où deux personnes interagissent sur un mode confiant dès lors qu'elles connaissent et acceptent les règles de base de toute forme d'interaction sociale stabilisée. Ces règles de base se fondent alors dans ce cadre sur trois « attentes constitutives », par lesquelles un acteur attend, premièrement, que ces règles opèrent un cadrage des mouvements et des résultats alternatifs, deuxièmement, qu'elles lient également les autres acteurs, et enfin, que ces derniers comptent également sur ces deux premières attentes[23]. Une fois les interactions gouvernées par ces trois attentes, alors la confiance peut être perçue comme une « condition pour appréhender les évènements de la vie quotidienne »[24]. Cette idée dépeint adéquatement le principe qui sous-tend l'ethnométhodologie comme étant une sociologie reconnaissant à la fois la spécificité du local et des procédures systématiques de perception des relations sociales. Et Möllering de souligner que l'approche de Garfinkel n'implique pas qu'il existe un jeu de règles de base universel, mais bien que les règles de base spécifiques à un contexte donné s'avèrent généralement hautement institutionnalisées.

Un second apport proprement ethnométhodologique à la question de la confiance est celui réalisé par Erving Goffman dans ses travaux sur le concept de « normalité ». La normalité constitue pour Goffman un accomplissement collectif fondé sur la base de « présuppositions cognitives et normatives partagées », couplées à des contraintes automatisées de par la poursuite des interactions[25]. Selon Barbara Misztal, ce concept peut être rapproché de celui de confiance, en ce qu'ils constituent tous deux des mécanismes de protection prévenant le chaos et le désordre en créant des sentiments de protection, de certitude et de familiarité[26]. Partant d'une analogie avec le théâtre, les individus chez Goffman requièrent une attribution de « rôles » pour établir les référents communs permettant la compréhension de l'agir. Ces rôles ne définissent donc pas totalement les acteurs qui restent libres au niveau de leur interprétation, et offrent aux audiences le socle de routines perceptives nécessaire pour assurer la cohérence de l'interaction sociale. Dans ce cadrage conceptuel, la confiance existe dès lors qu'un acteur formule le rôle qu'il s'apprête à jouer, et que son audience accepte l'interaction sur la base de cette définition[27].

---

23 Möllering, G., *op. cit.*, p. 57.

24 Garfinkel, H., *op. cit.*, p. 190.

25 Goffman, E., « The interaction order » in *American Sociological Review*, vol. 48, 1983, p. 5.

26 Misztal, B., « Normality and trust in Goffman's theory of interaction order » in *Sociological Theory*, vol. 19(3), Novembre 2001, p. 312.

27 Möllering, G., *op. cit.*, p. 68.

> The predictability, reliability, and legibility of social interaction can be seen as issues of rule following, and trust is therefore an unintended outcome of routine social life. For Goffman, social interactions depend not only on routine obeying of rules imposed by society but also on our ability to express and read the intentions behind people's behavior ; thus trust is the essential background of everyday interaction, and as such it helps us to simplify information, reduces the complexity of signals, and protects us from the ambiguity and uncertainties of many situations[28].

Être un acteur social, c'est donc avant tout être le personnage d'une représentation dont on ne décide pas intégralement les modalités. Ainsi la confiance devient-elle la condition nécessaire du bon déroulement de « la fiction dramaturgique basée sur la maîtrise partagée des impressions en regard d'une définition commune de la situation »[29]. En d'autres termes, il est nécessaire, si l'on souhaite interagir, de croire que les choses vont se passer comme elles doivent se passer. Le déploiement de la confiance intersubjective repose donc chez Erving Goffman sur l'existence de micro-rituels, mais également de rituels élargis comme autant de balises aux travestissements du « je » et aux mensonges sociaux.

Le philosophe Adam Seligman mobilisera à son tour le principe du rôle en décrivant la confiance qu'il produit comme étant de l'ordre de l'assurance, la confiance décidée étant mobilisée dans ce cadre lors des processus de *négociation* des rôles. La confiance décidée est quelque chose qui opère dans les relations sociales lorsque survient une négociation du rôle, c'est-à-dire dans les interstices et aux limites des systèmes, lorsque pour une raison ou une autre les attentes en fonction d'un rôle défini ne sont plus valables[30]. Lorsque les rôles sont parfaitement définis et bien joués (par exemple les rôles parent-enfant, docteur-patient, ou encore professeur-élève), la confiance assurée suffit à maintenir l'interaction. L'enjeu de la confiance décidée se révèle alors lorsque les rôles doivent être redéfinis (l'enfant devient adulte, le patient devient ami, ou encore l'étudiant devient collègue), et les attentes mutuelles renégociées. Pour Seligman, l'aspect constitutif essentiel des relations sociales dans la modernité est celui du risque et du besoin de confiance qui en découle ; risque qui, suite à l'accroissement des processus de différenciation des systèmes et de segmentation des rôles liée à la division du travail, devint inhérent au principe d'« attentes de rôle ».

---

28 Misztal, B., *op. cit.*, p. 323.

29 Javeau, C., « Confiance intersubjective et mensonge social d'après Goffman : Le rôle des ritualisations dans la construction sociale de la fiction dramaturgique » in *Revue de l'Institut de Sociologie ULB*, vol. 1(4), 2004, p. 33.

30 Seligman, A., *The problem of trust*, Princeton University Press, 1997, pp. 24-25.

> Le risque (...) est devenu inhérent aux attentes de rôle quand, avec la transformation des rôles sociaux, en particulier leur segmentation, s'est développée une limite interne aux attentes de comportement fondées systématiquement (ce que nous avons appelé confiance assurée). L'accroissement de la segmentation et de la complexité des rôles est allé de pair avec celui du potentiel de « dissonances mertoniennes » entre les différents aspects du comportement lié au rôle. Cette dynamique structurelle a sous-tendu le développement de ces deux nouveaux phénomènes, caractéristiques des formes modernes des relations sociales, que sont le risque et la confiance décidée (comme solution à ce risque). Elle s'est exprimée dans des phénomènes tels que le développement de nouvelles formes d'amitié et de civilité, (...) et dans les idées du public et du privé comme domaines séparés de la vie et même, comme lieux séparés de la valeur et de la vertu, ou encore dans l'idée qui est au cœur de la conception moderne de la vie privée, celle de l'individu moral, autonome et doué de liberté d'action[31].

Ainsi, les trois heuristiques que sont les règles, les rôles et les routines offrent-elles une vision nouvelle bienvenue des bases du phénomène confiance : nous mobilisons de façon habituelle et continue ce dernier afin d'assurer la cohérence de nos interactions sociales. Sans cette confiance phénoménologique proprement fondatrice, il n'y aurait tout simplement pas d'agir. Elle compose sans aucun doute une confiance sur un régime d'engagement très faible, à la limite de l'indicible, une assurance au sens de Luhmann, mais elle n'en possède pas moins deux principes essentiels que pour être qualifiée de confiance : la réduction de l'incertitude et l'acceptation d'une vulnérabilité. Voyons à présent comment ces apports ont été ensuite mobilisés par les penseurs néo-institutionnalistes.

D. Mobilisation néo-institutionnaliste

La sociologue Lynne Zucker traita de la sorte explicitement en termes institutionnalistes les propositions avancées par la phénoménologie. Selon Zucker, la confiance se présente comme un ensemble d'attentes sociales partagées par des individus, ensemble dont les règles d'interaction reposent sur la constitution d'un « monde commun » pouvant être élaboré selon trois modes distincts[32]. La confiance peut être le produit de l'expérience d'échanges passés ou attendus, de caractéristiques individuelles, ou encore de mécanismes formels. La construction d'un monde commun, en actes ou en paroles, constitue la clef de voûte d'une relation

---

31 Seligman, A., « Complexité du rôle, risque et émergence de la confiance » in Quéré, L. (dir.), *La confiance*, Réseaux, Paris, Hermès Science Publications, 2001, p. 59.

32 Zucker, L., « Production of trust : Institutional sources of economic structure » in Staw, B. M. et Cummings, L. L. (dir.), *Research in organizational behaviour*, vol. 8, Greenwich, JAI Press, 1986, pp. 53-111.

de confiance authentique, c'est-à-dire au travers de laquelle aucune des parties n'est l'instrument, l'esclave ou le produit de son vis-à-vis. Produire un monde commun, c'est accepter la différence de l'autre sans porter de jugement, tout en étant conscient de ce qui nous relie intrinsèquement, et en étant apte à en tirer les conséquences pour la relation. Créer un monde commun, c'est donc comprendre et accepter de part et d'autre le fait que seuls nous ne pouvons rien, que seuls nous ne sommes rien, et que face à la complexité et l'incertitude ambiante les ambitions de contrôle et de domination sont en fait obsolètes. En d'autres termes, concevoir un monde commun, c'est établir les règles du jeu de la confiance.

– Le premier mode est lié à l'existence d'échanges passés ou attendus, et produit selon Zucker une *process-based trust*. Ces échanges passés peuvent être de l'ordre de la réputation, de la recommandation par le biais d'un tiers digne de confiance, ou encore du don d'un incitant à la relation de confiance. Une importante attente de cette dernière dans le chef d'un des deux acteurs peut également avoir une répercussion positive sur le second, et l'incliner à conforter le processus. Ce mode confirme donc l'importance des signaux de collaboration mais surtout de la réciprocité dans le processus de création de la confiance. En fait, ces échanges sont autant de bases interactionnelles à partir desquelles le processus de confiance se déploiera. Ils ne peuvent donc être étendus en dehors de la relation spécifique qui lie les individus et s'avèrent donc inaptes à toute forme d'institutionnalisation.

– Le second mode fonctionne quant à lui sur la base d'éléments étrangers à la volonté des acteurs de la confiance. La *characteristic-based trust* provient de l'observation de caractéristiques personnelles, comme le sexe, le milieu social ou encore l'origine ethnique. Cette confiance est donc le produit d'une identification et de la découverte de similarités entre les acteurs. Le monde commun nécessaire à ce type de confiance peut donc être jusqu'à un certain point déjà généralisé dans le sens où certaines caractéristiques externes peuvent directement susciter des attentes mutuelles. La perception de l'autre et du fait qu'il soit digne de confiance ou non peut donc parfois être réalisée sur la base d'une interaction minimale et nécessitant un processus restreint à l'observation de quelques éléments de validation externes.

– Le troisième mode de production révèle quant à lui une *institutional-based trust*, une confiance fondée sur les institutions comme structures formelles fournissant des garanties sur les comportements. L'inscription dans une communauté de vie, associative, professionnelle, ou plus largement étatique, empêche l'accroissement de la violence et réduit le risque de comportements opportunistes. Le concept d'institution tel qu'il est appréhendé par les néo-institutionnalistes renvoie donc en premier lieu, non pas à son aspect de tiers contraignant, mais bien à une structure sociale déployant de façon programmatique des règles et des significations à travers lesquelles les individus se reconnaissent. En temps que membres respectueux des institutions qu'ils légitiment de par leur présence, les acteurs voient donc naître automatiquement certaines attentes par rapport à la conduite des autres. Une forme de confiance, à la fois plus solide et plus diffuse, se répand entre les sociétaires dans ce cadre. L'institutionnalisation dans ce cadre devient un processus proprement *social* – et non plus économique comme c'est le cas dans la théorie du choix rationnel – à travers lequel les acteurs définissent et structurent leur vision de la réalité sociale, laquelle est perçue par ces derniers comme allant de soi (*taken-for-grantedness*). De plus, la légitimité de l'institution ne repose plus sur des valeurs individuelles mais bien sur un processus de création du sens fondé sur une compréhension sociale partagée[33].

Nous voyons donc bien apparaître un nouveau rôle dans le chef des institutions : elles constituent, en tant que mécanismes intermédiaires, la base systémique de règles et de sens à partir de laquelle les acteurs deviennent à proprement parler des êtres sociaux. Le rôle de tiers coercitif des institutions n'est donc plus premier, voire unique comme le pensent les théoriciens du choix rationnel, mais bien secondaire à leur fonction de *capacitation sociale*. Ainsi l'apport essentiel de l'ethnométhodologie au tournant néo-institutionnaliste repose-t-il sur cette puissante perspective sociologique permettant de penser les institutions non plus comme de simples contraintes à l'agir, mais bien comme les critères sur lesquels se fonde précisément cet agir. Bien plus, elles se révèlent même être les catalyseurs au travers desquels les individus découvrent leurs propres préférences. Möllering emprunte alors le concept d'« isomorphisme institutionnel » à DiMaggio et Powell pour décrire la confiance issue de la présence d'institutions comme socles de référents de sens permettant l'interaction sociale : la confiance et la méfiance résultent d'une vision naturelle et légitime quant à la façon de se comporter, dès lors que les processus d'adaptation des systèmes d'action permettent de se conformer aux exigences institutionnelles. Aux côtés de l'isomorphisme compétitif évoluant selon des modalités instrumentale et évolutionniste, le principe de l'isomorphisme institutionnel présente pour sa part trois modalités de fonctionnement, respectivement coercitive, mimétique et normative.

Selon ce principe, Guido Möllering en vient à dire que pour pouvoir avoir confiance *par* une institution, il convient en premier lieu d'avoir

---

[33] Zucker, L., « Organisations as institutions » in Bacharach, S. (dir.), *Research in the sociology*, Greenwich, JAI Press, 1983, p. 5.

confiance *en* l'institution[34]. Il apparaît donc difficile d'imaginer une confiance établie par le biais d'une institution sans qu'il existe un certain niveau de confiance envers cette institution, comme c'est précisément le cas, que nous traiterons par la suite, avec les systèmes bancaire et d'assurance.

> To « trust an institution » means that the truster knows the normative idea of the institution, and has some confidence in the sanctions that provide additional motivation for officials to behave according to this idea. Expectations can be disappointed, of course. But, assuming shared normative expectations that are enforced at their limits, it can make sense to trust an institution[35].

En d'autres termes, la confiance institutionnelle s'avère être un délicat mélange d'assurance et d'évaluation. Ainsi, si la confiance qu'un citoyen éprouve vis-à-vis de son gouvernement possède une part insoupçonnée issue de l'aspect routinier et répétitif de la démarche gouvernementale ainsi que de la difficulté de s'assurer la récolte et l'analyse de toutes les informations la concernant, il est évident qu'elle repose d'autre part sur des processus de jugement quant à ses capacités fonctionnelles. S'il ne fait aucun doute, en accord avec Hardin, que la confiance que nous pouvons attribuer à une institution ne présente que peu de ressemblance avec la confiance envers une personne, il fait malgré tout sens de dire que l'on accorde du crédit à l'« idée de base » qui soustend la légitimité de l'institution, et que l'on en vient alors à accepter le contrôle qu'elle assure sur nos vies[36]. En résumé, croire en une institution dépend de la nature du système de valeurs et de normes qui la justifie et de sa capacité à assurer leur respect dans le chef de tous les participants tombant sous sa sphère d'activité, et donc, *in fine*, de sa capacité à créer de la confiance sociale.

II. Ouverture de l'hypothèse réflexive

Les réflexions qui précèdent vont nous permettre à présent de mieux appréhender la nature de certains enjeux de nos sociétés modernes. Comprendre la confiance au moyen d'un principe autre que la seule évaluation de la fiabilité ouvre à la question de son aspect d'*engagement* : faire confiance devient alors, sur la base d'un univers de référents d'assurance en construction, un engagement dans la relation, une mise de départ à travers laquelle se jette une force d'interaction. La construction de la socialité dépend alors en première instance de ce

---

34 Möllering, G., *op. cit.*, p. 15.

35 Warren, M. E., « Conclusion » in Warren, M. E. (dir.), *Democracy and trust*, Cambridge, Cambridge University Press, 1999, p. 349.

36 Offe, C., « How can we trust our fellow citizens ? » in Warren, M. E. (dir.), *Democracy and trust*, Cambridge, Cambridge University Press, 1999, p. 42.

mouvement envers l'autre et son irréductible différence, laquelle constitue alors la promesse d'un enrichissement mutuel. Le risque moderne dans ce cadre s'explique alors par une déperdition de ce savoir « faire confiance » alors qu'il n'a pourtant jamais atteint un tel niveau de potentialisation : nos sociétés complexes, globalisées et multiculturelles requièrent plus que jamais de tels actes d'engagement.

A. Un engagement pragmatique

Au-delà de la perspective rationaliste, la confiance se présente en fait comme un principe fondamentalement récursif : en faisant confiance, nous avons confiance. Dès lors, mettre en exergue la multiplicité des motifs de la confiance revient à mettre en exergue la multiplicité de ses effets. Si l'issue du faire confiance s'avère être négative, c'est la confiance en tant que telle qui est amenée à disparaître. Les effets s'inscrivant nécessairement dans le temps, la confiance doit elle aussi être comprise au travers de sa temporalité. Guido Möllering a recours au célèbre roman *Robinson Crusoé* de Daniel Defoe pour décrire cette vision processuelle de la confiance. En effet, la relation qui s'établit entre le naufragé et *Vendredi* l'indigène ne repose en première instance ni sur un calcul rationnel, ni sur des normes, ni sur une routine préétablie... En fait, elle ne repose sur rien d'autre qu'un apprentissage de qui est l'autre et de ce qu'il veut.

> There is no game to start with or, at least, not one that gives a basis for trust ; there is only the extreme prospect of killing or being killed, which is likely to be unrealistic, but too dangerous to be naively or heroically ignored in favour of a hope for cooperation and solidarity. What would be required is that, in a process of interaction, Robinson and Friday learn to trust each other through mutual experience, knowledge and rules that develop over time[37].

Prenons par exemple le cas d'une personne demandant son chemin à un inconnu dans la rue. Si pour avoir confiance envers les indications qui lui sont fournies, la personne doit découvrir chez l'autre un intérêt en soi dans le fait de bien la guider, il y a fort à parier que plus personne ne demanderait ni son chemin, ni l'heure, ni rien du tout en fait. Personne ne se découvre un intérêt à perdre du temps pour répondre à un inconnu, mais cela se fait malgré tout, et les gens continuent à croire les autres. Pourquoi ? Sans doute parce que nous n'avons simplement pas non plus d'intérêt à leur mentir. Plutôt que de croire que l'autre est positivement bien disposé vis-à-vis de moi, nous acceptons le simple fait qu'il ne soit pas mal disposé à notre égard. L'idée est donc que pour accorder sa confiance, il suffit de croire spontanément en la volonté de l'autre de respecter l'engagement que nous lui proposons.

---

[37] Möllering, G., *op. cit.*, pp. 76-77.

Loin d'être invariable, la confiance évolue dans le temps. Que ce soit en se désagrégeant ou en se consolidant, elle subit l'influence de son rapport à la psyché de l'individu, à l'agir du confident ainsi qu'à l'évolution du contexte. Les sources de la confiance, qu'elles soient directes ou indirectes, en déterminent la nature et en constituent le principe moteur. Que ce soit dans le cas d'un motif personnel, identifiable, externe, ou d'un cumul de ceux-ci, la mise à mal dans la durée de leur principe justificatif aura également pour effet de mettre à mal la confiance. Et au contraire, si les effets attendus se réalisent bel et bien, alors le processus se verra renforcé et avec lui le sentiment de confiance.

> Faire confiance à quelqu'un, c'est (…) à la fois s'engager en sa faveur et s'engager dans un certain type de relation avec lui, relativement à un objet ou un domaine. Cela représente un processus qui se traduit par des opérations et par l'adoption de modes de comportement déterminés. On ne peut pas gommer cet aspect pragmatique de la confiance. Luhmann, par exemple, envisage l'établissement d'une relation de confiance comme processus temporel et séquentiel, ce processus comportant, dit-il, des « conditions structurelles qui le rendent possible », et exigeant « des étapes de renforcement réciproque ». La confiance émerge dans un type de situation particulier, une situation dans laquelle un agent peut dépendre d'un autre. Sinon, « le problème ne surgit même pas »[38].

Puisque la confiance repose sur un processus communicationnel d'échange d'informations, alors elle s'avère marquée d'une irréductible indétermination quant au sens à attribuer à l'information perçue. Celle-ci peut en effet être biaisée dans sa création, son transfert ou encore sa perception. La confiance n'est donc pas un acte isolé et autosuffisant, pour l'établissement duquel une analyse rigoureuse de la situation permettrait d'en réduire l'incertitude. Bien au contraire, la confiance est indétermination de par sa nature de processus d'échange d'informations entre deux individus aux motivations hypothétiquement connues chez l'un et chez l'autre. Enfin, si l'émergence d'un intérêt propre dans la relation de confiance s'avère sans aucun doute bénéfique pour elle, il existe cependant des cas où cet intérêt n'apparaît jamais, soit parce que la confiance est donnée à une personne qui ne s'en montrera jamais digne – auquel cas l'acte de confiance existe bel et bien mais ne résistera sans doute pas à l'épreuve du temps –, soit parce que le confident ne trahira pas la confiance qui lui est donnée par respect des simples intérêts du confiant, c'est-à-dire par la volonté de défendre, non pas un hypothétique intérêt personnel émergent dans la relation ou une forme d'encastrement, mais bien celui de la personne se mettant en situation de vulnérabilité par rapport à lui.

---

[38] Quéré, L., *op. cit.*, p. 52.

L'irréductibilité de ce moment fidéiste se manifeste par le fait qu'on ne peut ramener la confiance à un paramètre posé au sein du mouvement autofondateur de la volonté rationnelle : elle n'appartient pas en effet à l'ordre de ces objets que l'on peut produire ou engendrer au strict, de même qu'on ne peut jusqu'au bout vouloir réflexivement s'endormir ou être spontané. Certes, la défiance, le repli sur soi, l'hostilité systématique, pourraient en principe remplir une fonction analogue de réduction de la complexité (...) mais, d'une part, ces stratégies constituent des sources d'appauvrissement du champ pratique, (et) d'autre part, elles apparaissent parasitaires en ce sens que, en moyenne, sauf situations critiques, elles n'interviennent qu'à la suite de déceptions antérieures. D'ailleurs, l'étendue de la palette des mécanismes compensateurs permettant le retour à la normalité fiduciaire – le jugement par le tiers, la réconciliation, le pardon, l'oubli, l'habitude – suggère bien cette asymétrie. La confiance apparaît bien comme la condition de possibilité dernière de toute dynamique d'enrichissement des relations interhumaines se produisant grâce aux médiations institutionnelles au sens large[39].

Au final, ce sur quoi il importe ici de s'accorder repose sur cet aspect profondément *pragmatique* de la confiance, dans le sens qu'elle repose sur les effets qu'elle produit sur les acteurs y prenant part[40], et ce non pas selon une simple logique utilitariste, mais bien selon une logique sociale, autrement plus complexe car au fondement de toute forme d'agir. Comme nous allons le voir, la confiance n'est autre que ce qui relie l'individu à la société, sans laquelle celui-ci ne serait rien d'autre qu'une volonté désincarnée.

B. Un enjeu moderne

Comme nous l'avons déjà souligné avec Adam Seligman, les relations sociales modernes, marquées par le passage de la communauté à la société, sont caractérisées par une importante multiplication des rôles et des risques liés à leurs attentes, menant à un besoin accru en termes de confiance évaluative ; il en résulte alors une importante déperdition du savoir « avoir confiance », comme mode de confiance à l'œuvre au sein

---

39 Haber, S., *op. cit.*, pp. 50-51.

40 Ainsi Charles S. Peirce formula-t-il ce qui devint la « maxime pragmatique » : « *Consider what effects, which might conceivably have practical bearings, we conceive the object of our conception to have. Then our conception of these effects is the whole of our conception of the object.* » In Peirce, C. S., *The essential Peirce : Selected philosophical writings*, Houser, N. et Kloesel, K. (dir.), vol. 1 : 1867-1893, Bloomington, Indiana University Press, 1992, p. 132.

Il convient de bien comprendre que le pragmatisme ne constitue en rien un utilitarisme, comme pourrait le laisser penser une lecture au premier degré de cette maxime. Tendu contre toute forme de logique transcendantale, le pragmatisme est un empirisme pluraliste, influencé par la phénoménologie et le darwinisme, et attribuant un rôle essentiel à l'enquête aussi bien scientifique que démocratique.

des communautés traditionnelles, en faveur du « faire confiance ». En d'autres termes, la confrontation à l'altérité dans la modernité étant bien plus importante qu'à l'époque pré-moderne, il en résulte un accroissement des risques lié à une divergence d'affiliation groupale et à la mobilisation d'une autre structure de référents symboliques. L'accroissement de la complexité du social, et de son corollaire de multiplication et de différenciation accrue des rôles, entraîna une augmentation du potentiel de dissonance entre les divers comportements[41]. C'est précisément ce mouvement qui mena à un accroissement de l'autonomisation des individus modernes, aussi bien au niveau moral qu'économique, et qui favorisa la mise en place et le succès des théorisations sociales individualistes fondées sur la suspicion (le néo-libéralisme politique).

Mais la potentialité de confiance n'implique en rien sa présence, et il s'avéra que ce premier mouvement vers un besoin accru de confiance décidée fut mis à mal par un autre mouvement, lui aussi sous-tendu par l'augmentation des risques : l'institutionnalisation fonctionnaliste. Il apparaît en effet que la structuration et le traitement accrus des défis socio-économiques par des systèmes techniques autonomes opérèrent une sorte de démobilisation consentante dans le chef des acteurs de la confiance décidée en faveur de l'assurance. Dans ce mouvement que Seligman qualifie de post-moderne, les sociétés occidentales opérèrent une externalisation de la gestion des risques interactionnels menant à une diminution de la capacité individuelle à mobiliser cette confiance décidée, au besoin pourtant multiplié. Ainsi, l'accroissement de la légifération des interactions sociales, requérant autrefois une négociation des rôles et donc un travail proprement confiant, eut pour effet une déresponsabilisation civile à l'encontre de la question qualitative des liens sociaux. En d'autres termes, la montée en puissance du paradigme rationaliste en sciences sociales et de sa vision des institutions comme autant de systèmes de sanctions, mena à un déplacement de l'ordre du risque vers celui du danger, dont l'impact sur le rôle de la délibération politique ne fut pas sans conséquences – de but en blanc, trop de surveillance tue la confiance.

> We seem to be losing our ability to trust to an extent proportional to our loss of the idea of the individual as principled locus of society's unconditionalities. Our increasing inability to negotiate the boundaries of interaction without involving hard and fast rules and regulations is but another manifestation of the replacement of open-ended negotiation of trust with the rule-bound behavior of system confidence. (...) Rather the partners to myriad interactions are seen as inhabiting decidedly separate and potentially opposing, or hostile, symbolic universes (i.e., being external to one another, each actor is seen as an almost autonomous system) whose actions carry the

41 Seligman, A., *The problem of trust*, Princeton University Press, 1997, p. 40.

threat of danger the one to the other. And, if there is danger, there is the necessity to impose strict legal codes and regulations, to replace trust with strictly defined system boundaries[42].

À travers cette réflexion, nous pouvons encore atteindre un niveau supérieur – car ouvrant proprement à la réflexivité – de compréhension du véritable enjeu qui se cache derrière le principe du capital social dans un sens néo-institutionnaliste. Suite à la multiplication des engagements anonymes et à cette érosion de la « familiarité », comprise au sens que lui attribue Anthony Giddens comme un élément clef de la formation d'attentes confiantes, tout l'enjeu d'une « modernisation réflexive » repose sur une réflexion structurelle favorisant le déploiement d'une reconstitution active de la confiance par les acteurs[43]. La « confiance active » dont parle Giddens constitue une confiance devant être travaillée par les acteurs et activement soutenue à travers une ouverture mutuelle et une communication soutenue. C'est donc à travers l'interaction soutenue entre individus libres que peut se déployer la promesse d'un horizon commun.

Nous pensons donc que le véritable rôle des institutions est moins de *contraindre* les comportements individuels que d'*assurer* un encadrement favorable au déploiement d'un « climat de confiance ». Cet encadrement, proprement délibératif, doit donc être attentif à ne pas opérer une programmation du social en termes strictement économistes, c'est-à-dire en étant objectivement tendu à l'encontre de l'hypothèse opportuniste, sans quoi il risquerait de réduire son appui social à un jeu d'échanges stratégiques. La légifération a une fonctionnalité légitimée par un principe de justice, mais il importe qu'elle assure le maintien d'une responsabilisation sociale des modalités de, ce que nous allons appeler à la suite d'Alain Caillé, une « socialité primaire »[44]. Le risque post-moderne est donc de voir l'État devenir l'unique récipiendaire de la confiance, que ce soit de façon directe ou indirecte (ce qui revient à attribuer la confiance par l'intermédiaire de la loi), et donc le seul à pouvoir recevoir les offrandes de la reconnaissance publique. De ce déplacement résultent alors un important appauvrissement du collectif, voire sa négation, et la mise en place de politiques de la déférence étatique et de l'aseptisation interpersonnelle, qui trouvent alors dans certains nouveaux moyens technologiques autant de remarquables relais.

---

42 Seligman, A., *op. cit.*, pp. 173-174.

43 Giddens, A., « Living in a post-traditional society » in Beck, U. *et al.* (dir.), *Reflexive modernization*, Cambridge, Polity Press, 1994, p. 81.

44 Nous traiterons du concept de « socialité primaire » dans le chapitre suivant sur les apports de l'approche anti-utilitariste en sciences sociales.

C. Institutions et démocratisation

Tel est donc l'enjeu de la confiance institutionnelle qui, bien que pouvant sembler *a priori* fondée sur un argument quelque peu circulaire – la confiance que j'éprouve vis-à-vis d'une institution dépend du « climat de confiance » normatif qu'elle est capable de créer entre ses acteurs –, constitue sans aucun doute la question essentielle à se poser face aux diverses observations de déclins de participation civique et politique. Dans ce nouveau cadre compréhensif, il n'existe plus une seule stratégie face aux déficits de confiance, mais bien deux : la première, de type *bottom-up*, est celle de la réactivation de la vie associative afin de ré-engranger au niveau civique les ressources morales nécessaires à un élargissement de la communauté d'appartenance, et la seconde consiste à jouer sur le design institutionnel afin de déployer selon un mouvement *top-down* la structure incitative requise à la diffusion au sein de la population d'un sentiment généralisé d'équité, de solidarité et de justice. Les institutions deviennent alors en quelque sorte les garantes de l'optimisme des peuples par le biais de leur gestion performante des enjeux socio-économiques[45].

Ainsi, pour Mark Warren, l'irrigation du cœur même du principe démocratique passe par cette construction générique sociale d'agir collectif qu'est la confiance ; celle-ci devient en quelque sorte le nerf *vitalisant* de la démocratie. Des sociétés confiantes en leurs capacités ainsi qu'en leur avenir seraient plus disposées à la tolérance et à la diversité, car reposant sur une culture politique plus ouverte au dialogue et à la recherche de compromis, lesquels, dans notre nouveau cadrage conceptuel élargi, reposent nécessairement sur un certain niveau de confiance (le simple fait de dialoguer nécessite déjà de la confiance). Si la stabilité démocratique repose en fait bien moins sur la confiance gouvernementale – les institutions démocratiques requérant après tout des jeux d'opposition de partis politiques – que sur la confiance interpersonnelle et le sentiment de bien-être des sociétaires, il apparaît donc que les institutions jouent un rôle important dans le maintien de ces deux critères. Bien plus encore, les institutions politiques sont les lieux privilégiés de narrations dépassant les perspectives individuelles et poussant à la prise en considération d'un horizon commun. En d'autres termes, les contextes délibératifs *ouvrent* à l'intersubjectivité.

> Cognitive judgment is, in rational choice terms, limited to individuals' subjective horizons. In particular, we should think about how institutions might alter the nature of political judgment, by focusing upon how institutions structure process of judgment. What stands out in the American political

[45] Uslaner, E. M., « Democracy and social capital » in Warren, M. E. (dir.), *Democracy and trust*, Cambridge, Cambridge University Press, 1999, p. 138.

system is the extent to which individuals make judgments isolated from deliberative contexts, contexts that may hold out possibilities for overcoming the bias of subjective cognitive judgment by introducing an intersubjective element[46].

C'est dans un tel cadrage conceptuel de la confiance – normalité, routine, allant de soi – que nous pouvons alors comprendre les véritables apports de la réflexion sur le capital social, sans chercher à en souligner ici plus en avant les paradoxes. La réouverture conceptuelle à laquelle nous venons de nous livrer devrait nous laisser entrevoir un autre état des faits, plus proche de celui observé par Tocqueville : les hommes mobilisent de façon incessante des gestes confiants au travers de leur existence, laquelle semble difficilement envisageable sans processus de socialisation, comparaison et imitation. Dès lors, à la suite de Charles Sabel, nous pouvons émettre une sérieuse critique des approches en sciences sociales fondées sur un principe de suspicion[47]. La théorie du choix rationnel, en se rigidifiant autour des motifs de poursuite de l'intérêt individuel et de crainte de l'opportunisme, et en en faisant les ressorts aussi bien de l'action que de toute élaboration institutionnelle, se coupe au final de la prise en considération de certains faits échappant à sa logique. Persuadée de pouvoir expliquer la totalité du réel sur ce risque de la déception, elle transforme les sociétaires en des êtres profondément paranoïaques et animés par la crainte de perdre le jeu de la socialisation. À l'encontre de cette perspective, il existe bel et bien des interactions humaines dont la nature confiante ne repose pas sur cette présomption d'opportunisme.

D. Vers une confiance réflexive

À la suite de Charles Sabel, nous trouvons alors dans l'analyse réalisée par Elinor Ostrom des *common-pool resources*[48] une critique à l'encontre de la formulation par trop simpliste de la confiance réalisée par la théorie du choix rationnel. À travers son étude de diverses structures de gouvernance des ressources naturelles, Ostrom démontre en effet que dans certains cas, les liens d'interdépendance entre acteurs sont tels que la figure paradigmatique du dilemme du prisonnier en devient *caduque* : les individus y sont « naturellement » liés les uns aux autres,

---

46 Warren, M. E., « Democratic theory and trust » in Warren, M. E. (dir.), *Democracy and trust*, Cambridge, Cambridge University Press, 1999, p. 336.

47 Sabel, C. F., « Constitutional ordering in historical context » in Scharpf, F. W. (dir.), *Games in hierarchies and networks : Analytical and empirical approaches to the study of governance institutions*, Francfort, Campus/Westview, 1993, p. 65.

48 Ostrom, E., *Governing the commons : The evolution of institutions for collective action. Political economy of institutions and decisions*, Cambridge, Cambridge University Press, 1990.

et la question n'est plus de savoir comment empêcher la défection opportuniste, mais bien comment gérer au mieux le bien commun. Les communs ne doivent alors pas être traités comme de simples ressources uniquement perçues sous l'angle de leur consommation, mais bien plus comme des lieux de négociation préconstitués, et autour desquels se révèle un enjeu collectif non plus à construire mais bien à administrer.

Loin d'être synonyme d'attente rationnelle, la confiance dans ce cadre d'étude s'avère donc établie et maintenue avec peu ou pas de références à des mécanismes centralisés de surveillance et de sanction ; la nature de certaines interactions communicationnelles au sein de communautés permet la création d'un stock de capital social suffisamment important que pour assurer le maintien d'un environnement symbolique incitatif selon un principe purement relationnel. D'autres situations appellent, par contre, un important besoin de gérer le bien commun au moyen de stratégies contraignantes hautement centralisées. L'idée d'Ostrom est dès lors que les engagements à long terme sur lesquels repose la coopération dépendent d'arrangements institutionnels de natures diverses appelant dans chaque cas concrets une stratégie en fonction des ressources sociales disponibles. « *Ostrom's perspective states that a sociological explanation of cooperation cannot be formulated wholly in "economic" terms since, in order to understand collective action, we also need to account for other factors which encourage collective action* »[49]. En résumé, l'analyse d'Elinor Ostrom démontre l'importance de prendre en compte l'impact des variables situationnelles sur ce qu'elle appelle le « monde intérieur du choix individuel »[50].

Sabel retire essentiellement deux observations de l'importante étude menée par Ostrom[51]. Premièrement, la coopération est possible même dans des situations hautement périlleuses, dont les circonstances contextuelles semblent telles qu'une pure et simple application de la théorie du choix rationnel stipulerait le recours à une forte institutionnalisation des comportements afin de vaincre le risque de défection. Deuxièmement, la confiance surgit parfois là où on l'attendrait le moins en se référant aux principes issus du dilemme de l'échange. L'idée n'est pas ici de dire que l'opportunisme constitue une dimension à bannir de notre vocabulaire comme étant un faux problème – un simple regard au contexte actuel doit nous convaincre du contraire –, mais bien qu'à en faire le noyau compréhensif de toute forme d'agir, non seulement économique mais aussi social, la théorie néo-libérale s'empêche de penser un ensemble motivationnel fondé sur autre chose que la peur de l'autre. À jouer à ce

---

[49] Misztal, B., *op. cit.*, p. 86.

[50] Ostrom, E., *op. cit.*, p. 37.

[51] Sabel, C. F., *op. cit.*, pp. 84-85.

jeu, c'est bien à une définition purement économiste de l'individu qu'elle construit et renforce à travers ses jugements. En d'autres termes, si l'opportunisme constitue un facteur à prendre en compte, se focaliser sur sa gestion ne constitue en rien la panacée des problèmes aussi bien économiques que politiques. La coopération n'est après tout en rien garante d'une répartition équitable des bénéfices qu'elle produit.

À ce stade, la question de savoir que penser au final de tout ce qui précède semble rester entière. Nous avons donc d'une part une critique de la méthodologie individualiste, et de l'autre l'ouverture du champ infini de la sociabilité ; d'un côté, un individu esseulé avec pour uniques outils de gestion de l'incertitude contextuelle sa raison, ses préférences et ses « intuitions pragmatiques », et de l'autre, un sociétaire institutionnalisé, guidé par des routines, défini par des rôles et contraint par une telle quantité de règles que la plupart lui deviennent quasiment imperceptibles. L'un et l'autre sont libres et autonomes dans des sens que nous avons cherché à expliciter, selon un principe d'agissement encastré, mais la question de savoir comment ces acteurs peuvent réviser aussi bien les stratégies et les routines de coopération mises en place que les croyances qui les sous-tendent reste entière. D'une part, le risque de la réévaluation stratégique par une partie provient d'une possible incompréhension de la part de l'autre, qui peut y voir une volonté de destruction pure et simple de l'ordre conventionnel comme souhait de stopper la coopération et de revenir à un équilibre sous-optimal, et d'autre part, le risque de la révision des routines s'explique par une déstabilisation du cadre communicationnel pouvant, elle aussi, être perçue comme un refus de poursuivre l'interaction. Il ne nous manque en fait plus que l'ajout d'une pièce au puzzle pour pouvoir enfin apprécier dans son ensemble le tableau de la question de la confiance. Cette pièce est celle qui va nous permettre de relier notre individu à notre sociétaire et de comprendre, enfin, la véritable nature d'un projet de gouvernance abouti, bien que soulevant sans doute encore plus de questions qu'il ne fallut avancer de réponses pour l'atteindre. Cette pièce n'est autre que la troisième composante de la confiance, à savoir la *réflexivité*.

> Because individuals can self-reflexively imagine and act to realize different strategies corresponding to different variations of themselves, they do not merely execute social routines or work practices, or blindly pursue the passions that move them at the moment. But because those strategies can be articulated only in reference to particular social settings and presume alliances or associations accordingly, reflexivity reconnects individuals to one another even as it momentarily relaxes the collectivity's grip. Put another way, re-

flexivity connects individuality to sociability by making vulnerability to others – trust – a constituent of autonomous selfhood[52].

Remarques conclusives

Le problème essentiel en termes de confiance est que les jugements déductifs dans le cadre de la théorie du choix rationnel ne peuvent pas dépasser l'horizon cognitif des individus. La temporalité de la confiance se réduit dans cette approche à un passé et un présent, toute projection dans le futur étant réduite à un jeu d'anticipations du risque de défection du partenaire, suite à la disparition dans son chef de l'intérêt à coopérer, ou de la modification du contexte incitatif. Dès lors, le principe institutionnel est appréhendé comme une panacée à l'indétermination des contextes, le collectif n'existe pas en tant que tel, et seuls des individus libres maximisant leur utilité sur un régime marchand permettent une gestion autonomisée de la société.

Ainsi Tarik Tazdaït analyse-t-il les résultats de plusieurs tests empiriques menés en « économie expérimentale » comme autant de leçons sur l'incapacité profonde du modèle orthodoxe du choix rationnel à expliquer l'émergence de comportements de réciprocité et de « goût pour l'équité »[53]. Comme le souligne bien Louis Quéré dans la préface de cet ouvrage, il est intéressant de voir comment une analyse purement économique de la confiance mène Tazdaït à conclure sur la question du *don* en mobilisant le débat Titmuss/Arrow, que nous allons présenter dans le chapitre suivant. Loin des réflexions de Gary Becker cherchant à expliquer divers sentiments tels que la culpabilité selon une analyse coût-bénéfice, Tazdaït convoque un univers économique admettant ses propres limites, laissant intactes des approches proprement psychologique et émotionnelle de l'acteur, et permettant de penser un domaine de l'agir anti-utilitariste.

La perspective pragmatiste que nous venons de présenter développe un mécanisme génératif de la confiance proche de celui du don agonistique. Qu'il y ait des motivations ou non derrière, la manifestation de l'agir entraîne des conséquences dépassant de loin le simple traitement par une logique de l'intérêt, entre confiance et méfiance, espoir et désespoir, amour et haine. Sans nier le rôle des bénéfices et des profits, la confiance comme accomplissement idiosyncrasique et abandon de soi permet de dénuder le lien social au-delà de la superficialité des intérêts. Au niveau institutionnel, elle permet surtout de penser le pouvoir au-delà de la simple poursuite coopérative et de constitutions répondant à

---

52 Sabel, C. F., *op. cit.*, p. 88.

53 Tazdaït, T., *L'analyse économique de la confiance*, Bruxelles, De Boeck, 2008, p. 104.

des motivations spécifiques, et de légitimer le traitement des tensions qui émergent lorsque s'opèrent des distorsions entre le concret et l'idée normative qui justifiait la mise en place de l'institution. En résumé, la confiance institutionnelle, loin de l'instrumentalisation à laquelle son rôle était cantonné par la théorie du choix rationnel, devient le lieu prouvant l'auto-transcendance du social, et dont les remises en question requièrent un travail discursif visant à recomposer réflexivement les rapports entre individu et société.

Mais avant d'analyser les apports de la réflexivité, il nous reste un ultime travail conceptuel à réaliser afin de bien en saisir les enjeux. En effet, après être entré dans le vif du sujet de l'économie politique par le biais des études sur le capital social et du choix public, notre travail conceptuel sur la confiance peut nous avoir fait perdre de vue l'objectif premier de cet ouvrage, à savoir le traitement des conditions de gouvernance à l'établissement d'une politique monétaire rencontrant les attentes du plus grand nombre. Le chapitre suivant a donc pour objet les rapports entretenus par le principe de confiance avec une institution quelque peu particulière de par son aspect totalisant, à savoir la monnaie.

CHAPITRE 5

L'institutionnalisme monétaire

L'un des objectifs de cet essai est de décrire le projet expansionniste de l'économie politique au travers du prisme du concept de confiance. Mobilisant celui-ci comme outil d'interrogation de la nature du lien social, nous avons tenté de reformuler l'enjeu d'une critique de l'appropriation économiste de la démocratie néo-libérale actuellement en œuvre dans nos sociétés avancées, et dont résulte une forme de désertion consentante du politique dans divers domaines d'activité. Pour ce faire, nous avons choisi de présenter deux théories particulièrement en vogue chez les politologues anglo-saxons, à savoir celles du capital social et des choix publics, et de montrer en quoi la réduction instrumentale de la confiance qu'elles mettent en œuvre participe au mouvement du colonialisme économique et de son corollaire de l'individualisme méthodologique. Partant de ces approches rationalistes, nous avons alors pu, au moyen d'une réouverture conceptuelle du concept de confiance, basculer en un second temps dans une perspective réflexive de cette dernière mettant l'accent sur l'enjeu délibératif en démocratie.

Au moyen de nouvelles préoccupations en termes, non plus d'intérêt, mais bien de don et de reconnaissance, nous allons à présent chercher une voie alternative au modèle économique orthodoxe, en mobilisant les ressources critiques et conceptuelles du paradigme anti-utilitariste. Comme nous allons le voir, ce paradigme ne nie pas le rôle des échanges utiles et intéressés, mais cherche bien plus à les circonscrire et à en redéfinir la logique de l'intérêt qui les sous-tend en mettant à jour la nature profonde du sens de la vie en société. Notre moyen-terme dans ce voyage sera celui de l'argent : défini de façon purement instrumentale comme un outil d'élévation personnelle par les théories fondées sur un individualisme méthodologique simple, nous allons voir en quoi il constitue au contraire un *fait social total* permettant de penser le rapport entre l'individu et la société.

Dès lors, ce qui apparaîtra en filigrane tout au long de notre réflexion n'est autre qu'une remise en perspective de la valeur économique, concept autour duquel pivote l'ensemble de l'ordre économique ainsi que sa compréhension de la confiance. Nous avons vu que la confiance dans ce cadre était essentiellement perçue de façon stratégique, comme une prise de risque liée à l'attente de bénéfices. Mais nous avions également montré avec Russell Hardin en quoi l'épistémologie de la confiance au sein du paradigme rationaliste se basait essentiellement sur une référence à la mobilisation d'« intuitions pragmatiques » issues d'expériences préalables ; sans ces dernières, le jeu de la confiance semblait en effet dans une impasse. Un des objectifs de ce chapitre consiste alors à traiter ce principe d'appartenance sociale qui semble sous-tendre toute logique stratégique. Il apparaît en effet que l'*homo œconomicus* puisse difficilement faire confiance en dehors de tout contexte social, et qu'il convient d'imbriquer la logique économique au sein d'un cadrage sociologique si l'on souhaite obtenir une vision cohérente et complexe de l'agir humain.

> La capacité d'engagement d'un individu, ce qui n'est rien moins que sa capacité à promouvoir une action collective en convoquant la confiance d'autrui, ne trouve pas dans l'ordre économique des ressources suffisantes. Pour s'engager de manière crédible, l'individu doit pouvoir mobiliser une valeur plus solide, moins précaire, que celle qui caractérise les relations marchandes. On se rend crédible auprès d'autrui par une représentation de soi plus complète que sa seule appartenance économique, ce que l'on appellera l'être social[1].

L'apport de cette section se veut donc double. Nous allons d'abord conclure notre critique de la théorie du choix rationnel au moyen d'une réflexion sur la logique du don. En retranscrivant un célèbre débat entre les tenants d'approches respectivement hétérodoxe et orthodoxe de la science économique, nous verrons apparaître la nature d'un domaine de l'activité sociale qui semble échapper à la logique marchande que sous-tend l'approche du choix rationnel. Ce premier mouvement nous permettra alors de basculer dans le questionnement sur la nature de la monnaie et de ses rapports au principe de confiance. Enfin, cette section présentera également l'enjeu de la reconnaissance sociale, ainsi que les deux logiques qui la guident.

I. Don, monnaie et confiance

A priori, la notion de « don » véhicule l'idée d'un geste unilatéral, renvoyant à l'altruisme. Pour nous, modernes, le don décrit essentiellement l'image d'une offrande désintéressée à quelqu'un dans le besoin : don aux plus démunis, à des associations caritatives, à son prochain. S'il repose généralement sur un transfert d'argent, il apparaît également sous d'autres formes, où l'on « paye de sa personne » en donnant du temps. En fait, comme nous allons le voir à présent, la forme traditionnelle du

---

[1] Orléan, A., « La théorie économique de la confiance et ses limites » in Laufer, R. et Orillard, M. (dir.), *La confiance en question*, Cahiers de socio-économie, Paris, L'Harmattan, 2000, p. 61.

don représentait bien plus que cela ; elle ouvrait à une dimension sociale en inscrivant les rapports communautaires dans une temporalité particulière. Le don faisait naître une obligation publique dans le chef de la personne recevant l'offrande, l'incitant à réciproquer dans un signe de reconnaissance et de respect de l'autre, dépassant de loin de simples considérations personnelles.

La question du don nous intéresse en deux points. Premièrement, il apparaît que le don à une générativité proche de celle de la confiance comprise dans un cadrage conceptuel élargi : donner, tout comme faire confiance, c'est reconnaître l'autre pour ce qu'il est dans un geste d'ouverture à la socialité[2]. Dès lors, traiter la question du don devrait nous permettre de mettre encore un petit peu plus à jour toute la richesse du phénomène de confiance. Deuxièmement, le don cérémoniel, tel qu'analysé par Marcel Mauss, constituait un « opérateur de totalisation », au sens où il construisait les communautés traditionnelles en leur donnant une identité et une unité. Or, la question de la monnaie est traitée d'une façon similaire par Michel Aglietta et André Orléan, qui vont jusqu'à reprendre les expressions maussiennes sur le don dans le cadre de la monnaie ; cette dernière est alors conçue non pas de façon instrumentale mais bien *totalisante*, comme une réalité autour de laquelle s'organisent et se reconnaissent des sociétés. À l'inverse de l'approche de l'école de Chicago, leurs propositions consistent à *importer* et non pas *exporter* les apports des autres disciplines des sciences humaines dans le champ économique.

A. La logique du don

> Le langage de la proportionnalité entre les causes et les effets, le langage de la mécanique, de la comptabilité et de l'utilitarisme, celui de l'instrumentalité encore, tous ces langages sont *grosso modo* adéquats à la saisie de l'essence des ordres. En revanche, ce qui fait sens dans les relations entre les personnes, c'est ce qui se formule en termes de récit, d'histoire, d'engagement, de promesse, de confiance, de trahison ou de haine. (…) *Le* politique et l'utilité fonctionnelle sont du côté des ordres systémiques, *la* politique et le don du côté des récits que se racontent les hommes[3].

Entrée en matière quelque peu abrupte sans doute, cet extrait du sociologue Alain Caillé n'en présente pas moins de façon exacte les enjeux démocratiques d'une réflexion sur le don. Distincte de toute forme de calcul utilitaire, la logique donatiste ouvre à une dimension quant au

---

[2] Quéré, L., « Préface » in Tazdaït, T., *L'analyse économique de la confiance*, Paris, De Boeck, 2008, p. 13.

[3] Caillé, A., *Théorie anti-utilitariste de l'action : Fragments d'une sociologie générale*, Paris, Éditions La Découverte/M.A.U.S.S., 2009, p. 143.

sens relationnel des actes posés. Elle appartient aux registres de l'invention politique et de l'intelligence collective en ce qu'elle fonde ces moments clefs de l'histoire humaine où ce qui structure l'action n'est plus l'utilité, mais bien la « narrativité » comprise au sens de Paul Ricœur[4]. Ainsi les gestes politiques désintéressés, de même que ceux du don, peuvent rester incompris pour des utilitaristes dès lors que ce qui est attendu en retour ne prend plus la forme d'un bien « valorisable » mais bien d'un contre-don, dont la richesse repose sur la nouvelle perspective sociale qu'il signifie. En d'autres termes, la logique donatiste comprend et justifie à la fois toutes les prises de risque échappant à une formulation économique et stratégique de retour bénéficiaire, en expliquant la générosité et l'imprévisibilité comme des actes subtils de sociabilité. Elle ouvre à une destinée commune en ne faisant plus des passions et des conflits des erreurs de parcours devant être évacuées de la sphère démocratique, mais bien autant de gestes et d'expressions trahissant une volonté de vivre ensemble dans un monde caractérisé par l'indétermination.

L'intérêt que peut présenter une réflexion en termes de don nous semble alors bien présenté au travers d'un célèbre débat qui vint à opposer deux économistes de confession divergente autour de la question de l'approvisionnement en sang. Malgré ses caractéristiques, cette problématique définit l'enjeu d'une détermination purement marchande d'un geste généralement conçu comme une proposition de mobilisation sociale gratuite. Et si l'histoire qui suit n'explique pas encore le pourquoi du don, elle permet d'entrevoir certaines limites de la logique marchande.

En 1970, Richard Titmuss publia un ouvrage lançant rapidement une controverse qui allait alimenter jusqu'à aujourd'hui encore la question de la motivation dans la production sociale de biens, et remettre en question la base même du principe orthodoxe de la science économique. L'ouvrage en question, *The Gift Relationship : From Human Blood to Social Policy*, présente une étude empirique et comparative des systèmes américain et anglais d'approvisionnement et de mise en dépôt de sang humain. Alors que l'Angleterre présentait un système strictement axé sur le volontariat et organisé par le Service National de la Santé, le principe du don de sang aux États-Unis était pour sa part largement commercialisé et géré de façon mixte entre des banques de sang pour donneurs volontaires et un important marché privé. Cette simple observation n'aurait eu en soi aucun impact si elle n'avait été accompagnée d'un ensemble de données statistiques indiquant à la fois une plus grande qualité du sang ainsi qu'une meilleure gestion des stocks et de

---

4 Ricœur, P., *Temps et récit*, tomes 1-2-3, Paris, Le Seuil, 1983-85.

leur répartition à travers les hôpitaux dans le système anglais. Au niveau de la qualité, il ressort de l'étude de Titmuss que la commercialisation du sang a pour effet d'inciter la participation des populations les plus démunies, et d'accroître au final le risque de stockage de sang contaminé. De plus, permettre aux riches d'acheter le sang de ceux qui sont dans le besoin ne va pas sans poser sérieusement question en termes d'équité. Mais ce qui nous semble ici encore bien plus essentiel, c'est la démonstration de Titmuss selon laquelle le système américain de rémunération s'avère également sous-optimal au niveau purement économique. En effet, de la mixité du système américain résultent une importante diminution des donations volontaires et un accroissement de l'offre commerciale, cependant insuffisant pour combler la demande comme l'indiquent les chiffres établis entre 1961 et 1967, et accompagné des problèmes qualitatif et éthique susmentionnés. Titmuss en conclut que le système d'acquisition volontaire de sang, qu'il soit suscité par un désir purement altruiste, un sentiment d'obligation ou une réponse à la pression sociale[5], est à la fois plus équitable et plus efficient que celui du marché, et que donc le principe de commercialisation doit être tenu à l'écart de cet enjeu afin de laisser toute latitude à une économie hétérodoxe basée sur le « droit de donner »[6].

L'économiste Kenneth Arrow, fer de lance de l'économie néoclassique et de son développement en théorie du choix social, fut l'un des premiers à remettre en question l'analyse de Titmuss. Sa réponse prit la forme d'un exposé théorique reformulant les principes économiques fondamentaux en vigueur dans ce cadre d'analyse, et rejetant avec force l'argument selon lequel la création d'un marché, et la mise en place de son principe d'incitation monétaire, peuvent avoir pour effet la réduction d'une activité fondée sur un autre principe de mobilisation, à savoir celui du don volontaire[7]. Ainsi, la présence d'un marché du sang devrait au contraire accroître l'espace de choix des agents, ne pouvant avoir aucun impact négatif sur la structure incitative du don de sang dès lors que cette dernière reste en place et accessible à tout un chacun. Cependant, force est de constater que l'argumentaire d'Arrow ne parvient pas à remettre en question les résultats empiriques avancés par Titmuss et confortés par d'autres études à sa suite, Arrow acceptant même le constat de la piètre qualité du sang aux États-Unis. Toujours est-il que le système d'acquisition sanguine américain opta ensuite dans

---

5 Tazdaït, T., *L'analyse économique de la confiance*, Bruxelles, De Boeck, 2008, p. 152.

6 Titmuss, R., *The gift relationship : From human blood to social policy*, New York, Vintage Books, 1971, p. 94.

7 Arrow, K. J., « Gifts and exchanges » in *Philosophy and Public Affairs*, vol. 1, 1972, pp. 343-362.

le courant des années 1970 pour un principe exclusivement volontaire, les banques se renflouèrent alors, des enquêtes à la sortie des centres indiquant que les donneurs appréciaient d'aider les autres, expérimentaient un sens de la responsabilité ou de l'obligation morale, ou encore réciproquaient simplement au fait d'avoir des proches ayant bénéficié de transfusions sanguines[8].

Nous souhaitons tirer de ce débat trois conclusions. Premièrement, l'étude de Titmuss indique de façon claire l'impact sur la société – dans ce cas précis, la diminution généralisée du nombre de donneurs – du choix d'une structure institutionnelle. De la sélection par les responsables politiques de telle ou telle structure de gouvernance résultera l'ouverture d'un panel plus ou moins large de possibles pour les individus. En d'autres termes, les institutions créées ont une influence sur le comportement économique des acteurs. Cette posture institutionnaliste, que nous traitons tout au long de cet essai, est donc bien en total porte-à-faux avec l'approche économique néo-classique telle que défendue par Arrow, qui, comme indiqué ci-dessus, suppose une autonomie radicale entre les sphères d'incitations dès lors que les acteurs ne peuvent agir que selon une procédure individualisée et rationalisée.

Deuxièmement, et comme l'indique cette dernière réflexion, nous voyons bien la difficulté et la réticence que peut avoir l'économie standard à appréhender des notions issues d'autres sciences humaines et à ce point complexes au niveau motivationnel que celle du don. En effet, une fois accordée sur un postulat aussi puissant que celui du choix rationnel, à savoir la capacité des individus à opter pour la meilleure action en fonction de préférences stabilisées, la partition économique peut difficilement s'approprier les diverses motivations sortant de la catégorie de l'intérêt personnel. Mais bien plus fondamentalement encore, ce débat, ou plus exactement l'incapacité d'Arrow de remettre réellement en question les résultats empiriques de Titmuss, démontre la pertinence d'un principe de plus en plus occulté à l'heure actuelle, comme rejeté dans le monde des idées par une vision technico-économique à l'omniprésence croissante : l'irréductibilité à un principe unique de la complexité du social.

Troisièmement, à la suite de notre réflexion sur la confiance réflexive, nous pouvons aisément lire ce débat comme un exemple de la différence entre une approche optimiste de l'institutionnalisme et une approche fondée sur la suspicion. La volonté de créer un marché du don sanguin répond à une logique économique dont le postulat de départ n'est autre que l'égoïsme individuel ; ne voyant pas ce qui pourrait inci-

---

[8] Benkler, Y., *The wealth of networks : How social production transforms markets and freedom*, New-Haven, Yale University Press, 2006, p. 93.

ter les acteurs à agir de façon « désintéressée », la création d'un marché avec rétribution financière doit alors faire sens. Mais ce faisant, un tel choix de gouvernance a un impact direct sur la structure intentionnelle des acteurs, en réduisant la formation d'engagements sociaux, ou tout du moins en les incitant à agir par bénéfice pécuniaire.

B. L'approche anti-utilitariste

Ce débat oppose donc de façon remarquable deux auteurs autour d'une même problématique développée par une éthique particulière : l'utilitarisme. Parfois définies comme des « économies de la morale », les théories utilitaristes, auxquelles nous avons fait référence à plusieurs reprises dans ce travail, sont donc caractérisées par leur confession aux principes du choix rationnel et de l'individualisme méthodologique. Le mobile essentiel de l'action humaine pour l'utilitarisme n'est autre que le désir de maximiser le bien-être, le plaisir et les possessions matérielles à partir du principe de l'intérêt. Comme nous l'avons vu avec Russell Hardin, ce mobile peut cependant être monté en généralité afin de parvenir à l'établissement d'une notion d'intérêt général par laquelle l'individu (ou un groupe de sociétaires) va calculer l'impact de ses actes sur le confort de ceux qui seront affectés par la décision, et parvenir à choisir celle qui sera la plus « souhaitable », c'est-à-dire « utile », pour le plus grand nombre. Le principe de base de l'utilitarisme se fonde donc sur la capacité de l'être humain à calculer et maximiser les conséquences de ses actes, que ce soit selon l'étalon benthamien du plaisir ou celui du bonheur de John Stuart Mill, ou encore que ce soit selon un calcul particularisé à la situation ou parvenant à établir des règles catégorielles.

À l'encontre de cette éthique particulièrement seyante pour les tenants du libéralisme, et concrètement dominante à l'heure actuelle (comment penser que les individus puissent agir de façon contraire à leurs intérêts matériels, libidinaux, de prestige ou de pouvoir ?), le Mouvement Anti-Utilitariste dans les Sciences Sociales (plus communément appelé le M.A.U.S.S., en référence à son premier prophète Marcel Mauss et à sa « bible » *Essai sur le Don*[9]) entend offrir une alternative redonnant ses lettres de noblesse à la littérature refusant cette perspective économiste. Faisant référence à l'important travail théorique réalisé depuis maintenant près de 30 ans par le M.A.U.S.S., la question essentielle, celle à partir de laquelle toutes les autres doivent découler, ne réside pas dans le calcul mais bien dans le sens : l'homme est avant tout

---

9 Mauss, M., *Essai sur le don. Sociologie et anthropologie*, Paris, Presses universitaires de France, (1924) 1966.

en quête de reconnaissance car il n'existe qu'à travers la gestion de l'image de soi donnée aux autres et par les autres.

La figure du don cérémoniel chez Marcel Mauss s'institue donc contre l'intérêt en tant que relation cruciale pour les affaires humaines, en permettant l'ouverture d'une histoire et d'une narrativité sur la base de sa triple obligation de donner, recevoir et rendre. La relation donatiste, à l'inverse de celle liée sur la base d'un intérêt dont la disparition remet en cause non seulement sa poursuite mais son existence même, est « auto-consistante » selon le terme d'Alain Caillé, c'est-à-dire qu'elle ne peut être réduite ni à un choix individuel (selon une perspective économiste du don qui le ramènerait à un calcul d'intérêt sur le long terme) ni à des règles holistiques (qui reviendraient à tronquer l'essence du don en le replaçant au sein d'une structure plus large). Mauss définit le don comme un « phénomène social total » recouvrant toutes les dimensions de la vie, et appelant à une révision de l'aspect dissociatif de la pensée moderne. Caillé décrit alors la pensée maussienne comme étant une « voie du milieu », reposant sur un sens aigu de soi et des autres, entre intéressement et désintéressement, liberté et asservissement. Cette voie théorique et épistémologique particulière est de type *abductif* : « ni rationaliste-universaliste, ni relativiste, elle croit que les phénomènes sociaux généraux ne se manifestent jamais dans leur généralité même, mais toujours sous des formes historiques singulières »[10].

Le don est donc ambigu, et de cette ambivalence résulte son aspect fondamentalement anti-utilitaire ; le don est un *fait social total* en ce qu'il est proprement institutionnel, ni marginal, ni privé, et « concerne toute la société et le tout de la société (même s'il n'est pas tout dans la société) »[11].

> Une théorie anti-utilitariste de l'action ne nie pas le rôle des motivations utilitaires et la force de l'intérêt : elle n'est pas an-utilitariste. Elle se propose seulement d'en circonscrire le champ, d'ailleurs instable et par nature variable. Or, déterminer la place respective des mobiles utilitaires et anti- ou supra-utilitaires revient de proche en proche à poser la question des rapports entre économie et société. (...) C'est que cette question de la place que doit occuper l'économie au sein de la société (...) est la question décisive pour la démocratie. Une société réellement démocratique doit-elle faire la plus grande place à l'économie de marché, une place limitée ou aucune place[12] ?

Selon Alain Caillé, il existerait en fait une « socialité primaire » prenant naissance dans le chaos indéterminé des contextes, et une « sociali-

---

10 Caillé, A., *op. cit.*, p. 146.

11 Hénaff, M., *Le prix de la vérité : Le don, l'argent, la philosophie*, Paris, Éditions du Seuil, 2002, p. 205.

12 Caillé, A., *op. cit.*, p. 8.

té secondaire » issue de la structuration à l'œuvre par les ordres systémiques[13]. La seconde se fonde sur la première, et est le lieu de l'utilité fonctionnelle des ordres économique et politique en tant que structures. La socialité primaire est pour sa part l'ensemble des relations de personne à personne (famille, amis, associations, etc.) à partir desquelles se déploient les énergies affectives et les passions comme base de la socialité secondaire fonctionnelle. À nouveau, une perspective anti-utilitariste n'est pas un an-utilitarisme, ce qui signifie qu'il existe bien des lieux où la logique de l'intérêt prévaut, et ce même dans le cadre de la confiance.

Bien qu'esquissée de façon très timide, la question des rapports entre confiance et don est déjà présente dans l'étude anthropologique de Marcel Mauss. En effet, l'avancée déterminante que réalisa ce dernier, repose sur sa découverte de l'importance du rôle de la réciprocité dans la poursuite des interactions et la formation d'obligations irrésistibles ; les dons sont des « prestations somptuaires » établissant une procédure de reconnaissance réciproque[14]. Son hypothèse centrale est que la triple obligation de donner, de recevoir et de donner en retour, ne peut pas être comprise en termes de calcul rationnel mais bien selon une approche sociologique de type holistique. Comme nous le rappelle Marcel Hénaff, si Mauss ne fut pas le premier à traiter du don cérémoniel, c'est lui qui sut en faire un problème en tant que tel ; « c'est lui qui a montré que la réciprocité généreuse rituellement codée constituait le fait dominant des relations entre groupes dans les sociétés traditionnelles et formait le ciment même du lien social »[15]. Ainsi, l'énigme du don cérémoniel repose sur la transcendance qu'il opère de considérations purement économiques – il n'est pas un rapport entre les hommes par l'intermédiaire des choses – ou même morales, ouvrant au « divin » ou au « social » dans un triple geste quasi-mystique d'offrande, de défi et de lien. Enfin, le don traditionnel était un geste ouvrant à une confiance inconditionnelle, il levait les ambiguïtés et la crainte de l'autre, signant une appartenance et une reconnaissance réciproque quasiment indéfectible.

> Gift giving is a form of non-immediate reciprocity where reward is neither discussed nor consciously calculated at the moment the offering is made. In the long run, however, one expects gifts to be reciprocated. Thus, in primitive and archaic societies, those societies based on gift-relationships, « there is no middle path ; there is either trust or mistrust ». Modern, stratified and divided societies, Mauss argues, by definition are no longer reciprocal[16].

---

13 Caillé, A., *op. cit.*, pp. 113-114.

14 Hénaff, M., *op. cit.*, p. 155.

15 *Ibid.*, p. 145.

16 Misztal, B., *Trust in modern societies : The search for the bases of social order*, Oxford, Polity Press, 1996, pp. 16-17.

La perspective relativement pessimiste de Mauss quant au statut du don dans nos sociétés modernes n'est cependant pas partagée par tous les auteurs à sa suite. Ainsi, comme nous l'avons vu par le biais du célèbre débat Titmuss/Arrow, il semble bien y avoir toujours une place à l'heure actuelle pour ce mécanisme social. Certainement existe-t-il même, aujourd'hui plus que jamais, un besoin de reformulation des enjeux sociaux en termes de don. Mais la remarque de Mauss sur l'incapacité structurelle de nos sociétés modernes à développer de la réciprocité ne doit cependant pas être prise à la légère : le don cérémoniel, avec sa forme théâtrale fortement symbolique et son aspect public, semble en effet bel et bien révolu, et il conviendra de voir la façon dont nous gérons à présent ce besoin de réciprocité sous-tendant notre sociabilité. Nous reviendrons dans la prochaine section sur cette question avec l'aide de Marcel Hénaff. Avant cela, nous souhaitons d'abord présenter l'approche institutionnaliste de la monnaie en opposition à sa saisie instrumentale par la théorie économique orthodoxe, largement dominante à l'heure actuelle.

C. L'institution monétaire selon Michel Aglietta et André Orléan

En opposition aux théories individualiste et utilitariste qui appréhendent les institutions comme autant d'instruments réglés sur les exigences rationnelles des acteurs, l'institution monétaire est traitée par les auteurs qui suivent comme un lien de confiance essentiel à la stabilisation de toute société marchande. L'hypothèse défendue par Michel Aglietta et André Orléan dans l'ouvrage *La Monnaie entre Violence et Confiance*, est alors que l'institution monétaire doit être repensée en tant que fait social transcendant les volontés individuelles, mais dont le sens est évacué s'il n'est pas compris à la fois comme résultant de croyances sociales et comme principe cohésif de celles-ci : contre une approche instrumentale, les auteurs proposent donc une perspective *autoréférentielle* de la « liquidité » de l'argent, laquelle attribue à ce dernier un pouvoir de désirabilité intrinsèque en en faisant un lien social fondamental et fondateur[17].

L'approche institutionnaliste de la monnaie élaborée par les économistes français Michel Aglietta et André Orléan se caractérise par une vision hétérodoxe. Selon cette acceptation, la monnaie n'est ni une marchandise ni un instrument d'échange, comme c'est le cas au sein de l'approche économique classique de type walrassien axée sur la valeur utilitaire, mais bien avant tout un rapport social, un lien institutionnel au

---

[17] Aglietta, M. et Orléan, A., *La monnaie entre violence et confiance*, Paris, Odile Jacob, 2002.

fondement de l'ordre marchand, ouvrant aux relations de production. À la suite d'Aristote – nous reviendrons en détail dans la section suivante sur la conception aristotélicienne de l'argent avec Marcel Hénaff –, ces auteurs voient dans la monnaie et la valeur une seule et même réalité reposant sur un rapport d'égalité et un principe d'homogénéisation des biens[18]. Elle est une richesse socialement reconnue et légitimée, et déploie en ce sens une propriété particulière de focalisation du désir et désirabilité absolue de la part de tous les sociétaires marchands, à savoir sa liquidité[19]. Cependant, cette fonction d'attractivité infinie de la monnaie est telle qu'elle en vient à ne plus être considérée en tant que simple fonctionnalité mais bien en tant qu'« expression de la société comme totalité »[20]. À travers sa capacité à recueillir l'adhésion du groupe social et à l'exprimer de manière objectivée, la monnaie est ce par quoi la société est rendue présente dans l'ordre marchand.

C'est ainsi que André Orléan trouve dans un texte de Marcel Mauss l'heuristique du *talisman*, révélant l'incroyable puissance d'attraction de cette « valeur étalon » qu'est la monnaie. La valeur de la monnaie est intrinsèque, permanente et transmissible, socialement acceptée et unanimement vénérée. Selon Mauss, ce pouvoir repose en grande partie, à l'heure actuelle encore, sur la confiance qu'éprouvent les sociétaires à l'encontre de sa capacité d'acquisition de biens ; la monnaie est donc sous-tendue par une confiance collective qui, à la différence de la représentation magico-religieuse du talisman dans les sociétés traditionnelles, provient du pouvoir d'achat qu'elle confère. Mais ce qui s'avère essentiel dans cette représentation, aussi bien traditionnelle que moderne, c'est que ce pouvoir libératoire universel n'est rien sans ce phénomène de dévotion collective qu'il opère sur la communauté ou la société[21] ; en d'autres termes, et nous découvrons ici le cœur de notre problématique, la confiance qui fonde la monnaie est dépendante d'une croyance collective de l'ordre de la foi psychologique, renvoyant au thème préalablement traité de la suspension du jugement dans l'acte de confiance. C'est en ce sens que doit être compris la célèbre expression de François Simiand, pour lequel « toute monnaie est fiduciaire » en ce qu'elle est le produit d'une « croyance et d'une foi sociale »[22]. Ce pouvoir de la monnaie résulte donc d'une force *intrinsèque* d'attraction et de fascination

---

[18] Orléan, A., « The institutionnalist approach of money : An introduction » in Monvoisin, V. *et al.* (dir.), *What about the nature of money ? A pluridisciplinary approach*, Londres, Edward Elgar Publishing, 2009.

[19] Aglietta, M. et Orléan, A., *op. cit.*, p. 67.

[20] Aglietta, M. *et al.*, *La monnaie souveraine*, Paris, Odile Jacob, 1998, p. 10.

[21] Orléan, A., *op. cit.*, p. 5.

[22] Simiand, F., « La monnaie réalité sociale » in *Annales sociologiques*, vol. D(1), 1934, pp. 1-81.

qui conduit chacun à la vouloir absolument ; c'est là une réalité dont on trouve de multiples expressions dans la littérature et dans l'histoire, mais qui est totalement absente de la théorie économique orthodoxe. Voici donc la base de la réflexion proprement institutionnaliste sur la monnaie : l'enjeu de la monnaie n'est autre que l'objectivation de la valeur.

> Comme Mauss, nous pensons que la fonction d'instrument des transactions est seconde. Elle procède de cette réalité fondatrice : exprimer la valeur. C'est parce que les économistes ont cherché à penser la valeur hors de la monnaie que cette idée simple a été obscurcie jusqu'à disparaître. Mauss ajoute à cette analyse une idée importante : la prétention à exprimer la valeur se donne à penser essentiellement comme une force, force d'achat, force d'attraction, ressentie *hic et nunc* par les acteurs[23].

À l'opposé, dans l'approche monétaire défendue par la modélisation économique néo-classique dite « des générations imbriquées », la monnaie est considérée exclusivement comme un pur instrument servant l'accroissement d'utilité des individus. Ce modèle suppose en effet qu'à chaque période coexistent deux générations caractérisées par la jeunesse et la vieillesse. L'acceptation de la convention monétaire par les jeunes provient alors d'un raisonnement stratégique prenant en compte le bien-être de la génération à venir, selon un schéma identique à celui qui fit que leurs propres aïeux acceptèrent la monnaie pour la même raison. La monnaie résulte donc, dans ce cadrage instrumentaliste, de l'établissement d'un équilibre stratégique où les sociétaires en viennent à accepter la monnaie *parce que* d'autres sociétaires l'ont déjà acceptée en premier lieu. Le paradoxe inhérent à ce raisonnement est que rien ne permet de comprendre ce qui opéra *en premier lieu* l'acceptation de la monnaie. On obtient en effet une hypothèse fondée sur une infinité d'anticipations, continuant de façon systémique à laisser de côté la question de savoir pourquoi la monnaie a été institutionnalisée à un moment donné. Cette critique de la « spécularité » – à savoir le fait de se mettre à la place d'un autre – infinie du fait monétaire est analogue à celle élaborée par Jean-Pierre Dupuy à l'encontre du principe de *common knowledge* qui sous-tend la convention lewissienne et l'ensemble des approches individualistes réductionnistes[24].

La volonté de sortir de la spécularité et de son impuissance mène donc ces « socio-économistes » à penser la société comme étant capable de produire en soi de la puissance, renvoyant au célèbre principe spino-

---

23 Orléan, A., « La sociologie économique de la monnaie » in Vatin, F. et Steiner, P. (dir.), *Traité de sociologie économique*, Paris, Presses universitaires de France, 2009, p. 225.

24 Dupuy, J.-P., « Convention et common knowledge » in *Revue Économique*, vol. 40(2), Mars 1989, pp. 361-400.

ziste de la *potentia multitudinis*[25]. Si une coordination réussie nécessite bien la mobilisation d'une convention, cette dernière est établie sur la base d'une forme affaiblie de « savoir collectif », où la logique spéculaire est stoppée au moyen d'une référence « collectivement reconnue », à savoir la monnaie dans le cas présent[26]. À la différence du *common knowledge*, le concept de savoir collectif mobilisé par l'économie des conventions ne réside donc pas dans le chef des acteurs mais bien dans des objets symboliques et des cours d'actions. En d'autres termes, la convention monétaire initiale acquiert, au travers de son usage répété, une acceptation sociale et non plus interindividuelle qui opère une transformation de l'activité cognitive des sociétaires à son égard ; ces derniers en viennent à oublier son caractère consensuel et son origine mimétique pour s'y référer de façon proprement institutionnelle selon un principe électif[27]. Sa valeur est alors intrinsèque et non pas extérieure comme le pensent les théoriciens du choix rationnel, elle est l'objet institutionnel et non pas le résultat du jeu. C'est en cela que réside la principale différence entre les écoles conventionnalistes anglo-saxonne et française : la première traite la convention comme étant endogène au jeu de l'échange, alors que la seconde la saisit de façon exogène comme étant le résultat d'une régularité associée à un savoir collectif atténué[28]. Notons enfin, au sujet de ce savoir collectif affaibli et à la suite d'Alain Loute, l'importance de la répétition d'usage de la monnaie, qui vient à en faire un objet élu de référence holistique dans cette réflexion : en ce sens, c'est avant tout la valeur pratique de la monnaie qui fit d'elle cet imposant facteur fiduciaire sur lequel repose l'ensemble de l'ordre économique[29].

L'adhésion à la monnaie constitue donc en soi une affirmation et une acceptation de la collectivité, à la fois porteuse d'un projet social et d'un principe de solidarité : son aspect qualitatif réside en cela. C'est à ce titre que plusieurs sociologues, à la suite de François Simiand, décrivent la monnaie comme un acte confiant primordial. La monnaie représente

---

25 Lordon, F. et Orléan, A., « Genèse de l'État et genèse de la monnaie : Le modèle de la potentia multitudinis » in Citton, Y. et Lordon, F. (dir.), *Spinoza et les sciences sociales : De la puissance de la multitude à l'économie des affects*, Paris, Éditions Amsterdam, 2008, pp. 127-170.

26 Orléan, A., « Introduction : Vers un modèle général de la coordination économique par les conventions » in Orléan, A. (dir.), *Analyse économique des conventions*, Paris, Presses universitaires de France, 1994, p. 26.

27 Aglietta, M. et Orléan, A., *op. cit.*, p. 84.

28 Côme, T. et Diemer, A., « Convention et institution » in *Document de travail du CERAS*, vol. 4, Avril 1995, pp. 1-50.

29 Loute, A., *La création sociale des normes : De la socio-économie des conventions à la philosophie de l'action de Paul Ricœur*, Hildesheim, Georg Olms Verlag, 2008, p. 81.

notre appartenance et notre contribution active à la vie sociale, à la fois gage de confiance rappelant notre socialisation et institution de la confiance généralisée. C'est sur elle que doit être repensée la légitimité du système financier. Contre la posture monétariste défendue par Milton Friedman menant à la dérégulation, Aglietta et Orléan défendent alors une approche régulationniste dans laquelle les banques centrales doivent, au contraire, être soutenues par les croyances monétaires collectives, et où la question des crises de confiance ne doit plus être évacuée par des impératifs fonctionnels liés à la poursuite de l'ordre économique, mais bien replacée au centre de l'arène démocratique. En effet, la structure générative de la confiance, de même que celle du don, ne se réduit pas à son instrumentalisation et à son appropriation par des critères systémiques : en tant que réponse au chaos de la complexité sociale, elle détient elle aussi une puissance intrinsèque issue de l'*autotranscendance* du social. La monnaie, en tant qu'expression de la totalité du social s'imposant aux volontés privées, constitue alors le lieu privilégié de résistance à l'hypothèse dépolitisante du néo-libéralisme, ainsi que d'une refonte de son développement capitaliste : parce qu'elle est le cœur du système économique, et parce que le projet hayekien d'une société démonétarisée semble bien en rester à l'état d'utopie[30] – d'où un certain malaise chez les ultra-libéraux à l'encontre du principe monétaire –, la monnaie représente la réalité institutionnelle autour de laquelle une réflexion démocratique *peut* et *doit* avoir lieu.

La monnaie, « ni marchandise, ni État, ni contrat, mais confiance »[31], présente alors à travers les travaux d'Aglietta et Orléan cette tension interne constitutive entre individualisation et socialisation faisant d'elle un fait social total. Parce que l'ordre monétaire est stabilisé grâce à la confiance, la prise en considération de la complexité sociale de cette dernière *ouvre* à une réflexion sur l'enjeu d'une gouvernance réflexive du fait monétaire, c'est-à-dire à une gestion ouverte et intégrative de l'ensemble des potentialités programmatrices issues de la sphère sociale.

> Cette théorie puissante qui définit la monnaie comme la forme objectivée de l'échange dépouillé de toute caractéristique idiosyncrasique, la pose en opérateur formel de la valeur économique. Des conséquences de grande portée en découlent. Étant l'expression même de la valeur des objets économiques, la monnaie ne peut avoir aucune valeur substantielle pour la garantir. (...) L'attitude subjective à l'égard de cette abstraction sociale est la confiance, c'est-à-dire le postulat que la monnaie sera toujours acceptée dans l'échange par des tiers inconnus de chacun. Elle découle de la polarisation unanime.

---

30 Orléan, A., « Hayek ou l'utopie individualiste d'une économie sans monnaie » in *Communications*, vol. 78, 2005, pp. 235-244.

31 Aglietta, M. et Orléan, A., « Réflexions sur la nature de la monnaie » in *La lettre de la régulation*, vol. 41, Juin 2002, p. 1.

> Mais comme la monnaie est pure quantité, (...) elle est source du désir d'argent. Telle est l'ambivalence de la monnaie. D'un côté, la confiance collective dans la monnaie est promesse d'harmonie dans les échanges ; de l'autre, le pouvoir de l'argent déclenche des crises qui sont des facteurs de désordre dans l'ensemble de l'économie. Les deux termes de cette contradiction s'aiguisent avec l'expansion mondiale du capitalisme. C'est pourquoi la confiance ne peut se passer de régulation, ni celle-ci de la puissance publique[32].

Cette citation présente de façon remarquable tout l'enjeu politique de la monnaie dans son lien à la confiance. Le caractère holiste de la monnaie est ce qui permet à la société marchande d'exister par le biais d'une médiation et d'une focalisation des comportements individuels au potentiel chaotique certain. Mais il importe ici de bien comprendre que cet aspect totalisant empêche également toute forme de gestion autoritaire de la monnaie – elle est en effet son propre souverain. Son origine proprement mimétique témoigne de sa structuration non rationnelle en première instance ; le fait qu'elle soit « le fruit de l'opacité et de la méconnaissance »[33] entraîne donc l'indisposition fondamentale de l'État à en assurer seul la légitimité lors de crises monétaires, c'est-à-dire lorsque son acceptabilité n'est plus garantie. Aucune instance hiérarchique, aussi autoritaire soit-elle, ne peut établir en tant que telle la croyance collective nécessaire au maintien de la confiance monétaire : celle-ci doit être socialement et pragmatiquement acceptée en premier lieu avant de pouvoir être relayée par le traitement scientifique d'une autorité de contrôle. En d'autres termes, il faut que l'élection monétaire soit légitime, et cette légitimation repose pour Aglietta et Orléan sur trois niveaux de confiance cumulatifs et auto-renforçants.

D. Les niveaux de confiance monétaire

Le premier niveau de confiance est celui de la *confiance méthodique* : « fondée sur la routine ou la tradition, elle procède de la répétition des actes qui mènent les échanges à bonne fin et les dettes privées à leur règlement »[34]. Ce premier stade, primordial, renvoie à l'ensemble de notre réflexion sur la composante routinière de la confiance, menant à une réflexion néo-institutionnaliste du fait monétaire. La monnaie y est acceptée et légitimée sur la base de son aspect habituel et allant de soi, comme le résultat fonctionnellement convaincant d'une régularité ayant fait ses preuves. La confiance méthodique est donc plus de l'ordre de

32 Aglietta, M. et Orléan, A., *La monnaie entre violence et confiance*, Paris, Odile Jacob, 2002, p. 103.

33 *Ibid.*, p. 102.

34 *Ibid.*, p. 104.

l'assurance que de la prise de risque en tant que telle. Comme le soulignent Aglietta et Orléan, c'est en fait la seule forme de confiance monétaire reconnue par les posthayékiens de la *New monetary economics* – révélant à nouveau toute l'incommodante difficulté de leur position face à la monnaie, devant rationnellement être supprimée alors que sa réalité et son succès démontrent son recoupement naturel avec la logique économique.

La limite de ce premier niveau repose alors sur les dérives que provoque le désir d'argent. La perspective de richesse qu'il entraîne, issue de son aspect intrinsèquement liquide, peut conduire à un déchaînement des rivalités : c'est l'aspect profondément violent de la monnaie résultant de son pouvoir d'attraction infini. En effet, la confiance méthodique n'empêchant en rien le déploiement de comportements opportunistes et d'abus de pouvoir, l'élaboration d'une instance de contrôle à cet effet paraît rapidement nécessaire afin de parer à une déficience de la rationalité mimétique. En d'autres termes, la captation indue d'argent peut très bien mener à une remise en cause de la coopération interpersonnelle. Mais cette première raison fonctionnaliste n'est pas la seule, et celle que mobilisent Aglietta et Orléan se déploie à un autre niveau : la confiance collective est en effet « insuffisante pour sceller une « communauté de destin » des usagers dans des situations critiques. Cette communauté exige des garanties de pouvoir d'achat, de croissance et de redistribution »[35] qui ouvrent à une dimension socio-politique au-delà d'un simple agencement routinier.

La confiance méthodique va alors être renforcée par une *confiance hiérarchique* fondée sur la légitimité politique de l'autorité, et dont résulte le sceau étatique inscrit sur la monnaie. Orléan convoque alors dans le chef des banques centrales un principe assez souple d'« autonomie opérationnelle », renvoyant à l'idée d'une indépendance de moyens et non pas d'objectifs, dès lors que son action doit rester soumise à la programmation sociale[36]. Il est donc primordial que les revendications d'indépendance statutaire des banques centrales ne perdent pas de vue ce besoin fondamental de soutien et de relais au sein des populations en s'assurant de la compréhension par tous de leur objectif et démarche[37].

---

35 Maesschalck, M. et Loute, A., « Intérêt actuel de la philosophie de l'argent : Néo-institutionnalisme et réflexivité » in *Les carnets du Centre de Philosophie du Droit*, vol. 103, Louvain-la-Neuve, 2003, p. 11.

36 Loute, A., *op. cit.*, p. 87.

37 Orléan, A., « Les croyances monétaires et le pouvoir des banques centrales » in Touffut, J.-P. (dir.), *Les banques centrales sont-elles légitimes ?*, Paris, Albin Michel, 2008, p. 34.

> Dans les règles monétaires se donne à voir un projet social global où la place de chacun est précisée et où les buts à atteindre sont fixés. S'y trouve exprimée la société comme « communauté de destin ». La confiance éthique a pour fondement l'adhésion collective à ce projet. C'est cette confiance qui est à la base de l'action de la banque centrale comme garant symbolique à la monnaie de réserve. Aussi peut-on dire que la monnaie tire ses capacités régulatrices de son aptitude à représenter la communauté des échangistes en tant que système partagé de valeurs[38].

Voici alors apparaître le troisième niveau de la *confiance éthique*, reposant sur un groupe de croyances de type « civique » – ou « patrimonial » comme nous le verrons par la suite – assurant une légitimation de la monnaie selon l'idée qu'elle contribue au bien commun des sociétaires[39]. Cet ultime stade de la confiance chez Aglietta et Orléan repose en fait sur la reconnaissance de la libération de l'individu que permit la monnaie marchande : « l'essor de l'abstraction monétaire crée l'abstraction de l'individu »[40]. Or, comme nous allons le voir à présent avec Marcel Hénaff, l'abstraction monétaire possède deux fonctions importantes en termes de justice et de liberté. La conscience de la libération des liens de dépendance que permet la monnaie apporte donc une dimension éthique venant chapeauter son stade hiérarchique et l'exercice de la régulation. L'étude des crises monétaires lorsque vient à manquer l'un de ces niveaux de confiance ouvre donc à la question de la gouvernance de la monnaie, laquelle fera l'objet de notre dernier chapitre.

II. Argent et reconnaissance

Cette étape va s'avérer essentielle pour la raison suivante : en traitant avec l'aide de Marcel Hénaff de la distinction entre monnaie *cérémonielle* et monnaie *marchande*, nous allons pouvoir comprendre à la fois ce qui est en jeu dans l'ordre monétaire de nos sociétés avancées, mais aussi et surtout ce qui lui échappe. L'échange monétaire ouvre-t-il à l'altérité, génère-t-il du lien social, opère-t-il une reconnaissance adéquate ? Répondre à ces questions nous mènera sans doute au-delà de l'ordonnancement logique qui sous-tend la marche de notre réflexion, mais cette étape est cependant primordiale en ce qu'elle va nous conférer les éléments compréhensifs requis à la définition d'une limite importante du projet régulationniste d'Aglietta et Orléan, à savoir une déficience en termes de réciprocité issue de la confusion généalogique des monnaies cérémonielle et marchande. Il nous semble pour cette raison que nous ne pouvions en faire l'économie.

---

38 Aglietta, M. et Orléan, A., *op. cit.*, p. 116.

39 Maesschalck, M. et Loute, A., *op. cit.*, p. 12.

40 Aglietta, M. et Orléan, A., *op. cit.*, p. 105.

Comme nous venons de le voir, le don a pris à l'heure actuelle une forme de plus en plus monétarisée, et est souvent rendu, à grande échelle, impersonnel et indirect. On donne à des organismes qui se chargent de traiter les sommes – certains esprits quelque peu étriqués voyant même dans les impôts une forme de don à l'égard des chômeurs –, ou encore on vire de l'argent lors de grand-messes médiatiques. La question qui nous intéressera ici est de savoir le sens que nous pouvons attribuer à ces formes modernes qu'a pris l'enjeu donatiste, et de réfléchir à l'impact en termes de réciprocité et de reconnaissance de la monétarisation des échanges.

Mobilisant sa connaissance des grands textes de l'antiquité, Marcel Hénaff établit une filiation originale sur la question de la monnaie entre les réflexions aristotéliciennes sur la cité (essentiellement dans la *Politique* et l'*Éthique à Nicomaque*) et la philosophie de l'argent de Georg Simmel. L'ordre monétaire a bel et bien une légitimité éthique, celle qui fonde le troisième niveau de confiance dans la réflexion d'Aglietta et Orléan, et nous verrons avec ces auteurs-là en quoi elle consiste. Surtout, nous verrons comment Hénaff reformule l'enjeu de reconnaissance lié à la place que prit l'ordre économique dans nos sociétés modernes. Comme nous allons le voir, cette réflexion fera alors remarquablement écho à nos propos précédents sur la modernisation du phénomène de confiance.

A. Monnaies cérémonielle et marchande

Dans son traité philosophique *Le Prix de la Vérité*, Marcel Hénaff met à jour et retrace deux généalogies de l'argent dans son lien à la socialité. La première, déjà défendue non seulement dans l'enseignement mais aussi au travers de la dramaturgie de la mort de Socrate[41], confère à l'argent non pas un rôle économique mais bien un rôle symbolique de *reconnaissance* à travers la relation du don/contre-don. Cette première histoire, longue et profonde car se révélant au sein de toute forme de société, fait donc avant tout de l'argent un médium relationnel, qui à

41 Ainsi le plus sage parmi les Sages de la Grèce antique, après avoir été injustement condamné à mort, interdit-il à Criton d'acheter la complicité des gardiens afin de lui permettre de fuir. Ayant fondé la base de son enseignement sur le refus du profit pécuniaire, Socrate voit dans sa pauvreté et son refus de pervertir sa pensée par des considérations matérielles l'argument ultime de son innocence et la preuve de son profond respect du principe de justice. L'acceptation de sa condamnation révèle de façon remarquable son intégrisme moral ; son déni de l'argent que ses disciples lui proposent se fonde d'une certaine manière sur un refus de l'instrumentalisation des biens selon une logique de l'intérêt personnel, et ce même s'il en va de sa survie. L'argent, loin de n'être qu'un simple outil de levier économique, doit être appréhendé comme un révélateur de valeurs, et Socrate choisit pour sa part de faire passer la justice avant sa propre existence. In Hénaff, M., *op. cit.*, p. 13.

partir de gestes de générosité et de bienveillance, ouvre à une dimension commune par le biais d'une chaîne de reconnaissance dont les maillons sont le don, le reçu et le rendu. La seconde généalogie se confond historiquement en grande partie avec la première, et opère une forme de technicisation de l'argent pour en faire une monnaie à proprement parler, c'est-à-dire un outil économique et politique somme toute légitime et efficace, comme le démontrera la relecture d'Aristote et de Simmel par Hénaff.

À la question de savoir quelle est la valeur des productions et activités de l'esprit humain, la réponse de Hénaff consiste, en retraçant l'histoire des idées philosophiques et anthropologiques sur le principe de l'argent, à en souligner l'irréductibilité au principe de l'échange marchand. Le problème de la réduction de l'argent à son rôle purement marchand repose sur la « dédramatisation » qu'elle vient à en opérer ; la monnaie devient un objet à la fois neutre et neutralisant, libre d'appropriation excessive et sans volonté de retour interactionnel. Ce qui est perdu au travers de cet oubli de *l'asymétrie originelle* de l'échange est conséquent, et résulte en l'obscurcissement d'une simple vérité : il existe une dimension de l'humanité et du fait social proprement « hors-de-prix », celle de la vie, de l'amitié, de l'amour, de la mémoire commune ou encore de la vérité[42]. Cette dimension est celle de la logique de la réciprocité, comme « rapport profondément paradoxal de défi et de confiance, de liberté et de contrainte »[43]. Bien que le hors-de-prix tende donc à être de plus en plus occulté à l'heure actuelle, il reste malgré tout omniprésent et répond à d'autres exigences humaines.

> Ce qui, de nos jours, rend les choses confuses et difficiles à analyser, c'est que, dans les sociétés modernes, le champ de l'économie rationnelle tend à recouvrir toute forme d'activité et d'échange, au point que toute réciprocité de biens et de services ne répondant pas aux critères du marché est supposée « archaïque » ou, pire, « irrationnelle ». À ce compte, il serait irrationnel de se saluer, de remercier ou encore d'inviter ses amis, ces formes les plus usuelles aujourd'hui du don cérémoniel. L'ordre du don et celui des échanges utilitaires sont tous deux parfaitement en accord avec la raison ; mais pas sous la même rubrique ni selon le même régime[44].

Il convient encore de préciser le sens de la reconnaissance dans la matrice conceptuelle élaborée par Mauss. À la suite de Hénaff, c'est dans l'analyse maussienne du don cérémoniel que se donne le mieux à voir la relation de reconnaissance réciproque par l'intermédiaire d'échange de biens « précieux », non pas au sens économique du terme mais bien

---

[42] Hénaff, M., *op. cit.*, p. 30.

[43] *Ibid.*, p. 145.

[44] *Ibid.*, p. 31.

symbolique, ainsi que sa différence avec la forme moralisée qu'elle prend dans le cadre de la société politique. La première est caractéristique des sociétés traditionnelles dans lesquelles les relations sociales et les statuts sont définis par des systèmes de parenté (alliance, filiation), et où le don cérémoniel a pour objectif de créer une reconnaissance réciproque et publique. Le défi donatiste dans le cadre maussien est avant tout celui d'un rapport de reconnaissance à travers lequel le conflit ne survient que lorsque le don est refusé ou vient à manquer[45]. Lorsque la reconnaissance est médiatisée par une instance étatique gérant ces systèmes, le lien social devient alors indirect, le don quitte le champ de la socialité et devient affaire interpersonnelle. « À mesure que le don s'intériorise et devient affaire privée, le marché peut s'étendre dans le champ de la relation »[46], et un processus de marchandisation des biens précieux se met en place. Le rapport de reconnaissance se mue alors en lutte pour la reconnaissance au sens hégélien, et définit pour sa part la relation conflictuelle des individus modernes telle qu'Axel Honneth l'a traitée. L'idée n'y est alors plus de légitimer la rivalité agonistique, mais bien de traiter de la constitution et de la reconnaissance de l'identité personnelle, et où « l'expérience de l'amour donne (...) accès à la confiance en soi, l'expérience de la reconnaissance juridique au respect de soi et l'expérience de la solidarité (...) à l'estime de soi »[47].

La différence est importante, car elle indique d'une part une focalisation sur l'aspect groupal du don comme enjeu social, et soulève d'autre part la question de la place hiérarchique de l'individu dans une société post-traditionnelle ; on observe ainsi chez Mauss un questionnement centré sur le sens du collectif, et chez Honneth une réflexion psychologique sur la médiation de la justice dans l'affirmation des sois[48]. En résumé, la reconnaissance chez Mauss constitue un enjeu de la socialité primaire, alors qu'elle se révèle essentiellement posée en termes de socialité secondaire chez Honneth, focalisant l'attention sur la capacité de la loi étatique à accorder du droit à avoir des droits.

> Triomphe de la socialité et de la reconnaissance secondaires sur la reconnaissance et la socialité primaires : c'est de plus en plus de l'État, du marché et des médias que nous recevons tous les dons, d'eux que nous attendons toute reconnaissance. Ce sont donc eux qui deviennent nos maîtres effectifs. C'est avec eux, mais contre eux aussi sans doute, qu'il faudra réinventer

---

45 Hénaff, M., *op. cit.*, p. 183.

46 *Ibid.*, p. 147.

47 Honneth, A., *La lutte pour la reconnaissance*, Paris, Le Cerf, (1992) 2000, p. 208.

48 Il est alors parlant de voir que, là où Mauss prend comme point de départ à sa réflexion sur la reconnaissance le fonctionnement des communautés traditionnelles, Honneth choisit pour sa part comme ancrage heuristique la célèbre figure de l'homme invisible.

l'esprit de la démocratie et le sens de la commune humanité véritable. Décente[49].

Alain Caillé n'est pas le seul à décrire de la sorte le pari démocratique de notre modernité. Marcel Hénaff, à sa façon et selon son propre raisonnement, arrive lui aussi à une conclusion semblable.

> Les sociétés modernes demandent à la loi d'assurer la reconnaissance publique de chacun, au marché d'organiser la subsistance et aux rapports de don privés de générer du lien social. Mais sans ce lien social, sans cette relation fondatrice, sans cette reconnaissance mutuelle et personnelle où chacun risque quelque chose de soi dans l'espace de l'autre, il n'y a tout simplement pas de communauté possible[50].

Cette relation fondatrice qui se donne à voir dans le don agoniste, dans ces échanges cérémoniels qui prolongent le mouvement de reconnaissance de l'autre dans son irréductible idiosyncrasie, est primordiale en ce qu'elle met à jour l'asymétrie originelle du rapport social. Cette dernière, tendant à être recouverte et masquée par les perspectives économistes, révèle une généalogie particulière dont l'origine remonte à la première mise en vulnérabilité de l'échange, à ce moment d'une puissance créatrice sans égale, durant lequel se mit en branle la réciprocité au travers d'un acte de foi d'un individu vis-à-vis de son prochain. Dans cet acte, une croyance – celle d'une vie commune – vint à en chasser une autre – celle d'une guerre perpétuelle – en ouvrant une chaîne de reconnaissance qui marqua à jamais le pôle cognitif de l'humanité.

La monnaie doit alors être perçue aussi comme cette trace symbolique de ce défaut de symétrie dans la génétique sociale, de ce moment où un don fut réalisé, appelant à sa réception en tant que tel, et invitant à sa réalisation réciproque ; elle est la preuve de cette croyance primitive et, comme nous le verrons, la raison pour laquelle il est nécessaire de prendre en compte un ultime stade de réflexivité au niveau institutionnel, comme « possibilisation des possibles », bien au-delà de la domination actuelle de l'effectivité néo-libérale et utilitariste. De façon plus prosaïque, l'argent est tout sauf neutre socialement, et si ses fonctions marchandes tendent à le définir concrètement, il charrie pourtant avec lui une histoire riche d'amour et de haine, de paix et de guerre, de confiance et de défiance, révélant le théâtre des relations humaines, en amont de logiques intraitables d'appartenance et de leur identification par des politiques étatiques. Cette asymétrie primitive de l'acte d'échange est à la base d'une nécessaire réciprocité sociale insoupçonnable pour la pensée économiste.

---

[49] Caillé, A., *op. cit.*, p. 168.

[50] Hénaff, M., *op. cit.*, pp. 205-206.

B. Fonctions de la monnaie marchande

En analysant la naissance de la communauté politique (*polis*), Aristote fut le premier à traiter de la nouvelle forme de réciprocité qui caractérise l'organisation sociale fondée sur la loi et la citoyenneté. Traditionnellement antérieure à la distinction public/privé, la réciprocité présentée par Aristote se veut à la fois plus proportionnelle, plus élaborée et plus juste, et est rendue accessible par le biais de l'échange monétaire de biens utiles. Ce nouveau mécanisme, au-delà d'une simple affaire de subsistance, scelle les destins des ordres économique et politique en ouvrant au principe de justice. La monnaie, comme « substitut du besoin » pour Aristote[51], constitue la formalisation la plus aboutie en vue d'opérer une équivalence de biens hétérogènes. C'est cette fonction technique de la monnaie qui la rend à la fois légitime et nécessaire à l'établissement de la justice, dès lors qu'elle « traduit et régule la réciprocité civique qui est à la fois interdépendance et reconnaissance »[52]. Est-ce à dire qu'Aristote annonce de la sorte l'« économie politique », au sens défini dans notre introduction générale ? Non d'après Hénaff, car si la pensée aristotélicienne pressent la dynamique mimétique interne à ce paradigme, l'activité économique reste perçue sur un mode auxiliaire au politique, elle n'en est pas la fin mais uniquement un moyen. L'économique n'y est pas conçu comme « un mouvement virtuellement illimité de production et d'échange en vue d'un accroissement de puissance »[53], mais bien comme une condition nécessaire de l'organisation de la communauté de vie permettant le passage à la communauté civique. En résumé, Aristote présente une vision refusant l'hégémonie de l'économique sur le politique (l'économique est pensé sous l'ordre du politique), fondée sur la « désinstitutionnalisation » du don et sur la reformulation du lien social en termes d'interdépendance des besoins. Reste alors entier, encore à l'heure actuelle, le paradoxe suivant : la nouvelle relation conventionnelle d'échanges, basée sur l'évaluation de l'inévaluable, n'assure pas en soi la reconnaissance nécessaire à la constitution de communautés de vie.

Georg Simmel défend lui aussi l'outil monétaire pour sa fonction, mais sur la base d'un principe radicalement différent de celui d'Aristote : la question ne se pose plus en matière de justice, mais bien de liberté. Au moyen d'une analyse culturelle, Simmel traite de l'argent comme

---

[51] Le besoin chez Aristote est le lien universel, il « n'est pas celui de la chose mais celui que nous avons les uns des autres pour nous procurer les biens nécessaires à la vie », et sa « substitution » à la monnaie-étalon est le résultat d'une convention. In Hénaff, M., *op. cit.*, p. 427.

[52] *Ibid.*, p. 430.

[53] *Ibid.*, p. 432.

d'un instrument remarquablement abouti d'émancipation pour l'homme. Grâce à ses deux qualités que sont la divisibilité et l'utilisabilité, il ouvre un espace inégalé de liberté pour les sociétaires, qui mena aussi malheureusement à des dérives en tant qu'outil d'oppression – déficit d'analyse chez Simmel des situations de conflit et de pouvoir liées à la manipulation financière qui en offusqua plus d'un, sans doute à juste raison. Mais la mobilité qu'octroie la monnaie, ainsi que les différentes étapes techniques d'allégement de son expression, reflètent avant tout pour Simmel sa fonction d'autonomisation de l'individu et d'infinie potentialisation de sa volonté. Comme le souligne bien Hénaff, « Simmel a su montrer de manière originale qu'historiquement une nouvelle figure de la liberté se dessine à travers cet outil, et cela autour de trois principales modalités : objectivité, substituabilité et fluidité »[54]. Outil proprement social visant la facilitation des échanges, l'argent opéra une transformation radicale de la relation humaine qu'il convient en fait de prendre telle quelle au-delà de toute perspective critique[55]. Nous voyons donc à nouveau, tout comme chez Aristote, la mise en avant de la dimension socialement transcendante de la monnaie.

Pour Hénaff, Simmel a cependant peut-être poussé trop loin son projet de légitimation de la monnaie. Aristote, pour sa part, destitue de façon quelque peu abrupte l'ancienne réciprocité ouvrant à la justice vindicative traditionnelle. En ce sens, l'un et l'autre, au travers de leur focalisation sur les fonctions monétaires de justice et de liberté, perdent de vue selon Hénaff la véritable nature de l'interactivité sociale : l'échange utile, aussi fonctionnellement légitime soit-il, ne permet pas de créer du sens et ne peut en aucun cas prétendre à relier les hommes. Ainsi, aux cotés de l'échange monétaire, le contrat, antithèse du don cérémoniel, est-il rapidement devenu le modèle relationnel privilégié dans nos sociétés modernes, dont la complexification entraîna la crainte de l'autre et de sa défection à l'encontre de nos attentes. La figure contractuelle représente parfaitement la nouvelle forme de rapport interpersonnel de la

---

54 Hénaff, M., *op. cit.*, p. 446.

55 Le principe de légitimité et son corollaire de déconnexion de l'institution aux conditions apparentes de l'activité sociale qu'elle conditionne, mènent alors au processus d'abstraction donnant naissance à la représentation collective de la monnaie. Comme le met bien en exergue Orléan, « l'argent s'élève au-dessus (des choses individuelles), comme l'unité objective du groupe se détache au-dessus des fluctuations individuelles. Car c'est là ce qui caractérise la vie propre de ces abstractions concrétisées dans les fonctions du groupe : elles se situent au-delà de leurs réalisations particulières, images tranquilles parmi l'écoulement des phénomènes individuels qui sont comme ramassés en elles, formés puis à nouveau abandonnés par elles ». In Orléan, A., « Réflexions sur la notion de légitimité monétaire : L'apport de G. Simmel » in Baldner, J. M. et Gillard, L. (dir.), *Simmel, penseur des normes sociales*, Logiques sociales, Paris, L'Harmattan, 1996, p. 30.

modernité : fondée sur l'autonomie individuelle, elle se veut rationalisatrice, fonction de justice et appareillage astreignant. Apanage de plus en plus de relations privées et publiques, le contrat est devenu le paradigme d'une nouvelle « socialité contraignante, neutre, efficace, où le déficit de liens personnels est compensé par une amabilité excessive, une civilité très formelle mais salutaire »[56]. À côté de ces relations abstraites et codifiées, les relations qui font réellement sens se rétractent alors au seul domaine du privé.

> Dans la cité de la différentiation des tâches et des compétences, de la diversité des productions et des besoins, il existe un échange utile qui appartient à l'ordre de la justice ; la monnaie y joue le rôle d'instrument des évaluations équitables sous la garantie de l'autorité souveraine ; elle permet l'objectivité et la fluidité des transactions, elle assure l'autonomie des partenaires. Cet ordre de la justice est ce qui ordonne la *koinonia* à la *polis*, la communauté d'intérêts à la cité. Ce n'est pas là un espace pour le don réciproque, dont la sphère est autre et dont la fin n'est pas l'échange des biens mais la reconnaissance[57].

Ainsi Hénaff conclut-il à la séparation des tâches de l'ordre de la loi et du marché d'un côté – niveau sociétal de la socialité secondaire –, et de l'ordre du don interpersonnel de l'autre – niveau communautaire de la socialité primaire. Tout comme lors de notre raisonnement sur la confiance, nous voyons donc à nouveau surgir l'idée derrière le principe du capital social : nos sociétés libérales reposent, *in fine*, sur ce besoin de socialisation à l'œuvre dans la théorie associative. Cette dernière, toujours à la suite de Tocqueville, semble décidément bel et bien être la « science-mère », de laquelle dépendent toutes les autres, puisque c'est à son niveau seulement que peuvent être déployées des relations de type donatiste. Il conviendra donc, lors de notre analyse du modèle de gouvernance proposé par les régulationnistes, de voir comment ils prennent en compte et intègrent ce besoin de fondation sociale de l'ordre monétaire. En d'autres termes, il nous reste encore à voir au moyen d'une réflexion en termes de gouvernance réflexive la nature des rapports entre ces deux ordres.

Remarques conclusives

Comme nous l'avons vu tout au long des deux derniers chapitres, les motivations de la confiance sont nombreuses, et la comprendre strictement en matière d'intérêt économique reflète une incapacité à saisir le social dans toute sa complexité. La socialité primaire est le lieu de la *narrativité* ne pouvant être réduit à un quelconque principe économiste :

---

[56] Hénaff, M., *op. cit.*, p. 454.

[57] *Ibid.*, p. 456.

c'est de là qu'émergent les volontés de reconnaissance et de don agonistique. Y faire confiance, c'est avant tout donner afin d'être reconnu, c'est à la fois créer et accepter le lien social qui nous transcende selon une matrice dépassant de loin celle de l'intérêt. Elle est le lieu de l'invention politique qui témoigne d'une intelligence collective infiniment plus complexe et subtile[58], médiatisée par les récits que s'y font les hommes à travers l'enjeu social de rapports de reconnaissance. La confiance ne peut alors être comprise qu'en termes d'engagement pragmatique, de déclamations sans cesse renouvelées de notre appartenance à un tout qui nous dépasse mais ne serait rien sans notre présence. Les démocraties modernes, sous la coupe de velléités techno-scientifiques et économiques, ont de plus en plus de mal à saisir et mobiliser l'énergie de cette socialité primaire.

Au-delà des visions purement économique et systémique, aussi fondées sur une vision imparfaite de la rationalité soient-elles, il convient d'appréhender l'acteur social comme un être profondément complexe, et dont les démarches ne résultent ni d'un calcul purement utilitariste, ni d'une détermination structurelle efficiente, mais bien d'engagements pragmatiques dont le sens réside autant dans leur inconditionnalité que dans leur répercussion contextuelle.

> Ce qui manque absolument dans ces visions (économique et systémique), c'est l'instance du rapport du sujet individuel ou collectif à lui-même via son rapport aux autres. Aussitôt qu'on prend en compte simultanément cette altérité et cette auto-référence, il apparaît par exemple à l'évidence que le sujet individuel n'est pas seulement intéressé à et par lui-même, mais aussi à et par autrui. Et il devient clair que les sociétés n'existent pas seulement de manière empirique, dans leur simple être-là empirique, mais aussi, et d'abord, dans toute une série de relations à leurs ennemis comme à leurs alliés, aux ancêtres comme aux descendants, aux entités visibles fastes ou néfastes[59].

Nous l'aurons compris, les propos qui précèdent ne reviennent donc bien entendu pas à dire qu'il faut supprimer l'ordre marchand et le principe de l'échange économique, mais qu'il existe en parallèle à celui-ci un ordre d'une nature différente qu'il convient de précieusement préserver. Le phénomène de la confiance est primordial dans notre cadre théorique, dès lors qu'il sous-tend aussi bien l'ordre du don que celui de la monnaie. La confiance révélant une générativité proche de celle de l'acte désintéressé, sa reformulation en des termes strictement économiques, si elle possède bel et bien une légitimité au sein de la cité de la différenciation des tâches et de la production de biens, pose cependant question si

---

[58] Caillé, A., *op. cit.*, p. 142.

[59] *Ibid.*, p. 147.

elle en vient à phagocyter le domaine de ce qu'Alain Caillé nomme la socialité primaire.

Il nous reste donc à réaliser une ultime étape afin de boucler notre voyage. Cette dernière étape se donna à voir à deux reprises au travers de ce chapitre : une première fois lors de notre ouverture à un principe réflexif de confiance-engagement, et une seconde fois lors de notre réflexion sur la question du don dans l'ordre monétaire. Ces deux mouvements nous indiquèrent la voie d'un retour à l'enjeu relationnel inscrit au sein du principe de capital social, et nous incitent donc à terminer notre réflexion là où nous l'avions commencée. Notre vision sera cependant bien évidemment différente, élargie par l'ouverture conceptuelle à laquelle nous nous sommes livrés au travers de ce chapitre, mais aussi par le travail critique réalisé en amont sur les appropriations néo-conservatrices et du choix rationnel du capital social. Le chapitre qui suit se présente donc comme une forme de traitement final des idées et concepts avancés tout au long de notre travail, selon leur articulation autour des principes de gouvernance et de confiance réflexive.

CHAPITRE 6

Gouvernance et confiance réflexive

Nous allons mobiliser dans ce dernier chapitre une grande partie des réflexions présentées tout au long de cet essai, en tentant de réarticuler leurs diverses conceptualisations autour d'une problématique en matière de gouvernance. Selon notre cadrage théorique, nous appréhendons le principe de gouvernance comme une analyse des capacités des structures institutionnelles à assurer un climat de confiance propice au déploiement d'actions collectives répondant de façon efficiente à des enjeux socio-économiques. L'enjeu monétaire contemporain peut alors être lu comme suit : l'argent a pris une telle place au sein de nos sociétés avancées et dans le cœur des acteurs que son aspect routinier et habituel en est venu à totalement oblitérer les raisons de la confiance que nous lui attribuons, et à nous faire perdre de vue toute capacité réflexive sur son sens en tant que fait social total. C'est la raison pour laquelle les sorties de crises financières ne parviennent en fait jamais à remettre réellement en question les causes profondes du malaise monétaire qui en est la source.

Durant la première partie, nous avons essentiellement présenté deux propositions de gouvernance par le biais des travaux de Robert Putnam et de Russell Hardin. Succinctement résumées, la proposition de Putnam revient à déployer une confiance généralisée en revitalisant les réseaux civiques, alors que celle de Hardin consiste à assurer le respect des engagements interpersonnels en instaurant des structures de pouvoir contraignantes. Notre seconde partie a alors eu pour objectif de rouvrir un espace conceptuel qui avait été fermé par l'approche rationaliste de la confiance, et ce afin de pouvoir présenter les fondements théoriques de l'approche économique hétérodoxe de Michel Aglietta et André Orléan. Ces trois théories ont donc comme point commun d'intégrer à un niveau ou l'autre une opération politique sur la confiance. Mais après avoir présenté les propositions grandement dignes d'intérêt d'Aglietta et Orléan (lesquelles mériteraient d'ailleurs une bien plus large exposition médiatique), nous pensons qu'il est possible de mettre à jour une limite dans leur projet régulationniste, en opérant un croisement de leurs réflexions avec les considérations conventionnalistes et la thématique du capital social. Comme nous allons le voir, l'institutionnalisme monétaire de ces socio-économistes repose en effet dans un modèle statique sur un processus conventionnel de confiance routinière, et en appelle aux capacités d'action collective des sociétaires en tant qu'actionnaires du capital social dans un modèle dynamique.

L'enjeu que nous souhaiterions traiter consiste alors à indiquer les faiblesses en termes de réflexivité des considérations socio-évolutionnaires inscrites dans ces diverses postures institutionnalistes. L'apport d'une perspective évolutionniste consiste à envisager la nature et les possibilités d'actions permettant une dynamisation des contextes institutionnels[1]. De la sorte, « les approches évolutionnistes ont développé un cadre dynamique d'analyse, où le rôle des institutions n'est plus d'être un cadre statique d'allocation des ressources, mais d'être un environnement de sélection permettant de maintenir les dynamiques d'innovation et d'adaptation dans l'évolution des structures de coordination »[2]. L'idée qui sous-tend l'ensemble de notre analyse critique au sein de ce chapitre consiste à mobiliser l'hypothèse réflexive que nous avons ouverte dans le prolongement de notre étude de la composante routinière de la confiance. Nous avions alors choisi de la présenter en ayant recours aux propos du théoricien du droit et spécialiste en sciences sociales Charles Sabel. Réputé pour ses travaux en théorie de la gouvernance expérimentale, Sabel défend une approche pragmatiste de la délibération démocratique[3]. Nous avions trouvé pertinent de mobiliser son éclairage sur la question de la réflexivité en ce qu'il présentait deux points d'accroche avec notre travail : premièrement, il s'inscrivait dans une critique de la saisie des enjeux sociaux par la théorie du choix rationnel, et deuxièmement, il trouvait dans les travaux d'Elinor Ostrom sur l'action collective une preuve de la non-conformité empirique de la perspective socio-sceptique véhiculée par la théorie des jeux. La réflexivité y était alors définie comme ce qui assure le dépassement de l'aspect routinier de nos engagements par le biais d'une reconnexion des niveaux individuel et collectif en faisant de la confiance une composante de l'autonomie individuelle[4]. La réflexivité offrirait donc une réponse à la question de savoir comment les routines, règles et institutions de

---

1 Brousseau, É., « Néo-institutionnalisme et évolutionnisme : quelles convergences ? » in *Économies et Sociétés*, vol. 35, 1999.

2 Dedeurwaerdere, T., « Bioprospection, gouvernance de la biodiversité et mondialisation » in *Les carnets du Centre de Philosophie du Droit*, vol. 104, Louvain-la-Neuve, 2003, p. 13.

3 Sabel, C. F. et Gerstenberg, O., « Directly deliberative polyarchy : An institutional ideal for Europe ? » in Joerges, C. et Dehousse, R. (dir.), *Good governance in Europe's integrated market*, Oxford, Oxford University Press, 2002.

4 Sabel, C. F., « Constitutional ordering in historical context » in Scharpf, F. W. (dir.), *Games in hierarchies and networks : Analytical and empirical approaches to the study of governance institutions*, Francfort, Campus/Westview, 1993, p. 88.

confiance sont produites. En ouvrant sur une perspective processuelle de la confiance, elle permettrait de questionner la façon dont l'individu rationnel revoit ses jugements pour établir une nouvelle stratégie, et dont le sociétaire parvient à s'extraire de l'influence des contextes normatifs sur ces mêmes jugements.

Dès lors, jusqu'où les propositions institutionnalistes présentées durant cette étude parviennent-elles à favoriser le déploiement d'une confiance réflexive permettant aux acteurs collectifs de modifier les structures routinières en vue de les rendre toujours plus aptes à assurer ce déploiement de confiance ? Relier les niveaux individuel et social requiert de passer par ce mouvement circulaire de la confiance, comme phénomène d'union récursive du micro et du macro, et dont nous avons d'une certaine manière tenté de représenter le mécanisme à travers la structuration même de notre travail. Partant de l'approche individualiste réductionniste et proprement économiste de Russell Hardin, nous reviendrons ensuite sur l'idée démocratique sous-tendant le paradigme du capital social à travers le mouvement théorique sur l'institution monétaire formulé par Michel Aglietta et André Orléan.

I. Apports et limites du conventionnalisme

L'objectif de cette section est de voir quelle est la nature de la proposition institutionnaliste d'Aglietta et Orléan en termes de gouvernance. Pour ce faire, nous avons choisi de comparer leur réflexion avec celle de Hardin, ce qui pourrait sembler pour le moins étrange, voire inopportun. Il n'en est rien en fait, et ce essentiellement pour deux raisons. La première est que ces auteurs convoquent un même concept qui s'avère central dans leur théorie respective, à savoir celui de « convention ». Leur confrontation nous permettra alors de mettre en évidence les divergences de leur approche conventionnaliste, mais aussi malgré tout de montrer ce qui les y réunit. En effet, et ceci constitue notre seconde raison, nous allons voir combien, malgré leur désaccord sur la nature de l'objet institutionnel, les propositions de gouvernance qu'ils avancent s'avèrent *in fine* assez identiques. Leur opposition fondamentale repose sur la voie de sortie des limites internes à leur propre théorisation qu'ils proposent : obligation de règlement des dettes privées selon une perspective hayekienne pour Hardin, nécessité de composition d'un projet social global pour Orléan – mouvement qui nous entraînera alors vers la réflexion sur le capital social. En d'autres termes, pour caractériser ce qui rapproche selon nous les idées de Hardin et Orléan sur la question des rapports entre confiance et gouvernance, nous allons montrer que tous deux en viennent à défendre un mécanisme politique de gestion des enjeux socio-économiques de type « *command and control* ». Leur distinction repose alors sur leur raisonnement justificatif quant à la focalisation sur le rôle d'une autorité de contrôle : établissement d'une structure d'incitations favorisant la confiance interpersonnelle afin de permettre une augmentation de la fréquence des comportements coopératifs chez Hardin – notons que cet argument est également mobilisé par Orléan –, encouragement à la création d'une « communauté de destin » à travers une confiance monétaire incarnée par une institution indépendante.

Ce qui réunit leur visée institutionnaliste n'est rien d'autre que d'assurer le maintien des fonctions monétaires de liberté et de justice, sans lesquelles la société marchande serait réduite au chaos, par le biais d'une sélection des croyances à même de soutenir la pérennité du système économique. Ainsi, comme nous allons le voir avec les réflexions sur la finance d'Orléan, si le régime des croyances civiques vient à faire défaut suite à une crise de la reconnaissance politique, il revient aux acteurs économiques de mobiliser un autre régime fondé sur des croyances de type patrimonial afin de reformer la confiance envers le système monétaire – et c'est dans ce présupposé du passage d'un régime de croyances à un autre que réside le point central de la critique réalisée par Marc Maesschalck et Alain Loute des propositions de démocratisation monétaire des socio-économistes[5]. La méthodologie est donc bien, pour Hardin comme pour Orléan, individualiste, car dépendant de la capacité d'acteurs rationnels et intéressés à gérer l'indétermination des contextes au travers d'institutions – banque centrale et bourse – appelant à leur maintien fonctionnel.

Leur divergence repose sur la nature de cet individualisme : réductionniste chez Hardin, il se révèle au contraire complexe chez les conventionnalistes français, en ce qu'il réunit récursivement les niveaux individuel et collectif. En effet, comme nous l'avons vu, la convention pour Hardin se fonde sur le principe lewissien du *common knowledge* qui opère une endogénéisation de la solution conventionnelle au cadre concret du jeu de l'échange. Pour Aglietta et Orléan, la convention est au contraire exogène à l'échange selon un principe de montée en généralité, et la notion de régularité qui la fonde est alors associée à l'idée d'un savoir collectif sur un mode affaibli. Il en résulte alors une importante différentiation des conceptions institutionnalistes : instruments d'appui à la coopération suite à l'imperfection de la rationalité pour Hardin, norme sociale indépendante gérant la complexité chez Aglietta et Orléan.

---

5 Maesschalck, M. et Loute, A., « Intérêt actuel de la philosophie de l'argent : Néo-institutionnalisme et réflexivité » in *Les carnets du Centre de Philosophie du Droit*, vol. 103, Louvain-la-Neuve, 2003, p. 10.

A. Des théories conventionnalistes

Nous avons vu comment Russel Hardin fondait son approche de l'évolution sociale autour de l'échange économique, dont les interactions sont caractérisées par un mélange d'éléments conflictuels et coordinatifs. Le rôle des arrangements institutionnels consiste alors essentiellement à assurer le maintien des stratégies de coordination et de coopération ayant fait leurs preuves. Pour Hardin, la résolution d'un problème de coordination se fonde sur un ajustement des stratégies dans le jeu de l'échange : les joueurs percevant l'avantage mutuel qu'ils retirent à se coordonner plutôt qu'à trahir, ils en viennent à prendre le risque de la confiance afin de stabiliser un équilibre optimal. La théorisation de Hardin permet donc de penser, dans un premier temps, l'émergence automatique d'une stratégie de coordination comme geste créateur d'une convention ; celle-ci vient alors, dans un second temps, promouvoir et renforcer les comportements de coordination. La coordination crée donc du pouvoir en ce qu'elle favorise les groupements coopératifs au détriment des groupements opportunistes. La marge de manœuvre des premiers s'en trouve alors élargie et assouplie, fluidifiée par une confiance émergeant du succès de la stratégie, ce qui permet au final de réduire le recours au pouvoir. Le processus évolutionnaire chez Hardin repose donc bien sur l'établissement d'une convention, qui en vient à sélectionner les comportements adéquats au travers d'un mécanisme coercitif, amené à s'automatiser une fois la stratégie d'équilibre optimal atteinte.

> An alternative to biological evolution is social evolution in the rise of institutions and norms. On an explanation from social evolution we account for strong institutions for cooperation even on the assumption that, biologically, we are wired to be strongly self-seeking. Hence we have cooperation that is consistent with our biologically determined egoism. Through social evolution we build complex institutional structures out of simpler ones. In the end we have an inextricable mixing of exchange and coordination, of power from resources based in exchange and power that is coordination[6].

La confiance qu'ont les acteurs vis-à-vis du marché chez Hardin est donc bien de l'ordre de l'assurance ; elle repose sur des attentes stables issues du fait que tous les acteurs étant supposés rationnels, ils agiront dans leur propre intérêt, ce qui, sur un marché ouvert et compétitif où la main invisible d'Adam Smith est à l'œuvre, revient à réaliser une incorporation globale de tous les intérêts[7]. La confiance assurée devient alors un bien public justifiant le pouvoir attribué aux institutions.

---

6 Hardin, R., « The social evolution of cooperation » in Cook, K. S. et Levi, M. (dir.), *The limits of rationality*, Chicago, University of Chicago Press, 1990, p. 378.

7 Hardin, R., « Trusting persons, trusting institutions » in Zeckhauser, R. J. (dir.), *Strategy and choice*, Cambridge, MIT Press, 1991, pp. 185-209.

Résumons les caractéristiques de la convention lewissienne à laquelle se réfère Hardin comme étant la base de la formation institutionnelle. Tout d'abord, la convention est avant tout une réponse à un problème de coordination qui émerge de la répétition d'évènements. Cette nécessaire régularité, décrite au travers de la notion de « saillance », permet aux agents d'agir de façon conventionnelle et ce malgré une asymétrie informationnelle : ils vont alors pragmatiquement *intuitionner* une analogie entre le dilemme présent et le succès des actions préalables. La convention est donc bien dans ce cadre « un dispositif cognitif permettant à l'agent de faire « comme si » il pouvait maîtriser l'information »[8] en présupposant que l'autre en fera de même. C'est à ce niveau qu'est introduite l'hypothèse d'une « connaissance commune » issue de la capacité d'un joueur à se mettre à la place de l'autre afin d'anticiper stratégiquement sa réaction. Tributaire d'une formalisation microéconomique, la solution conventionnelle repose dans ce cadre sur la sélection systématiquement individuelle de la stratégie optimale au travers d'une régularisation des comportements et d'une spécification de la conduite à suivre. Elle est donc auto-renforçante en ce que, une fois établie, aucun agent rationnel n'a intérêt à en dévier. Ce qui est essentiel à retenir ici est que la convention émerge d'un dilemme d'échange et de l'accord implicite des acteurs de s'y conformer. En d'autres termes, la convention assure l'incorporation des intérêts individuels et donc la formation de la confiance.

Dans un modèle statique, la proposition institutionnelle de la monnaie d'Aglietta et Orléan présente dans son fonctionnement beaucoup de similitudes avec celle que pourrait présenter un auteur du choix rationnel tel que Hardin. En effet, l'aspect conventionnel de la monnaie ne devrait pas poser problème pour ce dernier. En tant qu'instrument privilégié de maintien de l'ordre marchand, l'argent représente une construction collective permettant la mise en équivalence des besoins individuels, et constitue en ce sens un remarquable médium de liberté et de justice. Il ne fait aucun doute que la monnaie trouve justification dans le cadre du choix rationnel par le biais de ses fonctions ; après tout, elle ne peut y être qu'un instrument légitimé par une visée fonctionnaliste, à savoir celle de soutien au capitalisme comme moteur d'accroissement de la productivité.

Hardin mobiliserait sans doute une modélisation proche de celle des « générations imbriquées » pour décrire le succès de la monnaie. Celle-ci explique le rapport à la monnaie par analogie avec l'échange marchand : un acteur accepte le rapport monétaire parce que ce dernier entre

---

8 Côme, T. et Diemer, A., « Convention et institution » in *Document de travail du CERAS*, vol. 4, Avril 1995, p. 15.

dans sa fonction d'utilité individuelle de la même manière que d'autres biens répondant à ses intérêts. La monnaie est alors comparable aux utilités marginales de n'importe quelle autre marchandise, et tire sa fonctionnalité de son acceptation collective prouvée au travers de son usage répété. En ce sens, le premier niveau de la confiance méthodique envers la monnaie ne semble pas poser problème dans un cadrage individualiste. Il ne fait aucun doute que la monnaie en tant que « capital financier » soit soutenue par une confiance de type « assuré »[9].

B. Institutions monétaires et contractualisation

La question à se poser maintenant est de savoir si le second niveau de confiance hiérarchique peut être atteint et justifié par les propositions de la théorie du choix rationnel ; autrement dit, cette théorisation appliquée à la question monétaire peut-elle admettre la mise en place d'une institution administrative et régulatrice ? Nous avons vu en quoi Hardin éprouvait du respect envers la pensée libérale de Hayek, et il est également tout à fait possible qu'il rejoindrait ce dernier dans son projet de « neutralisation » de la monnaie étatique en faveur du déploiement de moyens de paiement privés, ouvrant à une perspective concurrentielle bénéfique. En effet, toute forme d'ingérence étatique dans les affaires sociales constitue une dérive, et signe quelque part un échec d'action collective qu'il convient d'éviter pour Hardin. La monnaie, en tant que vecteur privilégié de perturbation gouvernementale, constitue un moyen risqué d'assurer la concurrence sur un marché libéralisé. Risqué, mais sans aucun doute *nécessaire* dirait Hardin, comme son recours au principe de convention semble l'indiquer de façon claire.

Les institutions ont un rôle central dans l'approche de Hardin : elles sont les instruments garantissant le respect des principes de coopération privée. Selon une perspective hobbesienne, les organisations institutionnelles sont le fruit des volontés individuelles, et s'avèrent entièrement soumises à ces dernières. Ces volontés, afin de contrer l'opportunisme et d'endiguer la violence, attribuent à une entité le pouvoir de les contraindre en vue d'assurer la rencontre des intérêts sur un marché concurrentiel. Mais leur rôle ne s'arrête pas à cela pour Hardin. En effet, nous avons vu que pour lui l'élément justificatif essentiel de la confiance n'était autre que le développement d'engagements coopératifs ; tout élément favorisant la fluidité des échanges est bon à prendre. Or, l'attribution de la confiance reposant sur la perception de la fiabilité du partenaire, la qualité des informations disponibles à son égard constitue alors le nerf de la guerre dans les dilemmes coopératifs. C'est la raison

---

9 Hardin, R., « Social capital » in Alt, J. E. (dir.), *Competition and cooperation : Conversations with nobelists about economics and political science*, New York, Russel Sage Foundation, 1999, p. 179.

pour laquelle il estime que les propos organisationnels des premiers grands penseurs néo-institutionnalistes sont hautement dignes d'intérêt, et que leur concept de « coûts de transaction » représente une avancée déterminante dans la compréhension approfondie des enjeux économiques ; après tout, l'économie des coûts de transaction ne repose-t-elle pas précisément sur les principes comportementaux de l'opportunisme et de la rationalité limitée[10] ?

Dès lors, la conception de la gouvernance chez Russell Hardin apparaît assez similaire à celle d'un économiste tel qu'Oliver Williamson. Non seulement la perspective institutionnaliste de ce dernier est totalement compatible avec la réflexion de Hardin – confortés par le fait que celui-ci s'y réfère sans soumettre aucun amendement –, mais surtout leur conception respective de la confiance s'avère remarquablement confondante : elle est fondée sur la raison et le calcul d'utilité. Ainsi, dans son article au titre évocateur *Calculativeness, Trust, and Economic Organization,* Williamson défend-t-il une perspective résolument rationaliste de la confiance, où les formes de confiance « sociale », « politique » ou encore « institutionnelle » sont définies comme autant de « traits d'union » (*hyphenated trust*) entre la « vraie » confiance calculée interpersonnelle et son inscription au sein de contextes déterminants. L'action d'organismes de régulation dans ce cadre est alors justifiée de par leur capacité à réduire les coûts de transaction sur le marché, le bon fonctionnement duquel reste bel et bien l'enjeu primordial jamais remis en question dans une optique d'enrichissement de la perspective néoclassique. Selon une telle logique, les banques centrales comme organismes de gestion des taux d'intérêt, de supervision des institutions financières, ainsi que de créance en dernier recours lors de crise, reposent bel et bien sur une légitimité hiérarchique dont les capacités de *command and control* – le pouvoir – qui leur sont attribuées proviennent de leur gestuelle de renforcement coopératif.

> Regulation can serve to infuse trading confidence into otherwise problematic trading relations. The creation and administration of a regulatory agency are both very intentional acts – although that is not to say that regulation does not have a (spontaneous) life of its own. Provided that the regulation in question is « appropriate », both parties to the transaction (...) will be prepared to make investments in specialized assets on better terms than they would in the absence of such regulation[11].

En croisant les considérations de la gouvernance selon Williamson avec la perspective hardinienne de la confiance réflexive, nous obtenons

[10] Williamson, O., « Calculativeness, trust, and economic organization » in *Journal of Law and Economics*, vol. XXXVI, 1993, p. 475.

[11] *Ibid.*, pp. 477-478.

alors un premier schéma évolutionnaire des conventions : fruits de l'indétermination de la rationalité, elles visent à assurer mécaniquement la perfectibilité des interactions stratégiques en réconciliant les joueurs avec des hypothèses de rationalité parfaite[12]. Selon Éric Brousseau, cette vision suppose alors l'existence d'un processus automatique de sélection concurrentielle des formes institutionnelles les plus aptes à répondre à ce besoin. Visant la minimisation des coûts de transaction, les acteurs rationnels sont perçus comme étant capables de sélectionner l'institution dont la structure médiatrice de gouvernance sera la plus efficiente à cette fin, c'est-à-dire celle qui optimisera la coordination[13] – et ce alors même qu'ils sont déjà inscrits au sein d'une telle structure. En termes de confiance, cela signifie que les agents élaborent des instruments institutionnels conçus comme étant *adaptables* afin de pouvoir les rendre révisables par le biais d'un schème de confiance réflexive. La perspective d'adaptabilité se reflète alors dans la nature de la confiance qui soustend les institutions, dont la *fiabilité fonctionnelle* serait ensuite automatiquement analysée par des acteurs réflexifs, c'est-à-dire aptes à ajuster de façon rétrospective le design institutionnel au travers de la structure de gouvernance. Dans ce cadre, celle-ci se présente essentiellement sous la forme de contrats, artefacts de gouvernance caractéristiques des approches économistes individualistes fondées sur l'autonomie individuelle.

En résumé, dans le modèle du choix rationnel de Hardin, la confiance hiérarchique attribuée à une autorité de régulation de l'économie, la banque centrale, indépendante des pouvoirs étatiques et légitimée par le principe de l'avantage mutuel, repose sur sa capacité à assurer une atmosphère de confiance interpersonnelle en sanctionnant les comportements opportunistes – rôle de supervision des réglementations en matière de risque. Cette atmosphère normative issue de l'autorité a donc pour objectif de permettre le déploiement d'un univers économique où la figure du *contrat*, comme accord de volontés individuelles, est amenée à jouer un rôle central. Le contrat, en tant que structure de gouvernance, permet aux acteurs d'innover, c'est-à-dire d'apprendre de nouveaux comportements stratégiques, et peut alors déployer en retour des besoins de redéfinition des règles bancaires si ces dernières ne rencontrent pas parfaitement les attentes actantielles affinées par un principe de confiance réflexive. La solution économique, au sens large, peut alors être formulée de la façon suivante : les arrangements institutionnels doivent assurer le maintien d'un climat de confiance et de justice, afin de permettre une gestion des structures de gouvernance contractuelle par

12 Maesschalck, M. et Loute, A., *op. cit.*, p. 5.

13 Brousseau, É., *op. cit.*, p. 198.

des principes de liberté et de sécurité. La confiance ne doit pas provenir de façon directe de l'État ou d'instances de régulation, mais de façon indirecte au travers de leur capacité à inciter le déploiement de relations de coopération sur le marché privé. C'est à elles qu'il revient de préserver de façon indépendante et autonome les fonctions monétaires de liberté et de justice permettant à une société atomisée de réaliser ses propres agencements contractuels ouvrant à une confiance comme enchâssement des intérêts. La convention monétaire y est donc conçue de façon contractuelle.

Une fois la confiance initiée, il revient alors au principe contractuel de l'entretenir. « Dans cette perspective, le contrat doit être envisagé comme produisant des effets cumulatifs et la notion de processus de contractualisation doit être préférée à celle de contrat »[14]. Ce processus de contractualisation possède alors trois fonctions : rendre publique et solennelle la volonté de coopérer, créer des garanties crédibles car rendues exécutoires au niveau judiciaire, et enfin créer une communauté d'intérêts entre les parties.

> Dans un univers de rationalité limitée, d'incertitude radicale, d'information et de connaissance incomplète, les structures formelles de coordination ne peuvent garantir l'absence de comportement opportuniste. Dans ces conditions, des conjectures de confiance sont les garantes d'une coordination économique efficace. Sans elles certaines relations n'existeraient pas. Mais (…) une conception et une gestion adéquate des relations contractuelles sont précisément la clé de l'émergence de la confiance qui ne peut être confondu avec le résultat d'un calcul… Même si elle n'échappe pas à la raison[15].

Nous retrouvons donc au travers de l'analyse d'Éric Brousseau des rapports entre contrat et confiance cette dynamique circulaire de renforcement mutuel entre cette structure de gouvernance et ce phénomène interindividuel à l'étrange support cognitif. Cette perspective contractualiste exemplifie l'approche hardinienne de l'action collective : tout passe dans cette dernière par le crible de l'utilité individuelle. L'acteur attribue à son vis-à-vis une rationalité identique à la sienne en présupposant une connaissance commune, sans doute l'expression la plus aboutie de la conception individualiste du lien social[16], reposant sur une spécularité infinie d'anticipations croisées. « L'institutionnel se réduit à du contractuel – et l'action collective à des actions individuelles inter-

---

[14] Brousseau, É., *op. cit.*, p. 75.

[15] *Ibid.*, p. 79.

[16] Orléan, A., « Les croyances monétaires et le pouvoir des banques centrales » in Touffut, J.-P. (dir.), *Les banques centrales sont-elles légitimes ?*, Paris, Albin Michel, 2008, p. 2.

reliées »[17]. Le collectif – si cela fait encore sens de parler de « collectif » dans un tel cadrage – résulte de la généralisation des intérêts individuels, et un défaut dans la réalisation de ceux-ci doit nécessairement mener à une révision des instruments institutionnels strictement créés à cette fin. Ainsi le passage de la confiance méthodique à la confiance hiérarchique envers la monnaie contractuelle est-il envisageable dans ce cadrage. De même, la confiance éthique est également atteinte dans ce mouvement, dès lors que le bien-être de chacun implique le bien-être de tous selon une logique utilitariste bien connue.

C. Autoréférentialité et crise économique

Nous allons à présent traiter du dépassement de la théorisation de Hardin réalisé par les socio-économistes français. Le modèle contractualiste d'acceptation de la monnaie selon la logique des générations imbriquées repose sur la mise en place d'un équilibre stratégique intergénérationnel ; à l'équilibre, le désir de monnaie y est alors unanimement partagé selon un paradoxe autoréférentiel – « la monnaie est acceptée parce qu'elle est acceptée »[18]. Dans ce cadre, la confiance en la monnaie résulte d'une suite d'engagements ponctuels réitérés dans l'usage, et est donc internalisée dans chaque échange. Or, selon André Orléan, ce modèle est faussement dynamique puisqu'il n'établit en fait que « la possibilité d'un monde où l'acceptation de la monnaie se construit à partir des croyances individuelles : si je sais que la monnaie sera acceptée demain dans les échanges, alors il est de mon intérêt de l'accepter aujourd'hui »[19], ce qui revient à simplement auto-valider l'acceptation. Le problème est donc que ce modèle ne parvient pas à expliquer le *pourquoi* de cette acceptation ; l'équilibre autoréférentiel aurait en effet tout aussi bien pu être celui du refus monétaire. En d'autres termes, le modèle contractualiste est inapte à expliquer l'apparition des signes monétaires à un moment précis dans l'histoire, et ce parce qu'il ne la saisit pas comme un objet externe, comme une médiation institutionnelle résultant de la transcendance du social.

> Dans l'approche monétaire proposée par le modèle des générations imbriquées, la monnaie est considérée exclusivement comme un pur instrument. Elle ne possède aucune utilité intrinsèque et ne vaut que parce qu'elle permet l'accroissement de l'utilité des individus. En cela, ce modèle ne fait qu'illustrer une conception de l'institution tout à fait générale, celle-là

---

17 Favereau, O., « L'économie de l'action collective » in Chazel, F. (dir.), *Action collective et mouvements sociaux*, Paris, Presses universitaires de France, 1993, p. 254.

18 Orléan, A., « La monnaie autoréférentielle : Réflexions sur les évolutions monétaires contemporaines » in Aglietta, M. et Orléan, A. (dir.), *La monnaie souveraine*, Paris, Odile Jacob, 1998, p. 379.

19 *Ibid.*, p. 380.

même qui est défendue par la pensée individualiste et utilitariste. Cette pensée appréhende l'institution comme étant entièrement au service des individus. Ceux-ci sont premiers et les institutions se règlent sur leurs exigences rationnelles[20].

Comme nous l'avons vu durant le chapitre précédent, la monnaie – de même que toute forme institutionnelle par ailleurs – constitue donc pour les socio-économistes bien plus qu'un simple instrument aux services des individus. Elle n'est absolument pas de l'ordre du contrat ; elle est un fait social total qui dépasse la pure logique individuelle et qu'il convient de prendre en considération en ce sens.

Pour les conventionnalistes français, il est en fait impossible qu'un accord conventionnel se réalise en dehors d'un cadre déjà conventionnalisé ; la convention représente moins pour eux le résultat d'une interaction stratégique qu'un *modèle d'évaluation* des représentations communes et d'interprétation normative[21]. Selon eux, même un accord contractuel purement marchand requiert la présence d'un cadre commun préalable, qu'ils décrivent comme étant une convention constitutive. Pour Hardin, la formation d'une croyance sociale de type conventionnel ne peut résulter que d'une logique *bottom-up*, où les valeurs d'équilibre proviennent de l'agrégation mécanique des évaluations privées[22], et d'où résulte le principe de l'avantage mutuel. La nature des « croyances partagées » permettant la coopération chez Hardin suppose nécessairement que « tout le monde croit que tout le monde y croit » selon un mécanisme spéculatif, et elles ne sont donc collectives qu'au sens strict où elles doivent être internalisées par tous les acteurs en jeu. La proposition des socio-économistes, pouvant paraître pour le moins étrange, est qu'il existe bel et bien des croyances proprement *collectives* qui ne sont pas le fruit d'individus atomisés, mais bien d'entités abstraites tel que le marché ou encore l'institution monétaire. Ces croyances sociales s'avèrent alors fortement autonomes par rapport aux croyances privées, mais hautement dépendantes des contextes culturels et historiques. C'est bien ici que réside le point critique signifiant la limite de la théorie du choix rationnel, l'anomalie qui ne pourra jamais être réintégrée dans son corpus théorique.

---

[20] Orléan, A., « L'irréductibilité du fait monétaire : Réflexions sur la transcendance du social » in Dupuy, J.-P. (dir.), *Dans l'œil du cyclone : Colloque de Cerisy*, Paris, Carnets Nord, 2009, p. 204.

[21] Batifoulier, P. et de Larquier, G., « De la convention et de ses usages » in Batifoulier, P. (dir.), *Théorie des conventions*, Paris, Economica, 2001, p. 20.

[22] Orléan, A., « The cognitive turning point in economics : Social beliefs and conventions » in Arena, R. et Festré, A. (dir.), *Knowledge, beliefs and economics*, Cheltenham, Edward Elgar, 2006, p. 187.

> La théorie de l'action rationnelle a inventé des « actions sans acteurs ». Elle met en scène des opérateurs de choix stratégiques, dont toute la libido sociale se réduit au désir d'argent, de pouvoir et de statut. (...) L'apathie est la résultante d'une série de micro-choix rationnels qui se cumulent les uns les autres. En restaurant des acteurs individuels, qui s'étaient noyés dans la foule ou dans la masse, elle leur a aussi restitué la responsabilité de leurs choix. Mais elle les a dépourvus d'épaisseur anthropologique et historique. Contre cette privation, deux grands massifs d'arguments (...) ont été dressés : celui de l'appartenance à des groupes sociaux et celui de la situation dans des univers culturels[23].

Selon cette logique, André Orléan trouve alors un bon exemple de détermination de croyances sociales par un principe historique, dans une analyse réalisée par Robert J. Shiller des causes d'une des plus grosses crises que connut la Bourse de New York[24]. Le 19 octobre 1987, le *New York Stock Exchange* vit son indice Dow Jones chuter de façon vertigineuse de 22,6 %, la plus importante baisse jamais enregistrée en une journée au sein de la plus grande bourse mondiale, encore appelée le « deuxième lundi noir ». Le plus étrange, outre l'ampleur de la crise, est qu'aucune information « fondamentale » n'était disponible aux analystes pour expliquer les causes de cette chute. Pour Orléan, la raison en est simple, et trouve son explication dans la dynamique intersubjective et autoréférentielle dont les marchés boursiers sont le siège[25]. En fait, durant la semaine qui précéda le krach, le marché des actions connut trois baisses importantes, ce qui eut pour effet de rendre nerveux les investisseurs. Au retour du week-end, une nouvelle baisse de 200 points accueille les opérateurs, qui ne savent comment analyser ces évènements inhabituels. Dépourvus d'explications « rationnelles », ils en vinrent alors à projeter leur situation extraordinaire sur un référent historique majeur, à savoir le « premier lundi noir » du célèbre krach boursier de 1929. Bien entendu, l'interprétation des évènements, à l'aune de la crise qui vit chuter le produit intérieur brut de 30 % et qui plongea les États-Unis dans la Grande Dépression, n'eut pas pour effet de rassurer les investisseurs, lesquels, dans une panique contagieuse, anticipèrent tous à la baisse, renforçant de la sorte la baisse des actions. Ainsi Shiller conclut-il sur le rôle essentiel que vint à jouer le krach de 1929, comme la *saillance pertinente* qui s'imposa à tous les analystes, comme l'élément de référence que mobilisèrent en désespoir de cause tous les acteurs au travers d'un même mouvement de panique.

---

23 Cefaï, D., *Pourquoi se mobilise-t-on ? Les théories de l'action collective*, Paris, Éditions La Découverte/M.A.U.S.S., 2007, p. 225.

24 Shiller, R. J., *Market volatility*, Cambridge, MIT Press, 1991.

25 Orléan, A., *op. cit.*, p. 199.

Pour Orléan, la logique qui sous-tend cet épisode est loin de constituer un fait exceptionnel dans le domaine financier ; celui-ci est en fait régi de part et d'autre par cette rationalité mimétique. Certaines situations d'incertitude radicale peuvent mener les acteurs économiques à ne spéculer que par *imitation*, la raison les inclinant à penser que l'autre possède pour sa part une information lui permettant d'agir rationnellement, et mettant en place une structure autoréférentielle selon une logique perverse de spécularité infinie, dont l'équilibre résultant peut aussi bien s'avérer être un succès transcendant qu'une forme de « bêtise systémique » aux retombées coûteuses[26]. La croyance sociale à la base d'un tel mouvement de panique s'avère donc étonnamment déconnectée des opinions individuelles ; elle est fortement dépendante du contexte historique et culturel, et modélise par elle-même l'équilibre de coordination qui s'imposera aux acteurs, quoiqu'ils en pensent, quels qu'en soient leurs intérêts. Ce qui est essentiel ici est que cet équilibre peut donc être largement sous-optimal au précédent, et que les croyances individuelles appartiennent à une logique différente de celle qui régit les croyances d'un groupe.

D. La croyance et le marché

C'est ce même double principe d'autonomisation et d'historicité des croyances collectives qui se trouve selon André Orléan à la base de la crise des *subprimes* de l'automne 2008. Cette crise économique constitue une preuve éclatante de l'incapacité de la théorie économique néoclassique à appréhender les enjeux de la comparaison, et le risque inhérent à l'auto-dérégulation du marché qui en résulte. L'attribution aux États-Unis d'emprunts sans aucune garantie à des gens ne possédant ni revenus ni capitaux, uniquement sur la base de spéculations immobilières, constitue un parfait exemple de la mise en place d'une procédure à la fois aberrante et hautement risquée, mais parvenant cependant à trouver sa place et sa justification au sein d'un système économique strictement libéralisé et pro-capitalisations. La contagion des crédits immobiliers à haut risque, couplée à une conjoncture économique néolibérale – abaissement des taux, acceptation des principes de « titrisation » et des *hedge funds*, labellisation par des agences de notation privées, etc. –, et au maintien d'une responsabilité étatique en cas d'échecs, entraîna alors des années plus tard une crise qui mena à l'effondrement de tout le système bancaire. Alors que l'État était perçu comme une entrave au marché, encore pire qu'un concurrent, c'est pourtant bien à

[26] Stiegler, B., *Pour une nouvelle critique de l'économie politique*, Paris, Galilée, 2009, p. 12.

lui qu'il incomba de sauver les meubles, durant cette période « où Wall Street est devenu socialiste »[27]... Mais à quel prix.

Comme l'explique très clairement Orléan, les causes profondes de la crise des *subprimes* sont en fait loin d'être étrangères aux analystes, et menèrent déjà par le passé à d'autres crises financières ; elles résultent d'un mécanisme *classique* et bien connu de couplage détonant d'une bulle immobilière avec une bulle du crédit[28]. La particularité du marché du logement est qu'une augmentation de ses prix a pour effet de rendre les investissements immobiliers encore plus attractifs. Alors que sur un marché concurrentiel de biens ordinaires une augmentation des prix a directement pour effet une diminution de la demande, et donc, au final, une pression vers la baisse des prix, le logement constitue un bien complexe, hautement désirable en soi, de nature proche d'un actif financier[29] ; c'est ce statut particulier du bien immobilier qui est à la source de l'incroyable croissance qu'il connut depuis le début du millénaire. La hausse des prix est donc, dans le secteur de l'immobilier, autorenforçante, et a pour conséquence l'inaptitude de ce marché à s'autoréguler. Généralement, il revient alors au marché du crédit d'assurer l'efficience globale en contrebalançant la dérive immobilière ; en effet, encore faut-il que les acquéreurs aient les moyens à la hauteur de la flambée des prix. C'est donc ici qu'entrèrent en jeu les acteurs financiers, responsables de l'euphorie collective par le biais de leurs irresponsables propositions de crédit. L'élément problématique à ce niveau est alors celui de la qualité des crédits émis ; les forces concurrentielles en vinrent en fait à transformer la structure même du marché par le biais d'une détérioration des critères d'attributions (dont les tristement célèbres *Ninja Loans – no income, no job (and no) assets*). « Autrement dit, on constate de nouveau, sur le marché du crédit, une inefficience

---

27 Lordon, F., « Le jour où Wall Street est devenu socialiste » in *Le Monde Diplomatique*, Octobre 2008, pp. 4-5.

28 Orléan, A., *De l'euphorie à la panique : Penser la crise financière*, Collection du CEPREMAP, Paris, Éditions Rue d'Ulm, 2009, p. 16.

29 Orléan explique de la façon suivante ce point théorique fondamental à la racine de la crise des *subprimes* : « sur un marché standard, l'augmentation du prix produit automatiquement des contre-forces qui font obstacle à la dérive des prix. C'est la fameuse loi de l'offre et de la demande : quand le prix augmente, la demande baisse et l'offre augmente, toutes choses qui font pression à la baisse sur le prix et sont à la racine de l'autorégulation concurrentielle. Sur les marchés d'actifs, il en va tout autrement. L'augmentation du prix peut produire une augmentation de la demande ! Il en est ainsi parce que l'augmentation du prix d'un actif engendre un accroissement de son rendement sous forme de plus-value, ce qui le rend plus attractif auprès des investisseurs. Une fois enclenché, ce processus produit de forts désordres puisque la hausse se nourrissant de la hausse, il s'ensuit une augmentation vertigineuse des prix, ce qu'on appelle une bulle ». In Orléan, A., « Liquidité et fluidité excessives : À la racine de la crise » in *Le Monde*, Septembre 2009.

majeure : la sous-estimation du risque de crédit »[30]. Voici comment une double déficience du marché à assurer sa propre régulation par le mécanisme de l'offre et la demande en vint à provoquer une euphorie financière recouvrant toute considération en matière de risque.

L'argumentation d'Orléan repose alors sur la simple question suivante : pourquoi les nouveaux investisseurs attirés par l'augmentation du rendement immobilier ne parviennent-ils jamais à considérer la possibilité d'un retournement des prix ? D'où provient cette invraisemblable pathologie d'« aveuglement au désastre », dans un monde pourtant peuplé d'une multitude de spécialistes hautement rationnels, soumettant à analyse la moindre information pertinente ? L'une des réponses à ces questions est bien entendu celle de la volonté des financiers de tirer profit de l'incroyable amas de richesse que constituent les bulles économiques. Bien plus, c'est la raison même de vivre des spéculateurs qui trouvent dans de telles situations la mise à l'épreuve permettant d'assurer leur reconnaissance dans le milieu. Mais pour Orléan, l'essentiel est à trouver ailleurs, à savoir « dans la pression de l'opinion financière qui vient fortement soutenir la propension des uns et des autres aux dérives spéculatives »[31]. Loin de la représentation économique traditionnelle, le marché financier produit ses propres conventions selon une rationalité particulière ne présentant que peu de points communs avec la rationalité individuelle ; il déploie une puissance morale assurant en soi la légitimité de ses évaluations et influençant de façon radicale les comportements actantiels. Et Orléan de citer la célèbre maxime keynésienne : « la sagesse universelle enseigne qu'il vaut mieux pour sa réputation échouer avec les conventions que réussir contre elles ». En résulte une ostracisation systématique des oiseaux de mauvais augure qui cherchent à prévenir des risques du marché – après tout, le credo libéral n'est-il pas que « le marché a toujours raison » ?

Ainsi, Alan Greenspan en personne, président de la banque centrale états-unienne et pape de l'idéologie de la force concurrentielle des marchés, ne vit-il absolument rien venir de la crise des *subprimes*. Comme le souligne Orléan, la notion même de « bulle économique » était évincée du vocabulaire de Greenspan avant la crise ; pour lui, ce principe, signifiant un écart durable entre le prix et la vraie valeur de l'actif, n'était pas en cours dès lors que les prix de l'immobilier allaient nécessairement finir par se stabiliser, pour la bonne et simple raison qu'il était persuadé que ceux-ci ne pourraient jamais chuter. D'où lui venait cette

---

[30] Orléan, A., *De l'euphorie à la panique : Penser la crise financière*, Collection du CEPREMAP, Paris, Éditions Rue d'Ulm, 2009, p. 27.

[31] Orléan, A., « L'aveuglement au désastre : Le cas des crises financières » in *Esprit*, vol. 343, Mars 2008, p. 9.

certitude ? Du fait que depuis 1930, le prix moyen de l'immobilier n'a jamais baissé aux États-Unis. En d'autres termes, il existait une *convention* entre analystes selon laquelle les prix de l'immobilier sont et doivent être stables. Leur croyance/confiance se calquait sur le principe fondamental du marché soutenant que l'augmentation des prix était conforme à un abaissement des taux d'intérêt et à une amélioration de la qualité de l'immobilier[32] ; dès lors, pourquoi jouer la prudence ? On imagine aisément l'ampleur de leur déconvenue[33]. C'est pourquoi, l'évaluation financière étant incapable d'estimer la vraie valeur des actifs, il faut conclure à son indétermination.

> Dès lors, dans une situation si incertaine, où les arguments scientifiques sont tellement impuissants, il est dans la nature des choses sociales que l'opinion qui finisse par l'emporter soit celle qui satisfasse le mieux aux intérêts des protagonistes. Il ne s'agit nullement d'une manipulation consciente mais bien plutôt d'une dynamique d'essais et d'erreurs qui *in fine* fait en sorte que le marché se focalise sur la croyance qui sert le mieux sa prospérité. Une fois qu'a émergé une telle croyance, à savoir une fois que le marché a pu constater son aptitude effective à créer de la richesse, il en soutiendra vivement la légitimité contre les critiques, d'où qu'elles viennent. L'aveuglement au désastre trouve ici son fondement essentiel[34].

Au fondement de la crise financière de 2008 se trouve donc « la puissance coalisée des intérêts financiers investis dans la bulle »[35]. La

---

32 Orléan, A., *De l'euphorie à la panique : Penser la crise financière*, Collection du CEPREMAP, Paris, Éditions Rue d'Ulm, 2009, p. 41.

33 Ainsi Orléan introduit-il son dernier ouvrage *De l'Euphorie à la Panique* en expliquant que Greenspan « est, à lui seul, le parfait représentant des certitudes qui, depuis le début des années 1980, dominent les esprits et façonnent le monde. Aussi faut-il prendre très au sérieux ses déclarations d'octobre 2008 devant une commission parlementaire dans lesquelles il avoue publiquement s'être trompé. Une telle autocritique est trop rare, voire exceptionnelle, pour ne pas être soulignée, surtout à ce niveau de responsabilité :

« *I made a mistake in presuming that self-interest of organizations, specially banks and others, were such is that they were best capable of protecting their own shareholders and their equity in the firms. (...) So the problem here is something that looked to be a very solid edifice, and, indeed, a critical pillar to market competition and free markets, did break down. (...) I found a flaw (in my ideology), I don't know how significant or permanent it is, but I have been very distressed by that fact. (...) I found a flaw in the model that I perceived is the critical functioning structure that defines how the world works, so to speak.* »

Pour quelqu'un qui a établi toute sa réputation sur l'obscurité de ses déclarations alambiquées, cette position ne manque pas de clarté, ni même de courage. Alan Greenspan reconnaît publiquement que la crise actuelle porte un démenti aux thèses libérales dans ce qu'elles ont de plus fondamental, l'aptitude supposée de l'intérêt privé à construire des médiations financières efficaces ». In *Ibid.*, p. 13.

34 *Ibid.*, p. 43.

35 *Ibid.*, p. 47.

raison pour laquelle toutes les crises économiques sont *ex post* toujours prévues et *ex ante* jamais évitées, réside dans la résistance opérée par cette logique d'investissement[36]. Ces intérêts, dont la rencontre sur un marché de biens concurrentiels devait mener d'une manière ou d'une autre vers l'avantage mutuel – les familles acquièrent un logement, les organismes d'emprunts augmentent leur clientèle –, en vinrent donc, avec l'aide de l'abandon des régulations « fordistes » et l'acceptabilité du mécanisme de « titrisation », à ébranler l'ensemble du système capitaliste avec des retombées mondiales. Si pour beaucoup ce dernier était à la base de la crise économique de 2008, il est intéressant de voir comment Orléan parvient à expliquer la raison profonde du krach sans avoir à y recourir en première instance. Selon lui, la titrisation ne sert en fait qu'à expliquer l'aspect *globalisé* de la crise, et n'en constitue donc pas la cause première. Ce mécanisme, à la base de la mutation du capitalisme en « capitalisme financiarisé », répond de la puissante logique qui guide nos sociétés avancées vers la création d'une *liquidité financière mondialisée*[37]. Nous avons vu plus haut en quoi la liquidité constituait une des caractéristiques essentielles de la monnaie, signifiant sa désirabilité intrinsèque pour tous et par tous. Il s'avérait en fait, pour des raisons que la crise des *subprimes* nous a douloureusement rappelées, qu'il existait auparavant un élément non négociable et non soumis à la valorisation par le marché : le crédit bancaire. La titrisation eut alors pour effet de changer cet état de fait en permettant la transformation des crédits bancaires, autrefois gardés au sein des banques, en actifs négociables. Ce mécanisme de décloisonnement eut alors pour effet d'accroître la sous-estimation des risques en les répartissant à travers le globe.

Comme nous venons de le voir avec Orléan, le problème essentiel à la base de la crise de 2008 n'est autre que celui d'une mutation qualitative de la structure du risque[38]. En d'autres termes, le marché conventionnel, en ce qu'il répond à la logique de financiarisation à tout va des capitaux, est devenu inséparable d'un marché de la qualité, comme le montre le rôle que sont venues à jouer les agences de notation. Ces dernières, en tant que dispositifs de jugement de la qualité des produits complexifiés, devinrent le centre de tous les regards à partir du moment où, titrisation faisant, les crédits bancaires commencèrent à être « arrangés » sous forme de produits structurés cachant des parts toxiques liées aux *subprimes*. Généreuses en bonnes notations au départ, de par leur

---

36 Orléan, A., « L'aveuglement au désastre : Le cas des crises financières » in *Esprit*, vol. 343, Mars 2008, p. 10.

37 Orléan, A., *De l'euphorie à la panique : Penser la crise financière*, Collection du CEPREMAP, Paris, Éditions Rue d'Ulm, 2009, p. 53.

38 Orléan, A., « L'aveuglement au désastre : Le cas des crises financières » in *Esprit*, vol. 343, Mars 2008, p. 12.

mise sous pression par les émetteurs mais aussi et surtout de par l'euphorie ambiante, elles en vinrent cependant, lorsque les risques devinrent vraiment trop importants, à revoir leurs jugements, ce qui eut alors pour effet d'accroître la répartition et la diffusion des actifs toxiques à travers le monde.

Le vrai responsable des crises économiques n'est donc, et ce malgré leur implication, ni les investisseurs, ni les banques, ni les agences de notation, ni les États, mais bien le *marché* et cette indéfectible croyance qu'a l'ensemble des acteurs en la justesse de l'opinion qui en émane. Couplée à une confiance excessive en la liquidité des produits – et donc en la capacité de s'en débarrasser rapidement en cas de pépin, de toujours trouver un acquéreur –, cette opinion mena à une forme d'auto-intoxication collective et à un emballement de la machine financière sans que plus aucune possibilité de la stopper ne soit envisageable[39]. La bourse, en tant que lieu d'affichage de l'opinion collective, constitue donc l'institution phare vers laquelle tous les regards se tournent alors même qu'elle n'est fondée sur absolument rien d'autre qu'une logique autoréférentielle, où la direction d'ensemble résulte de l'incessante observation de ce que l'autre désire : « l'important n'y est pas de détenir la vérité, c'est-à-dire de connaître quelles sont les vraies valeurs des actifs, mais bien de prévoir le mouvement du marché lui-même »[40]. La rationalité des opérateurs y est donc strictement mimétique ; leur objectif n'est pas de traiter la question de la valeur des titres mais bien de savoir comment le marché va réagir en anticipant de façon paradoxale leur propre comportement d'ensemble.

II. Apports et limites du capital social

Nous pouvons à présent saisir la nature profonde de l'apport en matière de réflexivité de l'approche institutionnaliste des socio-économistes : alors que pour les théoriciens du choix rationnel, la sélection et la mise en place par les acteurs des institutions sont uniquement soumises à un critère de facilitation et de renforcement de la structure contractuelle de gouvernance – conventionnalisme microéconomique –, l'accent mis sur l'existence d'une convention sociale à la base de l'élaboration de toute forme institutionnelle ouvre à une perspective de sélection de cette convention originelle comme passage obligé pour la redéfinition de toute autre stratégie d'interaction – conventionnalisme macroéconomique. Ce que se donnent à penser les socio-économistes dans ce mouvement n'est autre que la nature historique et symbolique des conventions monétaires

39 Orléan, A., *De l'euphorie à la panique : Penser la crise financière*, Collection du CEPREMAP, Paris, Éditions Rue d'Ulm, 2009, p. 67.

40 *Ibid.*, p. 48.

et financières comme *médiums* de projets de société, globalisée ou non. Et alors que les économistes orthodoxes ne peuvent percevoir que le besoin d'ajustement rétrospectif qu'au strict niveau des comportements individuels, sans parvenir à s'extraire d'une logique de saillance menant le projet réflexif dans une impasse – individualisme réductionniste –, les théoriciens hétérodoxes voient dans ces matrices primitives de croyances les seuls lieux à partir desquels peut être redéfinie la logique autoréférentielle déterminant toutes les actions collectives – individualisme complexe.

En termes de confiance, l'ajustement réflexif dans le cadre du choix rationnel ne concerne que des blocages liés à l'opportunisme, alors qu'il en vient à signifier l'inadéquation d'un modèle général de gestion avec un horizon commun d'intentionnalités dans le cadre des conventionnalistes français. Dans le premier cas, la confiance dans le système ne peut être ébranlée tant qu'il parvient à produire en grand nombre des interactions coopératives – en cas de crise de liquidité, la simple intervention extérieure d'une autorité telle que la banque centrale ou l'État suffit à refonder la confiance financière[41] –, alors que dans le second cas, des déstabilisations de cette même confiance doivent être perçues comme des signaux d'une possible désynchronisation entre le fonctionnement pratique du système et le projet de vie en commun qui le sous-tend. Ainsi apparaît de façon claire l'incapacité dans le chef de la théorie du choix rationnel de penser l'union récursive entre les niveaux individuel et social par un principe de confiance réflexive ; maintenue à l'échelle individuelle, elle ne permet pas de penser la révision institutionnelle autrement qu'en termes d'échange.

Il nous reste donc à présent à voir comment les socio-économistes conçoivent l'enjeu de gouvernance permettant de potentialiser cette confiance réflexive. Comme l'indique le titre de cette section, il s'avérera que ce mouvement passe par la mobilisation de l'hypothèse centrale inscrite dans le paradigme du capital social. Le couplage de l'approche conventionnaliste avec celle du capital social permettrait-elle la mise en place d'une structure de gouvernance apte à assurer le déploiement d'une confiance réflexive ? C'est ce que nous allons à présent tenter d'élucider.

A. Le son de l'opinion

Le phénomène de crise financière nous a permis de voir à quel point la vision du marché comme rencontre parfaitement efficiente des intérêts individuels selon la logique du choix rationnel est décidément loin

[41] Orléan, A., « L'individu, le marché et l'opinion : Réflexions sur le capitalisme financier » in *Esprit*, Novembre 2000, p. 74.

d'être satisfaisante. Le rôle qu'ont joué les institutions – le marché bien entendu, mais aussi la monnaie, les droits, les bourses et les banques centrales – durant la crise économique de 2008 est particulièrement significatif des limites intrinsèques de la perspective strictement fonctionnaliste que leur attribuent les économistes politiques. Si nous ne pouvons que les rejoindre quant au fait qu'elles sont le fruit des volontés individuelles et qu'elles sont élaborées en vue de répondre à des besoins, elles fonctionnent cependant par la suite comme autant de caisses de résonance déformant les signaux d'entrée, pour finalement produire un bruit trouvant sa propre fréquence. Cette dernière caractérise alors le son de l'opinion. Le problème est que non seulement celui-ci en vient à recouvrir toute voix discordante qui s'élève pour dénoncer le risque, mais aussi et surtout qu'il oblige les acteurs à se synchroniser sur sa fréquence s'ils souhaitent pouvoir participer au jeu de la finance. En résulte alors une confiance inouïe en son pouvoir prédictif, mais totalement aveuglante et aveuglée au risque ; une confiance qui n'a rien de réflexif, purement routinière et incarnant à la perfection le modèle de la *confidence* comme collection des intérêts incorporés. Ce son du collectif est en fait la conséquence non intentionnelle de cette rationalité mimétique qui guide les acteurs, où la spéculation autoréférentielle trouve dans l'institution boursière le temple de son activité, et dans les banques centrales autant d'opérateurs de légitimité.

La liquidité financière est devenue à la fois la raison d'être et le principal moteur de l'économie, et il suffit de voir comment certains perçoivent le rôle proprement social de l'État en termes d'archaïsme, pour comprendre combien cette logique est puissante et destructrice. Cette désirabilité intrinsèque de la monnaie n'est bien entendu pas un phénomène récent – elle existe de tout temps depuis son apparition –, mais il revient à la modernité de l'avoir couplée à une définition autonome et rationnelle de l'individu, mais non nécessairement simpliste. De ce couplage résulta une perspective selon laquelle la seule et unique façon de gérer la complexité et la répartition des savoirs était de laisser se rencontrer et s'auto-organiser les forces vives des individus sur un marché ouvert et compétitif : le projet hayekien de la société comme ordre spontané voyait le jour. Cependant, cette même monnaie, dont les fonctions de justice et de liberté semblent pourtant compatibles avec le projet libéral, semble difficilement pouvoir se départir de son héritage historique marqué de l'empreinte de l'État.

C'est à ce niveau que se révèle la ligne de démarcation entre les économistes politiques d'ascendance libérale et les socio-économistes : pour les premiers, la monnaie ne représente qu'un instrument neutre servant les échanges contractualistes et visant l'équilibre financier, alors qu'elle constitue une institution dont le son défend des considérations sociales de croissance et d'emploi pour les seconds. Alors que pour les premiers les principes de liberté et de justice justifient à eux seuls l'indéfectible croyance/confiance envers l'opinion qui émane de la bourse, les seconds pensent que cette croyance/confiance ne peut être réellement légitime sans une réflexion en termes d'équilibrage social. Dès lors, si l'autorégulation du marché ne peut que se suffire à elle-même pour les premiers – avec malgré tout la présence d'institutions instrumentalisées devant s'effacer au maximum –, l'accent mis sur le besoin de socialisation de l'enjeu monétaire ouvre chez les seconds à une gouvernance de type corégulationnel.

C'est pourquoi Aglietta et Orléan attribuent un rôle majeur à l'autorité de régulation monétaire que sont les banques centrales. Recevant leur mission de l'État, leur autonomie opérationnelle reste politisée de par la nature même de l'objet dont elles assurent l'administration. Et il en va selon eux de même pour la bourse lorsque l'identification nationale n'est plus assurée, comme nous allons le voir dès à présent. Ce mouvement nous permettra alors par la suite de mettre en évidence la limite de leur proposition, en ce qu'il n'est pas sûr qu'elle permette de réellement dépasser l'approche qu'eux-mêmes sont amenés à critiquer.

B. Du civisme à l'individualisme patrimonial

Le 11 mars 1984, Serge Gainsbourg brûle en direct un billet de 500 francs sur un plateau télévisé. Ce geste, outre son illégalité, choque bien entendu de façon importante l'opinion publique. Ce qui nous intéresse ici ne sont pas les raisons qui l'incitèrent à le faire – appuyer son explication de ce qu'il estime être un abus de taxation sur ses revenus, mais aussi et surtout, vu le personnage, la simple envie de provoquer –, mais bien le pourquoi profond de l'indignation générale qui en suivit. Une première explication nous semble révéler tout le paradoxe de l'approche monétariste. La monnaie n'y étant qu'un instrument servant l'utilité individuelle, les individus devraient pouvoir être libres de consommer leurs revenus de la façon qui leur sied ; pourtant, la destruction – ainsi que la fabrication plus généralement – de la monnaie ayant un impact sur les fluctuations économiques de par un déséquilibre de l'équilibre financier, ces actes ont été rapidement enfreints par la loi. On observe donc bien dans ce cadre l'importance et le rôle que viennent à jouer les règles étatiques dans la réduction du risque d'opportunisme. Une seconde explication peut cependant être trouvée dans la symbolique sociale du geste. Il est alors révoltant de voir quelqu'un gaspiller de la sorte une telle somme d'argent alors qu'elle aurait pu bénéficier à des gens dans le besoin ; l'argumentation mobilise alors un principe social. L'aspect illégal y renvoie alors à l'idée d'appartenance à une société dont le rôle de l'État-providence est d'assurer la subsistance de ses membres. Il nous semble alors que c'était moins la première explication que la seconde qui vint de façon naturelle à l'esprit des gens. Pourtant, un simple regard à la tournure que prennent les choses à l'heure actuelle devrait nous inciter à penser que quelque chose a profondément changé : la rationalité de l'individualisme. La première logique est celle de l'individualisme patrimonial – les fruits du travail tombent dans l'escarcelle privée et doivent être protégés en tant que tels et ce même lorsque aucun effort n'est produit – et semble l'emporter sur celle de l'individualisme civique. Voyons de plus près avec Aglietta et Orléan de quoi retournent ces deux logiques.

Nous avons vu que l'institutionnalisme monétaire de ces auteurs menait à la constitution d'une confiance hiérarchique envers les banques centrales, niveau de confiance lui-même appuyé par une confiance éthique ouvrant à un projet social global, sans lequel la régulation assurée par ces instances ne peut être légitimée. Cette articulation se fonde alors sur un ensemble de croyances civiques, une convention d'opinion dont le son produisant l'évaluation financière intègre des considérations de croissance et d'emploi. La référence politique à la mission attribuée par les États aux banques centrales est dans ce cadre essentielle et doit être maintenue par une confiance civique de type réflexive, dont la mise à mal doit alors opérer l'apparition de voix dissidentes au sein de la population qui, par le biais du jeu démocratique, en viennent à remettre en cause l'opérationnalité du système financier.

Malheureusement, ce beau projet civique semble bel et bien être largement tombé en désuétude à l'heure actuelle, et divers arguments viennent appuyer ce constat. Premièrement, la totale réussite du passage à la monnaie européenne représente sans aucun doute l'exemple le plus flagrant de l'inadéquation du modèle de la confiance civique. Malgré l'émergence au départ de nombreuses et diverses forces d'opposition précisément fondées sur des croyances civiques, force est de constater à l'heure actuelle l'incroyable succès en termes d'acceptation sociale de l'euro. Comme l'expliquent bien Aglietta et Orléan, cette expérience fut hautement singulière « parce que l'euro est né dans les marchés et qu'il est orphelin de la souveraineté »[42] ; l'euro n'a pas été accepté en tant que médiation d'un projet social – et ce d'autant plus qu'il en vint à mettre « à mal la manière dont nos États réglaient la dette sociale »[43] –, mais bien comme le produit d'un traité inter-gouvernemental à prétention de puissance économique. Ainsi, à la différence de l'introduction du *deutschemark* en 1948 comme acte fondateur d'une nouvelle souveraineté

---

[42] Aglietta, M. et Orléan, A., *op. cit.*, p. 313.

[43] Loute, A., *La création sociale des normes : De la socio-économie des conventions à la philosophie de l'action de Paul Ricœur*, Hildesheim, Georg Olms Verlag, 2008, p. 106.

politique pour l'Allemagne d'après-guerre, et comme relance de la confiance, l'euro a été validé non pas par des citoyens mais bien par des *consommateurs*. Mais alors comment justifier cet enthousiasme pour l'euro ? À nouveau, il convient de ne pas perdre de vue le caractère profondément ambivalent de la monnaie : à la fois facteur de cohésion et de stabilisation des sociétés, elle n'en reste pas moins un objet de désir intrinsèque qui peut déchaîner la violence et mener à la dissension[44].

Deuxièmement, la question des régimes de retraites offre à nos auteurs matière à penser la mutation contemporaine de l'individualisme. Deux systèmes sont envisageables : le premier, issu du modèle de l'État-providence, fonctionne par répartition selon une logique de solidarité macroéconomique. Dans ce système, la dette sociale procède de l'appartenance citoyenne et se fonde sur la croyance des sociétaires en la justesse du travail étatique d'organisation des transferts, de détermination du niveau de la taxation, et d'assureur en cas de déficit. Avec le développement de la financiarisation, cette représentation collective est alors entrée en crise et mena à l'élaboration du système de retraites par capitalisation. Ici, la cotisation devient l'apanage des individus et des entreprises ; « c'est la logique de la dette privée, du contrat et de la responsabilité individuelle qui est réintroduite »[45]. Pour Orléan, il ne fait aucun doute que cette description patrimoniale de l'individu « est en profonde harmonie avec la vision libérale qui fait de la propriété privée, la base de l'efficacité de l'ordre marchand »[46].

Nul besoin ici de souligner plus en avant la remarquable concordance de ce principe avec la définition de l'acteur social réalisée par l'approche du choix rationnel que nous avons traitée tout au long de ce travail. Elle répond également de la logique que nous avons cherché à mettre en exergue au travers de notre analyse de la crise économique. Nous retrouvons donc à ce stade l'enjeu post-moderne que nous avons défini plus haut avec l'aide d'Adam Seligman en termes de compréhension du rôle attribué aux institutions en rapport avec la transformation de la confiance : alors qu'avec le couplage des processus d'égalisation et de complexification explosent les besoins de recourir à des formes de confiance décidée, la perspective strictement fonctionnaliste des institutions mène à une vision sociale fondée sur l'assurance que la rencontre des intérêts individuels constitue la panacée à tous les problèmes. Ainsi, la financiarisation du capitalisme, l'acceptation de monnaies « dépolitisées » telles que l'euro, ou encore le déploiement automatique de systèmes de retraites par capitalisation, constituent-ils autant de phéno-

44 Aglietta, M. et Orléan, A., *op. cit.*, p. 166.

45 Orléan, A., *op. cit.*, p. 66.

46 *Ibid.*, p. 67.

mènes indiquant la victoire d'un principe de confiance assurée où les risques ne sont plus politiquement centralisés mais bien diffusés au travers d'une foule de consommateurs/salariés.

> The potential uncoupling of those traditional assumptions of liberal politics (on individual freedom, constitutional democracy, and market economics) may come to be and bring in its wake the dismantling of those institutional structures of generalized exchange upon which the public expressions of trust have rested. Given the strong historical correlations between the emergence of these liberal assumptions and the development of new terms of substantive rationality in Western civilization, we may well query if the loss or transformation of trust as a mechanism of social interaction (public and private both) is not part of a broader transformation which will see a transformation of the very terms or rationality[47].

C. Mobilisation de l'hypothèse du capital social

Sans aucun doute l'individualisme patrimonial constitue-t-il une réponse conforme à cette évolution de la rationalité moderne. Face à ce constat, André Orléan estime que les problèmes sont de deux ordres. Premièrement, la logique patrimoniale ne va pas sans poser question pour les salariés dont la mise en œuvre de la force de travail est dépendante d'organisations telles que l'entreprise. Si, pour les métiers dont la capacité d'emploi est individualisée, ce mouvement ne constitue pas un obstacle, beaucoup peuvent difficilement prétendre à en faire une source de valeur autonome ; pour ces derniers, « le rôle de l'entreprise reste central dans le processus de reconnaissance sociale des compétences individuelles du salarié »[48]. Deuxièmement, la question de la valorisation sur la durée des sommes épargnées reste totalement obscure dans l'individualisme patrimonial. Comme le décrit Alain Loute, tout ceci semble mener à une réelle dépolitisation de la monnaie. Comment dès lors réactiver dans un tel contexte le troisième niveau d'une confiance éthique, censée assurer l'acceptation de la monnaie par tous ? Il faut alors redéfinir un principe de valeur apte à assurer la gestion patrimoniale de la monnaie, et trouver de nouveaux garants crédibles, sans quoi personne ne cotiserait. En d'autres termes, il faut bien que quelque part soit reformalisée une convention collective de la valeur, aussi fondée soit-elle sur des stratégies individuelles, sans quoi ne pourrait émerger la confiance requise à la capitalisation. Nous retrouvons donc ici cette idée défendue lors de notre critique du capital social, comme quoi tout capital, de même que tout patrimoine, est avant tout une relation sociale qui suppose un pacte pour soutenir sa garantie d'interactivité.

---

47 Seligman, A., *The problem of trust*, Princeton University Press, 1997, p. 174-175.

48 Orléan, A., *op. cit.*, p. 67.

Résultat de la pression jusqu'au-boutiste de cette logique individualisante, Orléan décrit alors, en schématisant quelque peu la question, notre entrée dans l'ère des « investisseurs institutionnels », comme intermédiaires financiers spécialisés de gestion des fonds créés par le travail des « salariés-rentiers »[49]. L'épargne n'y est alors plus garantie ni par l'État, ni par l'entreprise, mais bien par le marché, et le travailleur y devient moins un citoyen-salarié qu'un actionnaire minoritaire. Ce dernier est alors conçu comme un membre à part entière de la communauté financière dont les droits, en tant que titres négociables, en viennent à dépendre de la liquidité boursière. « Désormais, le souverain, c'est le capital collectif, évalué par la Bourse, en tant que puissance de production de l'ensemble des marchandises dont le salarié-rentier a besoin pour vivre »[50]. En résumé, dans une telle logique de programmation de l'individualisme patrimonial[51], la Bourse doit devenir pour Orléan le lieu privilégié de la socialisation.

C'est à ce stade que nous pouvons mieux comprendre le rôle dévolu par les régulationnistes aux instances de gestion monétaire et financière, ainsi que le paradoxe apparent d'une défense de leur indépendance vis-à-vis du système politique, alors que leur statut serait précisément fondé sur un principe socio-politique. Voyons le raisonnement tenu par Orléan sur la question des banques centrales. L'engagement institutionnel de ces dernières consiste à maintenir le pouvoir d'achat de l'unité de compte et d'assurer une stabilisation des anticipations privées de prix. C'est en cela que leur rapport avec le pouvoir politique est complexe : celui-ci peut influencer l'autorité de régulation monétaire vers un accroissement de l'offre, en vue de stimuler l'économie à des fins d'obtention de ces « résultats concrets » si importants en période électorale, et ce aux dépens de la stabilité des prix. Le problème est que « dans le cadre d'un modèle avec anticipations rationnelles, les agents privés, étant parfaitement avertis du biais inflationniste des pouvoirs publics, adaptent en conséquences leurs anticipations de prix de telle sorte qu'*in fine* la production n'est nullement stimulée alors que de l'inflation est produite »[52]. C'est à l'encontre de ce phénomène, historiquement maintes fois répété, que plusieurs statuts de banques centrales furent modifiés ces dernières années afin de les isoler des pressions gouvernementales

---

[49] Orléan, A., *op. cit.*, p. 69.

[50] *Ibid.*, p. 70.

[51] Maesschalck, M. et Loute, A., *op. cit.*, p. 14.

[52] Orléan, A., « Les croyances monétaires et le pouvoir des banques centrales » in Touffut, J.-P. (dir.), *Les banques centrales sont-elles légitimes ?*, Paris, Albin Michel, 2008, p. 17.

court-termistes et de leur permettre de se focaliser sur le problème inflationniste[53].

Si en cela les propos d'Aglietta et Orléan rejoignent parfaitement ceux des économistes de l'école autrichienne, qui voient dans l'action gouvernementale une perturbation des forces vives de l'économie de marché, nous aurons compris en quoi leur vision publique du fait monétaire les en distingue cependant de façon radicale, et leur permet de résoudre le paradoxe apparent que nous évoquions : la monnaie étant moins un instrument de réglementation qu'un lien normatif social fondamental, elle repose sur des croyances monétaires qui intègrent en tant que telles des considérations à la fois morales, sociales et politiques – « morale en ce qu'elles prennent appui sur une certaine idée du bien collectif et des valeurs qui le constituent, sociale parce qu'elles ont en vue la stabilité des hiérarchies entre groupes et classes ; politique, enfin, parce qu'elles ont vocation à s'insérer dans une perspective stratégique précisant ce qu'il faut faire et comment »[54]. Le pouvoir des banques centrales ne résulte alors pas de leur indépendance statutaire selon un principe légaliste, mais bien de la confiance sociale en la monnaie ; et c'est cette confiance sous-tendue par les croyances collectives qui rend légitime l'action de stabilisation des prix comme objectif principal des instances de régulation contre les tentations de manipulation politique à des fins de stabilité gouvernementale. La question de savoir comment les acteurs peuvent alors concrètement influer sur le fonctionnement des banques centrales devient alors le nœud du problème.

En traitant de l'opposition entre Michel Aglietta et Frédéric Lordon sur le problème des fonds de pension, André Orléan souligne à la fois, avec le premier, une piste de réponse à la question de savoir comment influencer les conventions financières, et, avec le second, la difficulté intrinsèque de ce projet, signant son impuissance. Pour Aglietta, une intervention syndicale prenant appui sur les fonds de pension en vue de contrôler le capital est non seulement envisageable mais également hautement requise[55]. L'idée y est alors, par le biais du développement de fonds salariaux, d'attribuer le pouvoir d'influence nécessaire aux syndicats afin de réintroduire des considérations de conditions de travail et d'emploi. Pour Lordon, ce scénario semble peu probable, pour la bonne et simple raison qu'il ne prend pas suffisamment en compte l'inertie des

---

53 Ainsi l'article 107 du Traité de Maastricht stipule que « ni la Banque centrale européenne, ni une banque centrale nationale, ni un membre quelconque de leurs organes de décision ne peuvent solliciter ni accepter des instructions des institutions ou organes communautaires, des gouvernements des États membres ou de tout autre mécanisme ».

54 Orléan, A., *op. cit.*, p. 33.

55 Aglietta, M., *Régulation et crises du capitalisme*, Paris, Odile Jacob, 1997.

structures financières ; ce dernier dénonce alors ce qu'il décrit comme étant le « mirage de la démocratie actionnariale »[56]. Sans chercher à trancher entre ces deux positions, notre objectif va être de mettre à l'épreuve sa proposition de contrôle de la finance par l'opinion démocratique visant une « confusion des communautés politique et financière »[57].

> Il faudrait dès lors mobiliser des croyances d'un nouveau type pour développer des comportements réflexifs susceptibles d'interroger la légitimité sociale de cet organe indépendant. Pour y arriver, il est nécessaire de renouer avec un cadre de reconnaissance sociale (…), une forme de communauté d'intérêt. Orléan pense à la communauté des actionnaires et imagine le rapport aux parts du capital social concerné par la gestion de la Banque Centrale. « Au regard de ce projet, nous sommes tous des actionnaires minoritaires et notre devoir, en tant que propriétaires du capital social, est de participer au débat sur l'évaluation puisqu'il y va de l'efficacité productive qui conditionne la vie quotidienne de chacun »[58].

La perception par les acteurs d'être autant de détenteurs du capital social servirait donc à reformer la confiance éthique qui s'était disjointe avec la dépolitisation de la monnaie et la financiarisation du capitalisme. Dès lors que le projet socio-politique des institutions monétaires et financières n'est plus assuré par une référence nationale mise à mal par la mondialisation de la liquidité, il reviendrait à chacun d'entre nous de mobiliser nos ressources associatives, légitimées par l'escarcelle de lien social que nous possédons tous en tant que salarié-rentier, afin de recomposer une communauté de destin dans laquelle les considérations de vie composeraient la confiance réflexive requise au maintien des conventions originelles de l'économie. Ce mouvement requiert alors, non plus uniquement un principe de sélection des comportements individuels en vue d'évacuer l'opportunisme, mais bien une capacité de la part des institutions à intégrer et représenter la voix des comportements socialement innovants, afin d'obtenir une modification de la fréquence institutionnelle et la diffusion d'un son du collectif renouvelé par cette revitalisation démocratique. Ce nouvel enjeu fait alors reposer la confiance institutionnelle sur la capacité des systèmes à faire résonner les discours, aussi hétérodoxes soient-ils, des acteurs conçus comme autant de socio-capitalistes réunis sous la forme de communautés d'intérêt. Le gain en confiance est alors celui d'un gain en réflexivité, non plus conçue comme le simple ajustement stratégique des croyances mais comme la

[56] Lordon, F., *Fonds de pension, piège à cons ? Mirage de la démocratie actionnariale*, Paris, Éditions Raisons d'Agir, 2000.

[57] Orléan, A., *Le pouvoir de la finance*, Paris, Odile Jacob, 1999, p. 262.

[58] Maesschalck, M. et Loute, A., *op. cit.*, p. 20-21, citant Orléan, A., *op. cit.*

révision politique du régime de croyances à la base de l'ordre économique, par le biais de la prise en considération de nouveaux intérêts de nature non nécessairement économique.

D. La marchandisation du social

Quel risque axiologique entraîne la référence faite par Orléan au concept de capital social ? Comme nous l'avons vu, le principe de la performance économique est, dans un cadrage néo-institutionnaliste, avant tout dépendant du social dans le sens où il revient aux acteurs de parvenir à adapter leurs croyances afin de définir des agencements institutionnels leur permettant de prendre efficacement en compte leurs intentions. La mise en place d'une culture politiquement et économiquement efficace ne pouvant être le produit d'une imposition *ex nihilo*, le travail à effectuer à cette fin dépend donc bien des capacités actantielles d'apprentissage et de compréhension des spécificités du sentier de dépendance dans lequel elles se situent. Si l'on reconstruit de façon critique l'argument du capital social, on en arrive bien à une vision de la société dans laquelle la construction d'arrangements institutionnels performants dépend de sa capacité à se comporter *comme* dans un marché dont l'imperfection serait comblée par la mobilisation actantielle des ressources communautaires. L'inscription dans un réseau civique n'a alors de sens théorique que lorsqu'elle peut permettre à des individus de répondre à des intérêts qu'ils découvrent être partagés avec d'autres. La détermination interpersonnelle du capital social, dont l'élaboration repose sur la volonté d'une poignée d'acteurs de résoudre un dilemme d'action, et qui, par un phénomène de tache d'huile, va mobiliser d'autres acteurs toujours localement situés et se découvrant un intérêt commun, semble, au final, ne dépendre que de la formation d'un avantage mutuel. Résultat non voulu de l'agrégation des intérêts individuels, cet avantage mutuel est la seule et unique raison justifiant l'action collective dont le succès dépendra alors de la capacité de ses protagonistes à intuitionner le bénéfice qu'ils retirent de leur inscription au sein d'un réseau, et à tout mettre en œuvre pour y renforcer leur position. C'était le sens de notre argumentation critique de la conceptualisation colemanienne du capital social à laquelle Robert Putnam se réfère, qui réduit donc les relations sociales à des ressources mobilisables en vue de répondre à des intérêts personnels définis au moyen d'une logique rationnelle : le social y devient un capital dont la fluidité est évacuée, les biens sociaux servant la cause instrumentale d'un marché de biens et services.

Apparaît alors un problème : comment penser l'extension des représentations permettant aux groupes sociaux de redéfinir les hypothèses de travail collectif ? Comment penser l'innovation alors que les dispositifs cognitifs sont marqués du sceau de leur évolution contextuelle, de leur inscription dans un corps social ? À nouveau, c'est ici que réside la grande erreur de Robert Putnam qui s'avéra incapable de surmonter la définition fonctionnaliste du capital social. Mais avec elle, ce sont toutes les institutions qui deviennent des instruments définis par la nature de l'équilibre socio-économique en place. Ainsi le capital social comme solution aux dilemmes collectifs repose-t-il sur un principe de production des relations sociales en vue de pallier aux insuffisances du marché, et c'est ce dernier, ou plus précisément la société comprise comme un marché ouvert et compétitif, qui constitue alors le principe permettant d'envisager l'innovation. C'est bien à l'auto-organisation sociale qu'en réfèrent aussi bien Robert Putnam qu'André Orléan pour faire dépendre à la fois la performance et la capacité d'innovation : si l'équilibre en place est celui du sous-optimum « tiers coercitif », il n'y a alors que les acteurs collectifs pour comprendre par eux-mêmes en mobilisant une réflexion de type économique l'avantage qu'ils ont à sortir de cet arrangement institutionnel pour en reformuler un autre. Cette idée repose alors *in fine* sur un important rôle du marché et de son principe de sélection concurrentielle comme structure évolutive de l'agir. Il faut que le marché permette aux sociétaires d'élargir leur provision de solutions, dès lors qu'aucun autre dispositif ne semble pouvoir assurer ce rôle.

Nous avons également vu en quoi la position de Robert Putnam se présente sous un jour traditionaliste au niveau politique. Nostalgique des éléments culturels qui firent la toute puissance des États-Unis et qu'il retrouva dans le Nord de l'Italie, Robert Putnam voit dans les valeurs du mérite, de l'effort, de l'épargne et de la vertu les éléments primordiaux du succès institutionnel. L'État apparaît chez Robert Putnam comme un artefact dont la principale fonction est celui de garant de la tradition du libéralisme économique. Pour mener à bien cette mission, il doit essentiellement agir à deux niveaux : maintenir d'une part une structure économique concurrentielle et ouverte, et s'assurer d'autre part de la diffusion et du respect des coutumes républicaines. Ces dernières, en voyant le sociétaire comme étant avant tout défini par son statut social et non pas par son autonomie, permettent de défendre une vision de non-domination des rapports sociaux favorable à la concurrence, sans tomber néanmoins dans le travers anarchique d'un individualisme radical. Le principe des réseaux civiques autour duquel Putnam articule sa définition du capital social est bel et bien mobilisé dans une optique communautariste permettant d'éviter les risques individualistes de l'action collective. La performance des institutions politiques est alors intégralement dépendante dans ce cadre de la capacité de ces communautés civiques à déployer par elles-mêmes des actions collectives convenantes.

La dynamique d'adaptation repose donc paradoxalement dans l'ordre marchand étendu chez Robert Putnam : le marché devient donc le principe faisant émerger le sens de la complexité sociale. Le seul projet d'apprentissage permettant aux sociétés de toujours mieux intuitionner leurs propres conditions d'efficience repose donc sur l'évolution des cultures menant à la défense du marché concurrentiel comme logique de sélection efficiente. La performance institutionnelle, c'est-à-dire chez Robert Putnam la mise en place d'organismes représentatifs fonctionnels, réactifs et efficaces, dépend donc de la capacité de la sphère civile à mettre en place un marché des ressources sociales qui permettra la diffusion et le renforcement des croyances sociales propices à l'agir collectif. La logique marchande, par le biais de ses principes d'ouverture et de concurrence, constitue le seul mécanisme permettant de comparer et de sélectionner par essai/erreur les dispositifs institutionnels les plus efficients qui permettront la constitution d'une société civile à la fois apte à contrebalancer mais aussi et surtout à « prolonger » l'action gouvernementale.

Défense des valeurs traditionnelles d'un côté, et promotion de la toute puissance de la logique concurrentielle de l'autre... Le néo-conservatisme semble en fait reposer sur un étrange cocktail qui nourrit son paradoxe, et que Jean-Pierre Dupuy exprime bien sous l'oxymore de « révolution conservatrice »[59]. Le libéralisme concurrentiel prôné ne risque-t-il pas de toujours remettre en question le maintien des valeurs civiques, et ce quelle que soit l'action des pouvoirs publics pour empêcher ce risque ? L'ordre étendu du marché des capitaux sociaux ne mène-t-il pas plutôt, comme l'histoire des États-Unis semble l'indiquer, à la victoire des valeurs purement individualistes parvenant à toujours mieux instrumentaliser les ressources des réseaux sociaux évolués, c'est-à-dire eux-mêmes élargis et non plus localisés ? La logique gourmande du marché, menant incessamment à un élargissement structurel afin d'accroître son ordre de comparaison des potentialités, semble intrinsèquement tendue en accord avec des postures réactionnaires faisant dépendre le succès passé d'une politique et d'une économie d'une structure culturelle bien spécifique. L'innovation sociale, si cela à encore un sens de parler d'innovation, se réduit alors à la capacité d'imitation d'un groupe social à reproduire la structure artefactuelle faisant le succès de l'autre ou de son propre passé ; et dans cette vision, cette structure ne peut être autre que celle d'un marché libéralisé des biens et services et de la présence de croyances favorisant une compétitivité civique à l'ancienne.

III. Les écueils de l'institutionnalisme

Nous avons mis en évidence un présupposé qui sous-tend, quel que soit leur degré de réflexivité sociale, les principales théorisations institu-

59 Dupuy, J.-P., *Libéralisme et justice sociale*, Paris, Hachette, 2009, p. 278.

tionnalistes présentées dans ce travail : la création de la confiance sociale reposerait sur la qualité des échanges. Les propositions institutionnelles élaborées par Russel Hardin, Robert Putnam, ou même André Orléan, en arrivent toutes d'une façon ou d'une autre à se focaliser sur la vitalité de la socialité secondaire, en laissant de côté, ou, pour certaines d'entre elles, en opérant une phagocytation de la socialité primaire. Ce qui est gagné dans ce mouvement est une focalisation sur les risques d'opportunisme ; ce qui y est perdu est une conception du social fondée sur autre chose que la poursuite des échanges et de la coopération. En d'autres termes, ce qui n'est jamais atteint est une réflexion *politique* sur la validité sociale du libéralisme économique ; sans cesse, les procès politiques sont perçus comme devant traiter des luttes de reconnaissance au sein d'arènes dont les potentiels de prise en compte de la complexité du social sont *déjà* réduits par des fonctions monétaires de liberté et de justice.

Notre propos n'est pas de dire que le projet d'institutionnalisme financier mis en place par Aglietta et Orléan est inconséquent ou inadapté, mais qu'ils ne sont pas allés assez loin dans leur volonté de resocialisation de la sphère économique. Comme nous allons le résumer dès à présent, il nous semble en effet que leurs propositions de démocratisation des enceintes bancaires et boursières sont vouées à l'échec pour la simple raison qu'elles ne parviennent pas encore à prendre en considération un dernier niveau de confiance réflexive ; ce qui devient alors envisageable à cet ultime niveau de réflexivité n'est autre qu'un dépassement des argumentations fondées sur la suspicion passéiste pour ouvrir à une réflexion sur la construction future et sans cesse renouvelée d'un nouveau projet de société. En effet, il apparaît qu'aussi porteuse de sens et novatrice soit-elle, la proposition d'individualisme patrimonial d'Orléan s'échoue sur deux écueils importants dont nous avons déjà présenté les fondements de façon implicite à travers notre réflexion ; ces écueils représentent pour nous les deux dérives à éviter à tout prix si l'on souhaite mettre en place une structure institutionnelle à même d'être porteuse d'un réel projet de confiance réflexive, c'est-à-dire permettant de penser la place de l'individu dans la société, en lui offrant l'opportunité de participer à la redéfinition d'un horizon commun d'agir.

Le premier des deux écueils que nous mettons en évidence opère au niveau méthodique de la confiance. Il repose donc sur son aspect routinier et révèle un premier mouvement institutionnel où la sphère sociale est principalement comprise comme un lieu stabilisateur de confiance par un phénomène de résilience des croyances mimétiques. Notre second écueil révèle son enjeu en termes de confiance hiérarchique. Il présente un schéma dans lequel des croyances éthiques sont formulées par des figures reconnues et cristallisées dans des institutions historiques. Ces deux mouvements ouvrent chacun à un niveau particulier de réflexivité, mais en viennent cependant à manquer la mise en potentialité d'un troisième et dernier niveau de réflexivité, que nous présenterons en conclusion de ce chapitre ; nous devrions alors être capable de défendre un schéma complet de la question de la confiance réflexive dans le cadre d'une théorie de la gouvernance.

A. La résistance des comportements

Le premier écueil est sans conteste le plus dangereux de par sa taille, dont résulte une puissante force d'attraction. Cette force provient de l'incroyable puissance annihilatrice de perspectives hétérogènes de la logique capitaliste, et dont résulte cette évolution de la rationalité individuelle moderne que nous avons tenté de mettre à jour durant notre réflexion. Nous pouvons la décrire de la façon suivante : la logique marchande est devenue à ce point prégnante qu'elle en est venue à formaliser la rationalité dans sa stricte capacité à réduire la vulnérabilité des acteurs, en lieu et place d'une focalisation sur les enjeux confiants d'un vivre ensemble et sur une possible redéfinition des rôles sociaux. Le problème du projet social global défendu par les socio-économistes provient alors du fait qu'il n'est pas sous-tendu par une volonté de déstabilisation de cette rationalité, mais bien par un postulat de renforcement de cette dernière par le biais d'une relégitimation sociale de ses fonctionnalités. En d'autres termes, leur projet ne parviendrait jamais à s'extraire de son origine conventionnaliste, et leur prédiction d'une fusion des communautés économique et politique s'opérerait de façon systémique par la victoire de la socialité secondaire sur la socialité primaire. Pourquoi pensons-nous que leur projet est voué de la sorte à l'échec ? Parce qu'ils ne prennent pas suffisamment en considération un phénomène d'équilibrage économique duquel résulte une importante résistance des échanges.

Il ne faut pas se méprendre sur le sens de nos propos : nous ne disons pas ici que la logique économique doit être évacuée parce que dangereuse, mais seulement qu'elle ne permet pas, au contraire de ce que pensent Aglietta et Orléan, de créer de nouvelles conventions. Nous trouvons alors dans le projet de métaphysique sociale élaboré par Philip Pettit une explication du rôle de l'esprit économique qui nous renforce dans cette idée. D'une certaine manière, son propos consiste à démontrer cette forte ressemblance que nous avions identifiée entre la théorie du choix rationnel et le conventionnalisme. Pettit conçoit en fait la théorie du choix rationnel sur un mode affaibli, comme « une théorie qui explique la robustesse modale de certains modèles de conduite, qui montre que même si elle est le produit de réponses traditionnelles, morales ou habituelles, la stabilité de ces modèles ne dépend pas de la disponibilité de ces réponses »[60] ; ainsi présentée, on comprend aisément pourquoi il en vient à estimer que cette explication est inséparable de la théorie des conventions. Force pour nous est de constater l'adéquation de cette définition avec la formalisation de la théorie du choix rationnel que vint à réaliser un auteur tel que Russell Hardin : nous avons en effet vu comment ce dernier recourait à des principes d'intentionnalité pragmatique et de confiance réflexive afin d'expliquer la poursuite de la coopération, là où l'indétermination est telle qu'elle devrait empêcher toute forme d'agir. La focalisation de cette théorisation sur la question de l'opportunisme et de la poursuite de la coopération révèle en effet une mise en suspens de la question de l'apparition des conduites dans le monde pour ne s'intéresser que sur le pourquoi et le comment de leur maintien sur la durée.

Nous ne pouvons qu'acquiescer au raisonnement tenu par Pettit en ce qu'il permet de penser à la fois la place et le rôle de l'explication économique au sein de la logique individualiste sans aucunement réduire celle-ci à celui-là. Pour lui, l'esprit humain, s'il n'est certainement pas réductible à la perspective d'un *homo œconomicus*, est composé de diverses croyances dont il ne fait aucun doute que la grande majorité sont issues de l'ordinaire, du sens commun, de l'inscription au sein de communautés de vie – ce que nous avons appelé avec Caillé la sphère de la socialité primaire. Nous avons alors défendu l'idée que la logique des systèmes se fondait sur cette première sphère de socialité, que les croyances économiques ne signifiaient rien sans leur référence à la complexité et la richesse de l'intentionnalité humaine. Mais qu'adviendrait-il si un individu faisait preuve d'une totale incapacité à mobiliser sa propension à l'égoïsme, comme proposition centrale et essentielle de l'esprit économique ? Que serait un individu totalement altruiste, incapable de se penser différent parmi les autres, à ce point fondu dans la masse qu'il ne ferait plus qu'un avec elle ? On peut aisément conclure à la quasi-inexistence d'un tel être : aucune autonomie et aucune liberté ne semblent envisageables pour un altruiste radical. Nous l'aurons compris, la réussite sociale réside dans l'entre-deux : si les êtres humains ne sont pas des centres rationnels d'intérêts égocentriques, si leur esprit mobilise de façon incessante des conceptions ordinaires qui débordent de loin le cadre de la pure individualité, il n'en reste pas moins qu'ils ne sauraient proprement exister sans la présence d'un programme d'analyse économique en arrière-plan. « S'ils ne sont pas effectivement égocentriques dans leur mode de délibération, ils le sont *virtuellement* : si

[60] Pettit, P., « La robustesse des modèles de conduite » in *Réseaux*, vol. 11(62), 1993, p. 122.

l'égocentrisme n'occupe pas le siège du pilote, il est toujours présent dans celui du copilote, prêt à prendre le contrôle »[61]. La thèse de Pettit est donc que le rôle de l'esprit économique tient à sa présence virtuelle dans la génération directe ou indirecte de l'action ; cette présence assure la sauvegarde de l'individu en lui permettant de rationaliser ses comportements lorsque ceux-ci deviennent par trop définis par la survenance du social.

> La principale thèse que je veux défendre est que, même si l'égocentrisme ne peut pas servir à expliquer l'émergence ou la reconduction, elle peut néanmoins expliquer la résistance. La conséquence de cette thèse est claire. L'explication économique, même lorsqu'elle s'applique aux comportements non marchands, peut être tenue pour valide si on admet le modèle de l'égocentrisme virtuel qui réconcilie l'esprit économique et l'esprit ordinaire[62].

Ainsi l'égoïsme constitue-t-il le principe explicatif de la résistance des conduites conventionnelles, et en aucun cas celui de leur apparition, question qui revient selon Pettit aux sciences sociologique et ethnographique. Prenant l'exemple de l'esclavagisme, il convient de convoquer pour expliquer son émergence des facteurs de légitimation et de motivation de type religieux et social, alors que l'explication économique, en mettant l'accent sur la profitabilité de cette pratique, en révèle la robustesse[63]. De même, l'approche en termes de choix rationnel de Hardin (permettant de penser le pouvoir comme émergeant de la coordination, lequel, en retour, en vient à faciliter la coopération), permet sans aucun doute de penser l'ordre social comme étant hautement résilient, mais ne résout en aucune façon le problème de savoir ce qui permit la coordination en un premier temps. L'explication de l'origine des conventions, par exemple celle de l'institution monétaire, ne peut donc pas reposer sur une logique de type économique, comme l'ont très bien expliqué Aglietta et Orléan en insistant longuement sur sa nature intrinsèquement sociale.

En matière de confiance, nous trouvons à nouveau chez Philip Pettit une autre explication venant renforcer sa thèse de la robustesse des modèles de conduite. À la fin de son célèbre ouvrage *Républicanisme*, Pettit avance une explication de la sélection de comportements non plus par la « main invisible » mais bien par la « main intangible » ; grossièrement présenté, ce modèle conduit les agents à se comporter de telle

---

61 Pettit, P., *Penser en société : Essais de métaphysique sociale et de méthodologie*, Paris, Presses universitaires de France, 2004, p. 65.

62 *Ibid.*, p. 74.

63 Pettit, P., « La robustesse des modèles de conduite » in *Réseaux*, vol. 11(62), 1993, p. 123.

manière qu'ils gagnent la bonne opinion des autres[64]. Dans le cadre de sa réflexion sur le double réquisit de la civilité – à savoir le besoin idéologique d'une liberté comprise comme non domination et la présence concrète de lieux pour la liberté de contestation –, cette explication par la main intangible lui permet d'expliquer la conformité aux normes au moyen, non plus d'une logique économique du choix rationnel, mais bien d'une logique d'acceptation sociale. « Il s'agit d'une main intangible quand les acteurs (...) produisent un bénéfice par leurs attitudes non intentionnelles et non par leurs actions non intentionnelles »[65]. Relié à un enjeu de statut social, ce modèle fait donc de l'approbation des autres un bien intrinsèque que tout acteur recherche. Pettit en vient alors, dans son projet de réfutation de l'anthropologie hobbesienne, à défendre l'idée d'un lien indéfectible entre la confiance et la liberté comme non-domination : pour pouvoir jouir de cette liberté, il est en effet nécessaire que les citoyens en viennent à se faire minimalement confiance les uns aux autres, ou du moins que l'État n'instaure pas de mécanismes de régulation trop contraignants, qui en viendraient à réduire toute opportunité de lien de confiance citoyenne à une peau de chagrin. En effet, dans une optique résolument optimiste de la nature humaine, Pettit décrit ce qu'il appelle la « ruse de la confiance » (*cunning of trust*), comme le mécanisme par lequel un acteur répondra positivement à la confiance qui lui est attribuée simplement par crainte d'être mal perçu en retour ; « trustors do not have to depend on the more or less admirable trustworthiness of others ; they can also hope to exploit the relatively base desire to be well considered »[66]. La suite de sa réflexion démontre alors l'importance du risque contre-productif d'établir des formes de régulation intrusives dans la plupart des espaces de travail ou même publics ; une vie sociale décente suppose donc la possibilité de faire confiance. La confiance, condition de la non-domination, est bien trop fragile que pour être galvaudée.

Appliquée à des questions de société telles que celles des conditions de travail ou de la vidéo-surveillance, la proposition républicaniste de Pettit nous semble tout à fait intéressante et porteuse de sens, de même qu'elle confère sans aucun doute une profondeur théorique inespérée au travail de Robert Putnam en octroyant un nouvel angle de lecture du principe du capital social. Elle fait de plus remarquablement écho à la lecture faite par Adam Seligman de la rationalité post-moderne et de son enjeu en termes de confiance. Mais qu'en est-il une fois appliquée à

---

64 Pettit, P., *Républicanisme : Une théorie de la liberté et du gouvernement*, Paris, Gallimard, (1997) 2004.

65 Pettit, P., « Normes et choix rationnels » in *Réseaux*, vol. 11(62), 1993, p. 100.

66 Pettit, P., « The cunning of trust » in *Philosophy and Public Affairs*, vol. 24(3), 1995, p. 203.

notre cas concret de la question de la gouvernance monétaire et financière ? Faut-il donc, comme le pensent certains, pousser la logique de dérégulation jusqu'au bout, et supprimer la sauvegarde étatique qui favorise la prise de risque inconsidérée afin de laisser les opérateurs financiers seuls face à leurs choix ? Faut-il jouer de cette ruse de la confiance à leur encontre, en espérant qu'ils se responsabiliseront par eux-mêmes du pouvoir que nous leur octroyons sur nos vies ? Nous pensons que non, pour la bonne et simple raison qu'ils sont inscrits au sein d'un domaine d'activité dont la principale et essentielle exigence fonctionnelle est celle de la rentabilité capitaliste. Leur sphère de travail n'est pas celle des savoir-vivre, elle ne relève pas de la socialité primaire, et semble avoir évolué pour ne plus tendre que vers la recherche barbare de liquidité pour la liquidité. Il apparaît alors que la définition sociale de ces agents résulte avant tout chez eux du regard de leurs pairs – et même sans aucun doute pour beaucoup, de leurs proches qui doivent être fiers de leur « réussite » professionnelle. L'explication par la main intangible vient donc à nouveau renforcer dans ce cadre leur croyance en la légitimité de leurs actes et de leur travail ; le responsable de département félicite le *trader* ayant réalisé les opérations les plus « juteuses » en lui octroyant une prime, qui bénéficiera à sa famille et le confortera en ce sens.

Notre propos n'est en aucune manière de condamner des individus en particulier, nous souhaitons juste montrer les raisons parfaitement humaines qui guident les opérateurs de la finance – confiance attribuée lors de leur engagement, réussite sociale, approbation, etc., mais aussi et surtout large acceptation sociale du principe capitaliste comme seul et unique mode de subsistance valable. De même, ils n'agissent pas plus de façon irrationnelle en période de crise qu'en temps normal (contrairement à ce que certains économistes libéraux de renom ont pu dire pour justifier la viabilité du système), dès lors qu'ils ne sont que les rouages d'une gigantesque mécanique autoréférentielle, dont nous avons détaillé le fonctionnement avec Orléan. Notre objectif est seulement de montrer l'importante résistance de la logique marchande qui y a lieu comme étant principalement fondée sur ce pouvoir intrinsèque de désirabilité qu'est la liquidité monétaire, et dont la quête conventionnalisée, si elle n'est freinée par aucune contrainte externe, ne semble pas avoir de fin.

Que pouvons-nous dès lors attendre de l'implémentation d'une logique ordinaire de sens commun au sein d'un domaine systémique à ce point résilient qu'est celui de la finance ? Le projet d'André Orléan d'une fusion des communautés politique et financière est beau, mais ne risque-t-il pas de se briser sur la robustesse des comportements conventionnalisés autour de principes de profit et de rentabilité, comme semblent bien le démontrer de façon empirique toutes les sorties de crise économique ? Nous pensons donc que la proposition de l'individualisme patrimonial est inapte à opérer cette modification du son de l'opinion parce qu'elle reste fondée sur une rationalité mimétique qui, pour le bien de la stabilité de l'ordre économique, doit rester intéressée et égoïste. Dès lors, « qu'est-ce qui ferait que les acteurs parviennent tous à s'accorder sur des valeurs hétéro-référentielles »[67], s'interroge avec justesse Alain Loute ? D'où Aglietta et Orléan tirent-ils cette certitude que l'entrée sur le marché des biens et services de nouvelles voix discordantes, porteuses d'un projet social, parviendraient nécessairement à renverser un régime de croyances ultra-stabilisé et bénéficiant maintenant de plusieurs décennies de fonctionnement profitable et hautement capitalisant ? Bien sûr, les bénéfices ne profitent pas de la même manière à tous – et même absolument en rien à beaucoup d'autres –, mais ils n'en restent pas moins avantageux pour la majorité de ceux qui assurent le maintien coopératif du jeu financier. Pour tous ceux là, les crises de confiance ne peuvent qu'être passagères, comme autant de simples anomalies, sans qu'une quelconque remise en considération du système soit nécessaire. On formule alors de nouvelles exigences de responsabilisation et de transparence à l'encontre des secteurs financiers, afin de rassurer les citoyens et de récupérer leur confiance nécessaire à l'entrée de nouveaux capitaux, et la machine redémarre, lentement mais sûrement. Signalons au passage que la transparence totale des titres n'empêche absolument en rien la production de crises spéculatives, comme le démontra bien la bulle Internet et sa période d'euphorie en fin de millénaire ; et qu'il nous soit enfin permis d'émettre de sérieux doutes quant à l'efficacité supposée de projets autorégulés de responsabilisation éthique des décideurs et responsables économiques, pour les raisons inscrites dans ce chapitre.

On voit donc difficilement comment l'entrée dans ce cadre de nouveaux *desiderata* éthiques, censés opérer une reprogrammation sociale des structures bancaires et financières, pourraient parvenir à cette fin. Pourtant, la moindre crise devrait être porteuse d'une redéfinition des enjeux et des fonctionnalités de par la déstabilisation de la confiance qui en résulte. Comme le démontre très bien Frédérique Six au moyen d'une analyse organisationnelle, les entreprises les plus performantes sur la durée sont celles qui parviennent à tirer leçon du moindre « trouble de la confiance »[68]. S'il ne fait aucun doute que toute crise de confiance cons-

[67] Loute, A., *op. cit.*, p. 134.

[68] La gestion discursive de tels troubles représente dans son cadre d'analyse « *an opportunity to get to know the other person better, and thus improve the knowledge base of the trust, provided that the interaction between the two players is supportive of this learning process, that is, both use voice and focus on sending positive relational signals rather than ambiguous or negative ones.* » In Six, F., *The trouble with*

titue une opportunité d'acquérir de nouvelles informations en se penchant sur le problème et en dépassant une perspective routinière, il apparaît malheureusement que le cas des crises économiques est bien plus complexe à régler que celui d'une dissension interpersonnelle au sein d'une organisation. À nouveau, l'électrochoc que procure la crise ouvre très certainement au premier niveau d'intervention en termes de compréhension des causes du dysfonctionnement ; mais, de façon plus générale, ne conviendrait-il pas surtout, en mobilisant l'un de ces célèbres dictons qui fondent la sagesse populaire, de prévenir plutôt que guérir ? Chose plus facile à dire qu'à faire, sans aucun doute, mais qui ne devrait pas moins constituer l'objectif ultime de toute formule de gouvernance.

B. La capture des intérêts

Le second écueil, sans doute moins « imposant » que le premier, s'avère cependant tout à fait pernicieux en ce qu'il cache de façon remarquable le danger qu'il constitue. Alors que le premier écueil menait à la croyance qu'une simple ouverture des institutions au plus large panel possible des capacités d'apprentissage et de sélection sociale des comportements par les acteurs du projet devait résoudre l'essentiel des problèmes liés à la complexité, ce nouveau risque repose pour sa part sur la croyance qu'il revient à des acteurs institutionnels historiquement constitués et/ou privilégiés de décider de la marche à suivre – notre compréhension de ces acteurs est très large, ceux-ci prennent des formes aussi diverses que des groupements d'intérêt, de citoyens, d'actionnaires, des syndicats, des lobbies, mais aussi des élites politique ou même scientifique. Concrètement, ce second mouvement opère une captation et une réduction des enjeux autour d'un schème bien défini d'intérêt, souvent somme toute légitime en soi, mais dont résulte un appauvrissement de la complexité de la problématique globale et des façons de la gérer.

Se révèle en fait à ce niveau l'incapacité d'une compréhension élargie des phénomènes de trouble de la confiance par la mobilisation de référents historiques de performance. Nous avons vu que les clefs de compréhension de la réussite économique reposaient en premier lieu sur la perception des éléments de « *path dependence* » d'une société donnée – phénomène que nous pouvons appréhender à présent comme issu de la résistance des comportements. C'est à partir de ce premier geste que peuvent alors être élaborés en un second temps les mécanismes institutionnels de révision des croyances à la base des problèmes d'inefficacité économique. C'est donc à ce stade que se déploie la réflexion sur la

---

trust : The dynamics of interpersonal trust building, Cheltenham, Edward Elgar, 2005, p. 142.

nature des croyances éthiques qui fondent et déterminent une société ; ainsi, le problème de l'Italie du Sud reposerait sur la puissance d'un *ethos* particulier mettant à mal la coopération, et que nous avons défini avec Robert Putnam sous l'appellation de « familialisme amoral ». Le projet de Putnam consiste alors à redéployer au sein des sociétés une logique de compétition afin de permettre aux croyances les plus aptes à assurer la coordination à émerger du lot pour s'imposer au final : c'est le sens du rôle d'éducation attribué aux institutions étatiques ainsi qu'aux organisations civiques. Ainsi un apprentissage réflexif doit-il permettre de dépasser la simple révision des stratégies – comprises comme compléments à l'indétermination visant la recomposition d'une rationalité parfaite – pour plonger dans la structure cognitive d'un groupe de sociétaires. Le problème de ce schéma est qu'il repose sur un double présupposé : premièrement, la compétition réflexive des croyances doit mener à la mise en exergue de celles à même d'assurer la coopération, et deuxièmement, cette logique compétitive serait universellement valide. C'est pourquoi, dans le cas de Robert Putnam, nous en sommes venus à critiquer l'aspect néo-conservateur de son approche qui revient à faire dépendre toutes les formules politiques et économiques de ce facteur compétitif pourtant propre aux économies capitalistes.

D'autres lectures de l'innovation sous-jacente au capital social sont cependant possibles, dont celle défendue par Elinor Ostrom, ou encore par un spécialiste de l'évolution économique tel que Douglass North. Ce dernier en vient à défendre l'idée qu'il revient à chaque société de parvenir à plonger dans son propre univers culturel, afin d'en mettre à jour les éléments cognitifs qui permirent ou permettraient d'assurer une efficacité économique[69]. Il choisit donc pour sa part de faire dépendre l'innovation d'une intentionnalité historique prenant corps dans une science et une technique culturalisées. Le nouvel enjeu des sciences sociales est alors celui du déploiement d'une réflexivité au niveau de l'opération d'apprentissage en tant que telle, c'est-à-dire des croyances qui la sous-tendent, et non plus uniquement des institutions formelles en présence au départ. Non seulement une société souhaitant développer une économie performante se doit d'être « consciente » de son besoin de sélectionner par apprentissage les structures institutionnelles convenantes à cette fin, mais, à moins de n'être jamais certaine de leur adéquation avec leur environnement et au risque de voir ses pratiques cognitives frappées de désuétude face à l'évolution des contextes, elle doit également s'assurer le déploiement des capacités de révision de ses propres intentions de mémorisation. Ce qui est en jeu ici est donc un

[69] North, D. C., *Institutions, institutional change and economic performance*, Cambridge, Cambridge University Press, 1990.

projet de révision des cultures mêmes, des systèmes de croyances sociales qui sont les socles de l'agir humain.

Si Douglass North défend le maintien de sphères politique et économique fondamentalement ouvertes et compétitives, comme en témoignent ses références à Hayek, il prend cependant ses distances avec la radicalité du projet libéral de ce dernier. Adoptant une perspective plus constructiviste à la fin de son parcours théorique, North attribue donc aux sciences sociales modernes une capacité à s'extraire de leur contexte culturel pour parvenir au final à « « manipuler » technologiquement la nature sociale »[70]. En d'autres termes, il pense qu'il n'y a pas d'autre choix que d'engager un système d'« ingénierie sociale » afin de s'assurer la mise en place d'une structure institutionnelle propice à l'apprentissage[71]. C'est la raison pour laquelle il défend le recours à des mécanismes publiques de correction : l'État n'est alors plus simplement considéré comme un redistributeur de ressources – vision qui obnubile les débats entre interventionnistes et libéraux – mais devient le producteur central des institutions formelles.

Mais aussi intéressante soit la proposition de North, elle s'avère également entachée d'une limite intrinsèque en termes de réflexivité : l'innovation devient en effet dépendante d'une extériorité culturelle et historique, à savoir son propre passé, et de la capacité du savoir scientifique à en identifier et en extraire l'essence fonctionnelle. « L'extériorité ici est assurée par la dynamique historique du sujet collectif, c'est-à-dire par la dynamique herméneutique de la culture »[72], où celle-ci, comprise comme un univers d'artefacts matériels et immatériels, incorporerait les informations nécessaires à la compréhension des solutions efficientes. Il revient alors à la science d'opérer à la fois le processus de « révélation » de ces instructions dissimulées sous la couche de sédimentation historique, ainsi que celui de leur traitement réflexif visant leur mise en opérabilité. Dans ce cadre, la réussite d'une action collective ne dépend alors plus de sa capacité à internaliser les intentions de ses acteurs, mais bien de son adéquation avec la représentation normative qui en est réalisée par la science, et donc de la faculté de cette dernière à manœuvrer la structure institutionnelle à cette fin.

Nous trouvons alors dans le principe de réforme de la finance internationale récemment avancé par André Orléan une idée fondée sur une logique similaire. Concrètement, comme nous l'avons vu, son propos face à la crise économique consiste à remettre en question la liberté

---

70 Lenoble, J. et Maesschalck, M., *Démocratie, droit et gouvernance*, Sherbrooke, Les Éditions Revue de Droit de l'Université de Sherbrooke, 2011, p. 190.

71 North, D. C., *op. cit.*, p. 162.

72 Lenoble, J. et Maesschalck, M., *op. cit.*, p. 190.

totale de circulation laissée au capital. À l'encontre de la doctrine déployée depuis maintenant près de 40 ans, qui vise la suppression de tous les cloisonnements de capitaux afin de permettre l'avènement d'un marché unifié à l'échelle mondiale et « la création d'une liquidité financière mondialisée », Orléan trouve dans l'histoire du capitalisme un principe qu'il présente comme étant la solution aux crises économiques. Afin de sortir de la Grande Dépression après le krach boursier de 1929, les États-Unis mirent en place une politique de séparation totale des activités des banques commerciales et de celles des banques d'investissement. L'idée qui prévalait alors était qu'il fallait absolument prévenir la contagion aux banques de dépôts et de crédits des pertes de liquidité liées aux activités financières. Avec l'adoption du *Glass Steagal Act* en 1933, seules les banques d'investissement étaient alors autorisées à opérer des interventions sur les marchés financiers. Pour Orléan, le succès de cette réglementation fut total : « si l'on considère la période de 1945-1970 au cours de laquelle cette philosophie a prévalu, on n'observe aucune crise bancaire, alors qu'on en compte 117 importantes de 1970 à 2003, touchant 93 pays »[73]. Or aujourd'hui, avec l'important mouvement de libéralisation et son corollaire de dérégulation qui officient depuis les années 1970, tous les acteurs sont autorisés à intervenir sur tous les marchés en traitant de toutes les formes de liquidité ; en résultent alors, comme nous l'avons vu, une diffusion des risques ainsi qu'une difficulté accrue de leur gestion.

> Dans les bulles immobilières antérieures, la possibilité de circonscrire plus étroitement les difficultés aux seuls acteurs du secteur concerné, comme ce fut le cas lors de la crise des *savings and loans*, a permis d'en restreindre les effets, même si ces crises restent importantes. Dans notre situation, la synchronisation des difficultés a fortement aggravé les déséquilibres. Le fait que toutes les grandes institutions bancaires et financières internationales suivent désormais des stratégies similaires et soient exposées au même risque est un facteur important d'instabilité mondiale, insuffisamment souligné. Cette remarque milite pour un retour au cloisonnement des circuits bancaires et financiers. Autrement dit, il faut revenir sur la primauté accordée à la liquidité financière[74].

À nouveau, notre propos est moins de critiquer la proposition avancée par Orléan que d'en souligner la limite. Si nous pensons après lui que la segmentation et le cloisonnement des secteurs, comme résolution au « dilemme de la liquidité » déjà bien décrit par John Maynard Keynes dans les années 1930, constituent sans aucun doute un objectif de régu-

---

[73] Orléan, A., « L'aveuglement au désastre : Le cas des crises financières » in *Esprit*, vol. 343, Mars 2008, p. 18.

[74] Orléan, A., *De l'euphorie à la panique : Penser la crise financière*, Collection du CEPREMAP, Paris, Éditions Rue d'Ulm, 2009, pp. 80-81.

lation à prendre urgemment en considération, il nous semble cependant qu'il ne constitue encore qu'une étape, aussi nécessaire soit-elle, dans un projet beaucoup plus large de redéfinition du programme capitaliste. En effet, cet échelon « réglementation » n'est que le résultat d'un travail historique de découverte scientifique des conditions d'une forme de performance économique caractéristique de nos sociétés modernes ; il n'ouvre en rien à une potentialisation de la création d'autres instruments de performance réellement innovants. *Quid* si les contextes financiers en viennent encore à évoluer dans une autre direction ? Bien sûr, il conviendrait pour Orléan de coupler ce mécanisme avec celui de l'individualisme patrimonial afin d'assurer l'apprentissage, mais nous avons vu pourquoi nous pensions qu'il était hautement incertain en termes de résultats concrets. Autrement dit, il nous semble qu'il est temps de dépasser la vision historique qui attribue aussi bien aux instances de gestion économique qu'aux mécanismes de régulation monétaire une reconnaissance telle que rien ne semble plus pouvoir ébranler la confiance qu'ont les consommateurs à leur égard ; la bourse reste le centre névralgique incontesté de l'activité économique et les banques centrales les garantes immaculées de la gestion monétaire.

Ainsi pour Orléan, l'activisme des banques centrales, toujours prêtes à soulager les institutions en difficulté en dernière instance, constitue un instrument économique de résolution des crises d'une puissance incontestable[75] ; et le manque de transparence croissant des objectifs d'une institution aussi importante que la Banque centrale européenne ne semble pas changer la donne, tant qu'elle en vient à remplir sa fonction d'équilibrage du marché. Les banques centrales, en s'alignant de façon stricte sur un unique mécanisme fonctionnel désinflationniste, fondé sur le principe ultime de la défense des intérêts patrimoniaux, en viennent alors à mettre « d'emblée hors jeu la concertation sur une conjonction possible avec les intérêts des usagers de l'économie réelle »[76]. La confiance hiérarchique, attribuée à cette autorité de « méta-stabilisation » des croyances aussi bien mimétiques qu'éthiques de notre société de consommation, est sans aucun doute nécessaire au maintien du marché et au non-basculement de la société dans l'anarchie, mais il n'est pas pour autant insensé ou idéologique de penser la création d'un autre mode d'articulation confiante et éthique entre les deux. C'est même en fait ce seul mouvement qui permettrait de penser une réelle confiance institutionnelle envers la monnaie, non plus rationnelle, non plus routinière, mais authentiquement réflexive.

---

[75] Orléan, A., « L'aveuglement au désastre : Le cas des crises financières » in *Esprit*, vol. 343, Mars 2008, p. 19.

[76] Maesschalck, M. et Loute, A., *op. cit.*, p. 23.

Avant de présenter notre schéma conclusif de cette confiance réflexive, nous souhaitons rapidement souligner la nature de ces croyances éthiques qui soutiennent à l'heure actuelle l'ensemble des hiérarchies politique et économique. À la vue de l'ensemble de notre recherche, le terme à employer pour définir ces valeurs ainsi que la rationalité qui les guide ne doit plus faire l'ombre d'un doute : individualisme. Bien sûr, nous sommes partisans d'une formulation « complexe » de cet individualisme, comme nous l'avons détaillée avec l'aide d'Alain Caillé, mais nous ne pouvons qu'observer la quasi systématique réduction de cette complexité actantielle au travers de la puissante logique économique contemporaine. Même la proposition d'Orléan de fusion des communautés financières et politiques reste axée sur la toute puissance des actionnaires comme détenteurs intouchables de droits de propriété ; et si nous ne disons pas qu'il faut supprimer la propriété, nous pensons par contre qu'il est grand temps d'en réinventer le principe autour de la figure du salarié et non plus du rentier. Il apparaît en effet que seuls des groupes constitués autour d'un intérêt bien défini parviennent à avoir voix au chapitre, et c'est comme s'il n'y avait plus de place ou de temps – rentabilité oblige – pour traiter les considérations des groupes qui cherchent pour leur part à articuler une somme d'intérêts épars, ou même à se *formuler* un intérêt. Il nous semble que nous prenons sans arrêt, face à des questions de société essentielles, des raccourcis afin de faciliter les tâches de traitement des enjeux, et qu'il résulte de ce phénomène un amenuisement conséquent et alarmant du potentiel réflexif de la complexité sociale. Nos processus économique et politique créent un déséquilibre social patent, dans lequel ce sont toujours ceux qui ont le plus de ressources qui parviennent à en mobiliser plus dans une stratégie de martingale sans queue ni tête… Et le pire c'est que cela ne semble même plus étonner grand monde. Nous avons fini par créer un jeu économique à grande échelle du conflit, et non pas de la coordination ou de la coopération, où il y a d'un côté des gagnants et de l'autre des perdants, et où les premiers n'en finissent plus d'être les premiers. Mais si les mises de départ sont déséquilibrées, les dés du jeu n'en sont pas pour autant pipés, et il ne dépend plus que d'en redéfinir les règles pour parvenir à dépasser cette dichotomie stérile entre gagnants et perdants.

Remarques conclusives

Naviguer entre les deux récifs que nous avons choisis de mettre en exergue n'est pas chose aisée, mais nous pensons qu'une théorie institutionnaliste visant une réflexivité complète du phénomène de confiance se doit d'y parvenir sous peine d'échouer dans son projet de gouvernance du bien commun. Si le comportement économique des agents est modelé par les institutions qui l'encadrent, alors il est primordial que ces dernières assurent convenablement cette fonction en restant réceptives aux évolutions des contextes sociaux. Mieux, elles doivent même en venir à inciter les acteurs et à les soutenir dans leur volonté de gérer de façon efficace leurs systèmes politique et économique ; en ce sens, elles constituent des agencements normatifs palliant à l'indétermination de la rationalité, et dépositaires des engagements en faveur d'une vie sociale viable et agréable. Loin d'une vision sociétale dans laquelle les individus sont conçus comme étant à la fois déconnectés les uns des autres et soumis à la violence de l'étranger, la perspective institutionnaliste charrie avec elle tout un ensemble de principes en termes de règles de vies, de rôles à négocier, d'identités à créer, de cultures à accepter, d'histoires à partager, et surtout, d'engagements de confiance à réaliser. C'est au travers de ce dernier principe que nous avons articulé notre réflexion, et il est temps à présent de résumer les éléments acquis au fil de notre pérégrination intellectuelle.

Nous pouvons définir les institutions comme des connecteurs pragmatiques de génération de confiance. En tant que règles, elles constituent des instruments répondant à un besoin social de réduction de l'incertitude et de l'opportunisme selon une optique pessimiste ; en tant que connecteurs, elles constituent des liens sociaux d'acceptabilité d'une vulnérabilité mutuelle comme promesse optimiste d'un vivre ensemble. Cette distinction entre des approches sociales de la suspicion et de la confiance n'est en rien stérile, car c'est d'elle que dépend la capacité de penser une réflexivité complète de la confiance. Pour les premières, la montée en généralité prend la forme d'une instrumentation normative sans laquelle aucun acte coopératif ne semblerait pouvoir avoir lieu ; le jeu de la confiance y est alors perçu comme intégralement dépendant de la présence de cette structure incitative, dont la poursuite fonctionnelle réduit considérablement la marge de flexibilité. Pour les secondes, la montée en généralité est comprise comme étant celle d'une socialité déjà constituée par un ensemble des postures de confiance, et qui cherche à élargir le bénéfice d'une coopération originelle ; les institutions sont alors des délégués non humains de confiance, qui facilitent l'existence des humains en leur octroyant le pouvoir d'un agir autonome au sein de la panique sociale, et devant être perçus de façon pragmatique en ce que leur succès dépend de leur capacité d'intégration des intentions contextuelles. Il nous semble alors que la première de ces deux perspectives ne permet pas de penser le besoin incessant de connexion et de dialogue entre le niveau institutionnel et le niveau du monde vécu.

En matière de confiance, la sphère sociale peut être perçue selon deux niveaux. Au niveau fondationnel, la société doit être comprise comme une entité stabilisatrice de confiance hautement résiliente. Elle est le lieu d'émergence des croyances mimétiques dépendant d'histoires et de cultures spécifiques, résultant de larges régularités de comportements et menant à leur conventionnalisation. Mais elle est aussi le domaine des contextes pratiques de vie, des engagements de socialité primaire, des gestes passionnés, violents, dérisoires, excessifs, où ne cesse de se manifester la confiance dans des « comportements paradigmatiques » ; comme le dit Louis Quéré, la confiance y est « d'abord et avant tout un mode observable de traitement d'autrui »[77], résultant de processus et d'engagements réalisés dans l'acte d'existence, bien en deçà de toute forme d'évaluation. La prise en considération de cet espace pragmatique est alors essentielle en ce qu'il est le lieu de l'intentionnalité actantielle, du sens construit en acte ; la réflexivité qui y a lieu repose alors sur des séquences d'ajustement contextuel et routinier.

Le second niveau révèle alors une première forme de cristallisation des croyances au moyen de la présence virtuelle de l'esprit économique comme autonomie individuelle : les croyances méthodiques y sont formalisées en croyances éthiques ouvrant à la question du « devoir être ». En un sens, ce second niveau est celui de la validation et de la révision de la confiance. C'est à ce niveau que se réalise la définition des intérêts et que vont se former les préférences normatives d'un groupe de sociétaires. Se révèle alors dans ce mouvement le risque de rigidification et de captation des potentiels autour de figures ou d'artefacts de reconnaissance. Ainsi les croyances civiques ou patrimoniales en viennent-elles à définir les rapports à des autorités reconnues et légitimées dans ce geste. Un second stade de réflexivité est alors rendu accessible lorsque sont révisées les dispositions cognitives de la reconnaissance historique.

Enfin, il existe un dernier niveau, au statut bien particulier : celui de l'institutionnalisation comme extraction et montée en généralité des deux premiers niveaux sociaux. À la fois résultat de la reproduction des comportements et de la définition normative de leur sens, les institutions sont des connecteurs sociaux répondant au mouvement ascendant de l'individualisme complexe. Ces entités que créent les individus, au travers de leur interdépendance non causale pour pouvoir penser et agir, « peuvent avoir une vie propre, méritant l'attribution de jugements et d'intentions discontinus et faisant preuve de toutes les qualités attendues d'agents personnels »[78]. En tant que personnes institutionnelles, elles définissent des collectifs et des groupements selon la programmation sociale à l'œuvre derrière la définition des croyances éthiques réalisées dans le second niveau. Mais une fois programmée, elles n'en continuent

---

77 Quéré, L., « Les rationalités de la confiance » in Lobet-Maris, C. *et al.* (dir.), *Variations sur la confiance : Concepts et enjeux au sein des théories de la gouvernance*, coll. Philosophie et Politique, vol. 18, Bruxelles, P.I.E. Peter Lang, 2009, p. 54.

78 Pettit, P., *Penser en société : Essais de métaphysique sociale et de méthodologie*, Paris, Presses universitaires de France, 2004, p. 171.

pas moins d'évoluer en fonction des deux premiers niveaux de réflexivité des croyances sociales et individuelles, comme nous l'avons vu tout au long de ce travail.

C'est alors à ce troisième niveau que nous pouvons comprendre l'enjeu d'une troisième forme de réflexivité ; celle-ci n'est plus de l'ordre de l'ajustement des stratégies et des croyances, mais bien d'une mise en capacitation de l'articulation des deux premiers régimes de croyances. En tant que, à la fois, entités génératrices de confiance et connecteurs symboliques de confiance – comme le révèle bien l'approche institutionnaliste de la monnaie –, c'est à elles qu'échoit le rôle de coordination, non plus uniquement des interactions interpersonnelles, mais de la société en tant que jonction d'actes et d'intérêts, de comportements et de normes, d'imitation et d'extraction. Un projet de gouvernance visant une réflexivité complète doit donc opérer la mise en place d'institutions permettant aux acteurs de prendre la mesure de l'avantage collectif qu'il y a à passer du registre de l'ajustement routinier au registre de la révision cognitive ; il faut en d'autres termes que soient compris en tant qu'appauvrissement qualitatif de la confiance institutionnelle les deux écueils que nous avons définis. Il convient donc de maintenir vivace et nerveux le lien entre les deux premiers niveaux et le troisième par le biais d'un double travail sur les apports respectifs mais aussi conjugués des confiances routinière et rationnelle en tant que processus sociaux de coopération, de vulnérabilité, de déférence, de contrôle, d'assurance, d'amour, de haine, etc., c'est-à-dire de tous ces phénomènes concrets qu'entraîne la gestuelle confiante.

Ainsi notre étude institutionnaliste de la confiance rejoint-elle la réflexion épistémologique élaborée au Centre de philosophie du droit de Louvain-la-Neuve, et pour laquelle l'enjeu essentiel n'est autre que la mobilisation des ressources contextuelles de déstabilisation des conventions. « L'opération de contextualisation peut être comprise de façon plus précise comme une ouverture réflexive à des ajustements possibles entre l'action et le contexte dans des situations déterminées ou, selon le modèle phénoménologique, comme un "type" de la raison pratique, qui tire sa dimension concrète "de son expérimentation dans une situation effective par l'action" »[79] ; cette opération s'avère nécessaire car elle est la seule et l'unique à pouvoir possibiliser le potentiel créatif de l'asymétrie originelle de la relation sociale. C'est la raison pour laquelle le pôle des croyances issu des deux premiers niveaux doit bien être perçu en tant qu'opérateur d'une telle possibilisation de nouveaux ajustements par le troisième niveau réflexif de l'institutionnalisation.

[79] Dedeurwaerdere, T., *Action et contexte : Du tournant cognitiviste à la phénoménologie transcendantale*, Hildesheim, Olms, 2002, p. 216.

Le moindre trouble de la confiance routinière à l'encontre d'une institution ne peut alors plus faire l'économie d'un questionnement éthique de sa fonction, de même qu'un trouble de la confiance hiérarchique ne peut faire l'économie d'une plongée dans la pratique des vies. S'ouvre alors la question essentielle du design institutionnel, dont nous pouvons alors dire que tout schéma doit présenter quelque part une ouverture contextuelle, et ce afin de parvenir à prendre en compte les croyances dont la qualité normative face à un évènement particulier permettront la réalisation d'une confiance réflexive, laquelle supportera alors une « fréquencialisation » du son de l'opinion sur les voix individuelles et collectives. L'institutionnalisation ne doit donc plus seulement viser un objectif prédéfini mais bien la rencontre de différentes perspectives de confiance en vue de s'assurer une intégration complète des volontés à la base du succès d'une action collective. Tel est l'enjeu d'une approche optimiste en sciences sociales. Tel est l'enjeu d'une gouvernance de la confiance réflexive.

Conclusion

Au terme de notre parcours, nous avons à présent une vision plus précise du pourquoi des crises économiques, qui marquèrent, et marqueront encore sans aucun doute, notre époque. Partant de la croyance libérale selon laquelle l'équilibre collectif résulte de la défense des intérêts privés, nos économies développées parviennent à naviguer de bulle en bulle en prenant appui sur une puissante « confiance du marché », dont le credo « maintien de la coopération coûte que coûte » finit par évacuer toute forme de remise en question approfondie. Et ce constat est loin d'être rassurant : licenciements par milliers, fermetures d'entreprises, récession et déflation tous azimuts, et des sommes proprement astronomiques – des centaines de milliards d'euros – injectées par les pouvoirs publics dans le système économique pour, non pas le changer, mais simplement le sauver. Et sans doute seul le cynisme peut-il être de mise quand on songe au fait que sont maintenues les dettes à l'égard des pays du Tiers-Monde, alors que notre dépression économique ne risque pas d'arranger le sort de la moitié de l'humanité qui se partage moins de 1 % de la richesse mondiale[1]. Nous ne sommes pas passés à côté de la banqueroute comme beaucoup le pensent… Nous avons bel et bien plongé en plein dedans. Notre tolérance à l'égard de ces crises relève de l'exploit tant leurs retombées s'avèrent coûteuses pour la collectivité, et trahit bien de façon cinglante l'acceptation par la masse et les instances politiques d'une perspective profondément insolente, voire obscène, du rôle que nous en sommes venus à attribuer à l'économie financière : alors que les profits sont privatisés, les pertes, elles, restent bel et bien socialisées[2].

Le principe de la lutte de tous contre tous, couplé à la foi dans le libre-échange, révèle les facettes du néo-libéralisme, dont l'accomplissement est tel que même une déstabilisation aussi violente que celle de la crise des *subprimes* ne parvient pas à mener à une profonde reformulation. Bien sûr les discours politiques changent de tonalité, et des dispositions sont avancées : contrôle renforcé des banques, régulation des fonds spéculatifs, attaque des paradis fiscaux, révision de la titrisation, surveillance des rémunérations des opérateurs financiers et des grands patrons,

1 Ramonet, I., *Le Krach parfait : Crise du siècle et refondation de l'avenir*, Paris, L'espace critique, Galilée, 2009, p. 15.

2 Johsua, I., *La grande crise du XXIe siècle : Une analyse marxiste*, Paris, La Découverte, 2009, p. 10.

etc.[3] Mais plusieurs années après la crise, tout le système est bel et bien reparti de plus belle, comme si de rien n'était ou presque : la spéculation boursière a bien entendu repris son cours, les bonus attribués aux *traders* de Wall Street fin 2009 atteignaient le chiffre record de 140 milliards de dollars (pour 117 milliards l'année précédente), les crédits immobiliers présentaient à peine un an après la crise la même proportion de *subprimes* qu'au plus fort de la bulle immobilière en 2006, les banques ont mis tous les moyens en œuvre afin de rembourser les aides dont elles ont bénéficié et retrouver au plus vite leur indépendance, et enfin les politiques européennes d'austérité, visant un assainissement des budgets sans remettre le moins du monde en question la nature et les origines des dettes publiques, ont insidieusement pris la forme d'une taxation déguisée pour le seul contribuable, jetant des pays comme la Grèce dans une récession économique sans précédent. En bref, la reprise des activités s'est faite, mais au détriment des citoyens et des clients uniquement, selon une logique de collectivisation des dégâts. Se pose donc à nouveau la question, somme toute extrêmement légitime : *quid* de la redistribution des profits ?

Bien sûr le principe financier a une utilité dans le cadre d'une économie de marché : il assure la rencontre de l'offre épargnante avec la demande de financements des entrepreneurs, et rémunère le risque de cette coopération monétaire par un intérêt. Cette fonction historique du secteur financier constitue en quelque sorte sa convention originelle, sa raison d'être, qui, dans un cadrage individualiste où la réussite de l'un signifie la réussite de tous, trouve sa justification en termes d'action collective. Mais il est une question proprement de gouvernance que de s'interroger sur les modalités de fonctionnement d'un tel système, dont l'ésotérisme des chiffres et la complexification croissante des produits opèrent une puissante abstraction se traduisant par un total décrochage avec le concret et les enjeux sociaux. Ce qui est perdu dans ce mouvement, c'est à la fois les conditions économiques et sociales de légitimité du système financier, mais aussi et surtout le principe que ce dernier doit être au service de la sphère sociale. Comme nous l'avons vu, c'est bien un trait caractéristique du néo-libéralisme que de mener à la « destruction méthodique des collectifs »[4] par le biais de cette focalisation programmatique sur l'acteur intéressé. Ce collectif, nié par les principes théoriques fondationnels de l'économie politique néo-classique, est pourtant le seul *deus ex machina* qui offre de sauver les meubles suite aux dérives parasitaires de la finance, menant de façon systémique à ces

3 Ramonet, I., *op. cit.*, p. 140.

4 Bourdieu, P., « L'essence du néo-libéralisme : Cette utopie, en voie de réalisation, d'une exploitation sans limite » in *Le Monde Diplomatique*, Mars 1998.

bulles boursières et immobilières fondées sur le surendettement des ménages.

Comme nous l'avons vu avec les propositions avancées par un auteur tel qu'André Orléan, la prise en considération du principe régulationniste à la Keynes constitue sans aucun doute un premier pas primordial vers une réforme du système financier. À l'exception des ultra-libéraux qui estiment pour leur part que la séparation entre l'économique et le politique n'a pas encore été suffisamment consommée – la présence des États en arrière plan étant selon eux à la base de la crise –, la plupart des acteurs prônèrent bel et bien un retour à la réglementation et à la gestion de la machine à liquéfaction des capitaux. Cependant, nous pensons aussi qu'un simple projet régulationniste est amené à s'échouer : d'une part, la résilience des comportements capitalistes, aussi « sociaux » soient-ils, semble vouer à l'échec un principe d'individualisme patrimonial éthiquement reformulé, et d'autre part, les intérêts dans le système actuel sont à ce point coalisés et puissamment articulés qu'une véritable réforme de la part des instances politiques et dirigeantes paraît totalement illusoire.

Nous en sommes ainsi arrivés à un important niveau de confiance envers le système capitaliste et sa logique de mise en place d'un marché parfait, ouvert et compétitif, débarrassé des blocages d'entités collectives, et ce au nom des principes de liberté et de propriété érigés en nouveaux dogmes de la religion moderne. L'ordre économique cherche à fonctionner en vase-clos alors même qu'il est dépendant de la confiance des acteurs sociaux, et cette confiance provient directement de la puissance du capitalisme à lui répondre de façon fiable par la sécularisation des croyances : par le biais du calcul, de l'épargne, du crédit, de la marchandisation et de la consommation, le capitalisme a fait de la liquidité monétaire et de la négociation individuelle les principes moteurs de génération de la confiance au sein de notre ordre social[5]. Et cette confiance est devenue à ce point routinière que même des crises aux retentissements mondiaux comme autant de preuves de sa faillibilité (*untrustworthiness*) semblent à peine l'atteindre : tel le rocher de Sisyphe, après avoir été écrasés dans sa chute, nous sommes convoqués à simplement engager à nouveau notre confiance dans le système économique, puisqu'en dépend son maintien, puisqu'il en va de l'avenir de tous, puisque nous ne pouvons basculer dans le « chaos anticapitaliste ».

Pourtant la confiance ne peut pas être instrumentalisée ; elle n'est pas digne de manipulation. Ce n'est pas d'une énième reformation de la confiance dont nous avons urgemment besoin mais bien plutôt d'une

---

5 Stiegler, B., *Pour une nouvelle critique de l'économie politique*, Paris, Galilée, 2009, p. 93.

réforme de cette dernière : il faut quitter l'aspect routinier et méthodique de nos conduites pour les ouvrir à une dimension à la fois plus rationnelle et plus réflexive. Ces crises de confiance, aussi brèves et violentes soient-elles, constituent autant d'opportunités de refondation des ordres à la fois monétaire, bancaire et financier… Pour peu que les structures institutionnelles en place permettent la prise en considération des voix discordantes par rapport aux conventions cristallisées. Ce n'est qu'au travers des institutions que peut être atteinte la fréquence du son de l'opinion qui permettra de fendre ce cristal et de remettre en cause les règles du jeu économique que nous en sommes venus à établir.

C'est pourquoi nous ne pouvons qu'acquiescer à toutes les propositions de réforme du système économique vers une augmentation du contrôle public : il faut à tout prix resolidifier certains capitaux à mobiliser pour des projets de société, contrôler leur flux de façon générale, et réfléchir à la constitution d'un grand pôle bancaire public. Concrètement, la nationalisation de certaines banques et d'entreprises, la régulation des bourses – par taxation renforcée des plus-values par exemple –, ainsi qu'un contrôle accru par les pouvoirs publics des banques centrales et des institutions financières[6], constituent sans l'ombre d'un doute autant d'étapes nécessaires à un accroissement de réflexivité dans ce domaine guidé par l'autoréférentialité. L'enjeu essentiel d'un projet régulationniste dans le cadre d'une réforme du système économique néolibéral doit donc être celui d'une potentialisation de la réflexivité de la confiance dont il fait l'objet, et cette réflexivité ne doit pas seulement être celle d'un ajustement des stratégies fonctionnelles ni d'une relégitimation des instances de gestion, mais bien celle d'une reconfiguration des arènes publiques ouvrant au questionnement du sens à attribuer au terme de « collectif ». C'est bien ce collectif, qui s'avère nié avant les crises et fonctionnellement mobilisé de façon palliative après elles, qui constitue le seul lieu à partir duquel peuvent être envisagés un dépassement de la reconnaissance secondaire ainsi qu'une régénération de la relation fondatrice du lien social à la base du fait social monétaire.

C'est ici que nous retrouvons donc les apports des réflexions sur l'argent et la reconnaissance tenues par Alain Caillé et Marcel Hénaff, et que nous pouvons à présent saisir l'enjeu profond de la projection que réalisèrent ces auteurs et que ne parvinrent pas à prendre en compte Michel Aglietta et André Orléan : l'innovation ne viendra pas d'une socialité secondaire déjà constituée et définie autour de la reconnaissance de fonctionnalités et d'organismes économiques, mais bien de la socialité primaire comme lieu du vécu contextualisé et de l'émergence de la relation sociale au sens fort, comme processus d'une réciprocité

6 Johsua, I., *op. cit.*, p. 127.

affranchie de prédéterminations étatiques, médiatiques et marchandes. C'est en cela que réside le dépassement conceptuel réalisé par Hénaff par rapport aux socio-économistes : pour ces derniers, la monnaie est et reste le lien social fondateur autour duquel doit être repensée la confiance sociale, alors qu'en démontrant l'existence de deux généalogies distinctes de l'argent en lien à la socialité, Hénaff indique la perte symbolique essentielle en termes de reconnaissance du fait monétaire technicisé. Et ce n'est que dans cette sphère cérémonielle de l'« hors-de-prix » que peuvent être authentiquement interrogées les questions de réciprocité et de confiance du collectif, à l'aune d'une perspective où l'argent n'est plus perçu comme un mode de réduction du besoin de confiance envers autrui – fonctions de justice et de liberté –, mais bien comme la preuve de l'existence d'un horizon d'intentionnalités de confiance, de défiance, de partage, de conflit, d'amour et de haine ; bref, d'un vivre ensemble.

En d'autres termes, c'est dans la question de l'articulation de ce collectif comme sphère primaire que peut s'opérer le passage d'une réflexion du type « c'est un risque que de faire confiance », à celle d'un « cela vaut le coup de faire confiance ». Du coup, c'est bien toute l'anthropologie hobbesienne, à la base des approches théoriques exposées durant notre première partie, qui est mise à mal au travers de ce nouveau pari selon lequel la créativité ne peut que provenir de l'optimisme d'acteurs, vivant la confiance non plus comme une détermination méthodique, hiérarchique ou même éthique, mais bien comme l'acceptation d'une vulnérabilité nécessairement partagée, et comme le gage de notre existence au sein de la foule panique. C'est ici que réside le sens profond du message du mouvement anti-utilitariste : un intérêt n'est rien sans son inscription au sein d'une sphère sociale qui ne peut être réduite à une collection d'autres intérêts. L'être humain, aussi rationnel soit-il, a un désir éperdu des gestes de ceux qui l'entourent, et de ce besoin de trouver, dans les regards qu'on lui porte, la preuve de sa présence. Les hommes de finance, aussi obnubilés soient-ils par la quête du profit, restent avant tout des individus cherchant l'approbation de leurs pairs, pour la bonne et simple raison qu'ils ne sont rien sans eux, et que le bénéfice pécuniaire n'a aucun sens en soi si il n'est pas mobilisé à des fins de reconnaissance sociale, et donc, au final, de comparaison. Mais il serait encore erroné de croire que cette logique d'imitation ne répondrait qu'à un seul facteur de désirabilité désincarnée, qui mènerait tous les acteurs à désirer de tout temps les mêmes choses de la même manière ; cette logique est profondément ancrée dans des histoires et des cultures particulières, et c'est d'elle que résultent ensuite des divergences de potentialisation de l'agir collectif.

Cette dimension anthropologique et historique est primordiale si l'on souhaite parvenir à comprendre les dérives de l'économie contemporaine. La croyance collective qu'ont les acteurs économiques en l'opinion marchande incarnée par la bourse et les banques centrales est le produit d'une vision bien particulière de l'être humain et de ce qui le meut : la liquidité monétaire et son corollaire de mobilité des capitaux. Cette perspective trouve sa source dans des considérations individualistes et libérales, faisant de l'autonomie rationnelle le haut lieu du savoir et de l'agir. Si nous souhaitons pouvoir dépasser l'abstraction néolibérale de la rationalité individualiste, concrètement à l'œuvre dans les domaines « économistes », et nous affranchir de la réduction qu'elle opère des conditions économiques et sociales par une évacuation du politique – ou plus précisément par une programmation du politique spécifiée par des principes de rentabilité et de profitabilité –, nous devons repenser un univers politique non plus basé sur la suspicion et la coopération, mais bien sur l'optimisme et le collectif. Au-delà du système politique construit, le nouvel enjeu d'une régulation est bien celui d'une mise en capacitation de la révision de la confiance éthique, en périphérie des phares hiérarchiques de méta-stabilisation, afin d'obtenir le recul nécessaire à une véritable comparaison et testabilité des croyances marginales par rapport aux croyances doxiques. Cet enjeu est donc à la fois celui d'une révolution de l'autoréférentialité et de la saillance des comportements et celui d'une remise en cause de l'intangibilité des intérêts constitués.

Nous pensons que c'est des organismes collectifs intermédiaires qu'émane le plus gros potentiel d'activisme alternatif aux perspectives doxiques en œuvre. Ils répondent tous à leur origine de cette volonté humaine, évidente et naturelle, de s'approprier à sa manière, selon ses propres croyances, selon sa propre conviction, le sens à attribuer à la vie en société. Ainsi, des initiatives permettant de « réintroduire la dimension humaine dans le choix économique et de construire un nouveau rapport à l'argent », telles que celles soutenues par les différents organismes du projet *Fineurosol*, mériteraient-elles selon nous un éclairage plus important. Ces organisations proposent de recomposer une confiance en l'investissement qui soit compatible et cohérente avec une confiance sociale par le biais d'une responsabilisation accrue du rapport monétaire. Leur mission financière n'est pas fondée sur un déni du collectif, mais bien au contraire sur la croyance que la jouissance des biens acquis est d'autant plus grande lorsqu'elle bénéficie également aux autres, ou tout du moins lorsqu'elle n'opère pas un impact négatif sur ceux-ci. Toute initiative favorisant la création d'un tissu social d'apprentissage et permettant l'actualisation pratique de nouveaux comportements monétaires et financiers est bonne à prendre. Ainsi le développement de « Monnaies locales complémentaires » nous semble également participer de ce mouvement, de même qu'à un niveau global, une initiative aussi révolutionnaire que l'« Allocation universelle » porte bien en elle le germe d'une nouvelle croyance de coopération monétaire.

Il demandera sans aucun doute un important effort à produire, sur de nombreuses années, si nous souhaitons parvenir à modifier les comportements financiers. Notre propos est loin d'être irréaliste, comme l'indiquent les diverses initiatives en ce sens, mais la rareté de leur impulsion institutionnelle indique bien la nature du défi essentiel : les règles du jeu établies, si elles n'empêchent pas de telles résolutions de voir le jour, ne semblent pas pour autant les favoriser, ou encore moins les inciter. Au travers de ce travail, nous avons malgré tout cherché à expliquer en quoi l'optimisme reste de mise. Tout d'abord, au nom de tout ce que nous avons construit par l'action et le travail au travers de siècles d'histoire, nous nous devons de rester confiants en notre capacité de changer les choses, sans quoi c'est notre pure et simple désagrégation qui sera en jeu. Ensuite, la vision strictement individualiste, ainsi que le cocktail de pensées néo-libérale et capitaliste qui la sous-tend, savent intimement bien que cette désagrégation ne peut pas leur être profitable, car c'est de ce qu'elles se saisissent comme un objet inconvenant et honteux, mais mobilisant pourtant toute leur attention, dont il est question. En cela, cette pensée là nous semble sinistrement frustrée et frustrante, et le problème est moins à présent de savoir quand les choses vont changer, que comment elles vont basculer. À nouveau, les cartes sont bien entre nos mains, et ce sont elles, et rien qu'elles et la façon dont nous les utilisons, qui peuvent redéfinir le jeu de gagnants/perdants que nous nous sommes imposé, pour aboutir à celui d'une authentique coordination sociale.

Bibliographie

Aglietta, Michel, *Régulation et crises du capitalisme*, Paris, Odile Jacob, 1997.

Aglietta, Michel *et al.*, *La monnaie souveraine*, Paris, Odile Jacob, 1998

Aglietta, Michel et Orléan, André, « Réflexions sur la nature de la monnaie » in *La lettre de la régulation*, vol. 41, Juin 2002, pp. 1-4.

Aglietta, Michel et Orléan, André, *La monnaie entre violence et confiance*, Paris, Odile Jacob, 2002.

Arrow, Kenneth J., « Gifts and exchanges » in *Philosophy and Public Affairs*, vol. 1, 1972, pp. 343-362.

Axelrod, Robert, *Donnant-donnant*, Paris, Odile Jacob, (1984) 1992.

Bacharach, Michael et Gambetta, Diego, « Trust in signs » in Cook, K. S. (dir.), *Trust in society*, Russel Sage Foundation series on trust, vol. 2, New York, Russel Sage Foundation, 2001, pp. 148-184.

Batifoulier, Philippe et de Larquier, Guillemette, « De la convention et de ses usages » in Batifoulier, P. (dir.), *Théorie des conventions*, Paris, Economica, 2001, pp. 9-31.

Becker, Gary S., *The economic approach to human behavior*, Chicago, University of Chicago Press, 1976.

Benkler, Yochai, *The wealth of networks : How social production transforms markets andfreedom*, New-Haven, Yale University Press, 2006.

Bourdieu, Pierre, « Le capital social : Notes provisoires » in *Actes de la recherche en sciences sociales*, vol. 31, Paris, 1980, pp. 2-3.

Bourdieu, Pierre, *Sur la télévision*, Paris, Raisons d'agir, 1996.

Bourdieu, Pierre, « L'architecte de l'euro passe aux aveux : Innocentes confidences d'un maître de la monnaie » in *Le Monde Diplomatique*, Paris, Septembre 1997.

Bourdieu, Pierre, « L'essence du néo-libéralisme : Cette utopie, en voie de réalisation, d'une exploitation sans limite » in *Le Monde Diplomatique*, Mars 1998.

Bourdieu, Pierre, *Esquisse d'une théorie de la pratique*, Paris, Seuil, (1972) 2000.

Brousseau, Éric, « Néo-institutionnalisme et évolutionnisme : quelles convergences ? » in *Économies et Sociétés*, vol. 35, 1999, pp. 189-215.

Buchanan, James M., « The constitution of economic policy » in *Science*, vol. 236, Juin 1987, pp. 1433-1436.

Caillé, Alain, *Théorie anti-utilitariste de l'action : Fragments d'une sociologie générale*, Paris, Éditions La Découverte/M.A.U.S.S., 2009.

Cefaï, Daniel, *Pourquoi se mobilise-t-on ? Les théories de l'action collective*, Paris, Éditions La Découverte/M.A.U.S.S., 2007.

Cohen, Jean, « Trust, voluntary association and workable democracy : The contemporary American discourse of civil society » in Warren, M. E. (dir.), *Democracy and trust*, Cambridge, Cambridge University Press, 1999, pp. 208-248.

Coleman, James S., « Norms as social capital » in Radnitsky, G. et Bernholz, P. (dir.), *Economic imperialism : The economic approach applied outside the field of economics*, New York, Paragon House Publishers, 1987, pp. 133-155.

Coleman, James S., « Social capital in the creation of human capital » in *American Journal of Sociology*, vol. 94, 1988, pp. 95-120.

Coleman, James S., *Foundations of social theory*, Harvard, Harvard University Press, 1990.

Côme, Thierry et Diemer, Arnaud, « Convention et institution » in *Document de travail du CERAS*, vol. 4, Avril 1995.

de Tocqueville, Alexis, *De la démocratie en Amérique*, Paris, Garnier-Flammarion, (1835-40) 1981.

Dedeurwaerdere, Tom, *Action et contexte : Du tournant cognitiviste à la phénoménologie transcendantale*, Hildesheim, Olms, 2002.

Dedeurwaerdere, Tom, « Bioprospection, gouvernance de la biodiversité et mondialisation » in *Les carnets du Centre de Philosophie du Droit*, vol. 104, Louvain-la-Neuve, 2003.

Dupuy, Jean-Pierre, « Convention et common knowledge » in *Revue Économique*, vol. 40(2), Mars 1989, pp. 361-400.

Dupuy, Jean-Pierre, *Libéralisme et justice sociale*, Paris, Hachette, 2009.

Edwards, Bob et Foley, Michael, « Social capital and the political economy of our discontent » in *American behavioral scientist*, vol. 40(5), 1997, pp. 669-678.

Elster, Jon, *Ulysses and the Sirens*, Cambridge, Cambridge University Press, 1979.

Favereau, Olivier, « L'économie de l'action collective » in Chazel, F. (dir.), *Action collective et mouvements sociaux*, Paris, Presses universitaires de France, 1993, pp. 251-256.

Favereau, Olivier, « Rationalité » in Orléan, A. (dir.), *Analyse économique des conventions*, Économie, Paris, Presses universitaires de France, 1994, pp. 2794-2808.

Fine, Ben, *Social capital versus social theory : Political economy and social science at the turn of the millennium*, Londres, Routledge, 2001.

Gambetta, Diego, *Trust : Making and breaking cooperative relations*, Oxford, Basil Blackwell, 1988.

Gambetta, Diego, « Can we trust trust ? » in Gambetta, D. (dir.), *Trust : Making and breaking cooperative relations*, Oxford, University of Oxford, 2000, pp. 213-237.

Garfinkel, Harold, « A conception of, and experiments with, « trust » as a condition of stable concerted actions » in Harvey, O. J. (dir.), *Motivation and social interaction*, New York, The Ronald Press Company, 1963, pp. 187-238.

Giddens, Anthony, « Living in a post-traditional society » in Beck, U. *et al.* (dir.), *Reflexive modernization*, Cambridge, Polity Press, 1994, pp. 56-109.

Giddens, Anthony, *Modernity and self-identity*, Cambridge, Polity Press, 2001.

Girard, René, *Des choses cachées depuis la fondation du monde*, Paris, Poche, (1978) 2005.

Goffman, Erving, « The interaction order » in *American Sociological Review*, vol. 48, 1983, pp. 1-53.

Haber, Stephane, « Confiance et lien interpersonnel de Husserl à Luhmann » in Ogien, A. et Quéré, L. (dir.), *Les moments de la confiance : Connaissance, affects et engagements*, Études sociologiques, Paris, Economica, 2006, pp. 43-61.

Hardin, Russell, « Rationality, irrationality and functionalist explanation » in *Social science information*, vol. 19(4), 1980, pp. 772-775.

Hardin, Russell, *Morality within the limits of reason*, Chicago, University of Chicago Press, 1988.

Hardin, Russell, « Constitutional political economy : Agreement on rules » in *British Journal of Political Science*, vol. 18(4), Octobre 1988, pp. 513-550.

Hardin, Russell, « The social evolution of cooperation » in Cook, K. S. et Levi, M. (dir.), *The limits of rationality*, Chicago, University of Chicago Press, 1990, pp. 358-378.

Hardin, Russell, « Trusting persons, trusting institutions » in Zeckhauser, R. J. (dir.), *Strategy and choice*, Cambridge, MIT Press, 1991, pp. 185-209.

Hardin, Russell, « Rational choice theory » in Edward, C. (dir.), *Routledge Encyclopedia of Philosophy*, vol. 8, Londres, Routledge, 1998, pp. 64-75.

Hardin, Russell, « Trust in government » in Braithwaite, V. et Levi, M. (dir.), *Trust and governance*, Russel Sage Foundation series on trust, vol. 1, New York, Russel Sage Foundation, 1998, pp. 9-27.

Hardin, Russell, « Social capital » in Alt, J. E. *et al.* (dir.), *Competition and cooperation : Conversations with nobelists about economics and political science*, New York, Russel Sage Foundation, 1999, pp. 170-189.

Hardin, Russell, « The public trust » in Pharr, S. J. et Putnam, R. D. (dir.), *Disaffected democracies : What's troubling the trilateral countries ?*, Princeton, Princeton University Press, 2000, pp. 31-51.

Hardin, Russell, « Rational choice political philosophy » in *Presentation at the University of Maryland*, 2001.

Hardin, Russell, « Seeing like Hayek : James C. Scott's "Seeing like a state" review » in *The good society*, vol. 10(2), 2001.

Hardin, Russell, *Trust and trustworthiness*, Russel Sage Foundation series on trust, vol. 4, New York, Russel Sage Foundation, 2002.

Hardin, Russell, *Indeterminacy and society*, Princeton, Princeton University Press, 2003.

Hardin, Russell, « Communautés et réseaux de confiance » in Ogien, A. et Quéré, L. (dir.), *Les moments de la confiance : Connaissance, affects et engagements*, Paris, Economica, 2006, pp. 89-108.

Hénaff, Marcel, *Le prix de la vérité : Le don, l'argent, la philosophie*, Paris, Éditions du Seuil, 2002.

Hobbes, Thomas, *Le citoyen*, Paris, Flammarion, (1647) 1982.

Hobbes, Thomas, *Leviathan*, Oxford, Oxford University Press, (1651) 1998.

Honneth, Axel, *La lutte pour la reconnaissance*, Paris, Le Cerf, (1992) 2000.

Javeau, Claude, « Confiance intersubjective et mensonge social d'après Goffman : Le rôle des ritualisations dans la construction sociale de la fiction dramaturgique » in *Revue de l'Institut de Sociologie ULB*, vol. 1(4), 2004, pp. 25-36.

Johsua, Isaac, *La grande crise du XXIe siècle : Une analyse marxiste*, Paris, La Découverte, 2009.

Keefer, Philip et Knack, Stephen, « Social capital, social norms and the institutional economics » in Menard, C. et Shirley, M. (dir.), *Handbook of the new institutional economics*, Dordrecht, Springer, 2005, pp. 701-725.

Kolossov, Vladimir et O'Louglin, John, « Comment Moscou se transforme en ville géante capitaliste » in *Revue internationale des sciences sociales*, vol. 181, Cairn, 2004, pp. 463-479.

Lenoble, Jacques et Maesschalck, Marc, *Démocratie, droit et gouvernance*, Sherbrooke, Les Éditions Revue de Droit de l'Université de Sherbrooke, 2011.

Lewis, David K., *Convention : A philosophical study*, Cambridge, Harvard University Press, 1969.

Lichterman, Paul, *Elusive togetherness : Church groups trying to bridge America's social divisions*, Princeton, Princeton University Press, 2005.

Luhmann, Niklas, *Trust and power*, Chichester, John Wiley & Sons, 1979.

Luhmann, Niklas, « Confiance et familiarité : Problèmes et alternatives » in Quéré, L. (dir.), *La confiance*, Réseaux, vol. 108, Paris, Hermès Science Publications, (1989) 2001, pp. 15-36.

Loute, Alain, *La création sociale des normes : De la socio-économie des conventions à la philosophie de l'action de Paul Ricœur*, Hildesheim, Georg Olms Verlag, 2008.

Lordon, Frédéric, *Fonds de pension, piège à cons ? Mirage de la démocratie actionnariale*, Paris, Éditions Raisons d'Agir, 2000.

Lordon, Frédéric, « Le jour où Wall Street est devenu socialiste » in *Le Monde Diplomatique*, Octobre 2008.

Lordon, Frédéric et Orléan, André, « Genèse de l'État et genèse de la monnaie : Le modèle de la potentia multitudinis » in Citton, Y. et Lordon, F. (dir.),

Spinoza et les sciences sociales : De la puissance de la multitude à l'économie des affects, Paris, Éditions Amsterdam, 2008, pp. 127-170.

Maesschalck, Marc et Loute, Alain, « Intérêt actuel de la philosophie de l'argent : Néo-institutionnalisme et réflexivité » in *Les carnets du Centre de Philosophie du Droit*, vol. 103, Louvain-la-Neuve, 2003.

Mauss, Marcel, *Essai sur le don. Sociologie et anthropologie*, Paris, Presses universitaires de France, (1924) 1966.

Marx, Karl, *Le capital : Critique de l'économie politique. Livre 1 : Le développement de la production capitaliste*, Paris, Éditions Sociales, (1867) 1977.

Milonakis, Dimitris et Fine, Ben, *From political economy to economics : Method, the social and historical in the evolution of economic theory*, Londres, Routledge, 2009.

Misztal, Barbara, *Trust in modern societies : The search for the bases of social order*, Oxford, Polity Press, 1996.

Misztal, Barbara, « Normality and trust in Goffman's theory of interaction order » in *Sociological Theory*, vol. 19(3), Novembre 2001, pp. 312-324.

Möllering, Guido, « The nature of trust : From Georg Simmel to a theory of expectation, interpretation and suspension » in *Sociology*, vol. 35(2), 2001, pp. 403-420.

Möllering, Guido, « The trust/control duality : An integrative perspective on positive expectations of others » in *International sociology*, vol. 20(3), Septembre 2005, pp. 283-305.

Möllering, Guido, *Trust : Reason, routine, reflexivity*, Oxford, Elsevier, 2006.

Nooteboom, Bart, « Apprendre à faire confiance » in Ogien, A. et Quéré, L. (dir.), *Les moments de la confiance : Connaissance, affects et engagements*, Études sociologiques, Paris, Economica, 2006, pp. 63-85.

North, Douglass C., *Institutions, institutional change and economic performance*, Cambridge, Cambridge University Press, 1990.

Offe, Claus, « How can we trust our fellow citizens ? » in Warren, M. E. (dir.), *Democracy and trust*, Cambridge, Cambridge University Press, 1999, pp. 42-87.

Orléan, André, « Introduction : Vers un modèle général de la coordination économique par les conventions » in Orléan, A. (dir.), *Analyse économique des conventions*, Paris, Presses universitaires de France, 1994, pp. 9-40.

Orléan, André, « Réflexions sur la notion de légitimité monétaire : L'apport de G. Simmel » in Baldner, J. M. et Gillard, L. (dir.), *Simmel, penseur des normes sociales*, Logiques sociales, Paris, L'Harmattan, 1996, pp. 19-34.

Orléan, André, « La monnaie autoréférentielle : Réflexions sur les évolutions monétaires contemporaines » in Aglietta, M. et Orléan, A. (dir.), *La monnaie souveraine*, Paris, Odile Jacob, 1998, pp. 359-386.

Orléan, André, « La théorie économique de la confiance et ses limites » in Laufer, R. et Orillard, M. (dir.), *La confiance en question*, Cahiers de socio-économie, Paris, L'Harmattan, 2000, pp. 59-77.

Orléan, André, « L'individu, le marché et l'opinion : Réflexions sur le capitalisme financier » in *Esprit*, Novembre 2000, pp. 51-75.

Orléan, André, « Hayek ou l'utopie individualiste d'une économie sans monnaie » in *Communications*, vol. 78, 2005, pp. 235-244.

Orléan, André, « The cognitive turning point in economics : Social beliefs and conventions » in Arena, R. et Festré, A. (dir.), *Knowledge, beliefs and economics*, Cheltenham, Edward Elgar, 2006, pp. 181-209.

Orléan, André, « Les croyances monétaires et le pouvoir des banques centrales » in Touffut, J.-P. (dir.), *Les banques centrales sont-elles légitimes ?*, Paris, Albin Michel, 2008, pp. 17-35.

Orléan, André, « L'aveuglement au désastre : Le cas des crises financières » in *Esprit*, vol. 343, Mars 2008, pp. 9-19.

Orléan, André, « L'irréductibilité du fait monétaire : Réflexions sur la transcendance du social » in Dupuy, J.-P. (dir.), *Dans l'œil du cyclone : Colloque de Cerisy*, Paris, Carnets Nord, 2009, pp. 191-208.

Orléan, André, « The institutionnalist approach of money : An introduction » in Monvoisin, V. *et al.* (dir.), *What about the nature of money ? A pluridisciplinary approach*, Londres, Edward Elgar Publishing, 2009.

Orléan, André, « La sociologie économique de la monnaie » in Vatin, F. et Steiner, P. (dir.), *Traité de sociologie économique*, Paris, Presses universitaires de France, 2009, pp. 209-246.

Orléan, André, « Liquidité et fluidité excessives : À la racine de la crise » in *Le Monde*, Septembre 2009.

Orléan, André, *De l'euphorie à la panique : Penser la crise financière*, Collection du CEPREMAP, Paris, Éditions Rue d'Ulm, 2009.

Ostrom, Elinor, *Governing the commons : The evolution of institutions for collective action. Political economy of institutions and decisions*, Cambridge, Cambridge University Press, 1990.

Ostrom, Elinor et Ahn, Toh-Kyeong (dir.), *Foundations of social capital*, Critical studies in economics institutions series, vol. 2, Edward Elgar Reference Collection, 2003.

Peirce, Charles S., *The essential Peirce : Selected philosophical writings*, Houser, N. et Kloesel, K. (dir.), vol. 1 : 1867-1893, Bloomington, Indiana University Press, 1992.

Pettit, Philip, « Normes et choix rationnels » in *Réseaux*, vol. 11(62), 1993, pp. 87-111.

Pettit, Philip, « La robustesse des modèles de conduite » in *Réseaux*, vol. 11(62), 1993, pp. 121-123.

Pettit, Philip, « The cunning of trust » in *Philosophy and Public Affairs*, vol. 24(3), 1995, pp. 202-225.

Pettit, Philip, *Républicanisme : Une théorie de la liberté et du gouvernement*, Paris, Gallimard, (1997) 2004.

Pettit, Philip, *Penser en société : Essais de métaphysique sociale et de méthodologie*, Paris, Presses universitaires de France, 2004.

Putnam, Robert D. *et al.*, *Making democracy work : Civic traditions in modern Italy*, Princeton, Princeton University Press, 1993.

Putnam, Robert D., « Tuning in, tuning out : The strange disappearance of social capital in America » in *Political Science and Politics*, vol. XXVIII(4), 1995, pp. 664-683.

Putnam, Robert D., *Bowling alone : The collapse and revival of American community*, New York, Simon & Schuster, 2000.

Putnam, Robert D. *et al.*, *Better together : Restoring the American community*, New York, Simon & Schuster, 2003.

Putnam, Robert D. et Sander, Thomas H., « September 11 as civic lessons » in *The Washington Post*, Septembre 2005.

Quéré, Louis, « La structure cognitive et normative de la confiance » in Quéré, L. (dir.), *La confiance*, Réseaux, vol. 108, Paris, Hermès Science Publications, 2001, pp. 125-150.

Quéré, Louis, « Les « dispositifs de confiance » dans l'espace public » in *Réseaux*, vol. 4(132), Paris, 2005, pp. 185-217.

Quéré, Louis, « Préface » in Tazdaït, T., *L'analyse économique de la confiance*, Paris, De Boeck, 2008, pp. 11-14.

Quéré, Louis, « Les rationalités de la confiance » in Lobet-Maris, C. *et al.* (dir.), *Variations sur la confiance : Concepts et enjeux au sein des théories de la gouvernance*, coll. Philosophie et Politique, vol. 18, Bruxelles, P.I.E. Peter Lang, 2009, pp. 37-56.

Ramonet, Ignacio, *Le Krach parfait : Crise du siècle et refondation de l'avenir*, Paris, L'espace critique, Galilée, 2009.

Ricœur, Paul, *Temps et récit*, tomes 1-2-3, Paris, Le Seuil, 1983-85.

Rousseau, Jean-Jacques, *Du contrat social*, Paris, Flammarion, (1762) 2001.

Sabel, Charles F., « Constitutional ordering in historical context » in Scharpf, F. W. (dir.), *Games in hierarchies and networks : Analytical and empirical approaches to the study of governance institutions*, Francfort, Campus/Westview, 1993, pp. 65-123.

Sabel, Charles F. et Gerstenberg, Oliver, « Directly deliberative polyarchy : An institutional ideal for Europe ? » in Joerges, C. et Dehousse, R. (dir.), *Good governance in Europe's integrated market*, Oxford, Oxford University Press, 2002, pp. 289-341.

Schütz, Alfred, *The phenomenology of the social world*, Evanstone, North-Western University Press, (1932) 1967.

Seligman, Adam, *The problem of trust*, Princeton University Press, 1997.

Seligman, Adam, « Complexité du rôle, risque et émergence de la confiance » in Quéré, L. (dir.), *La confiance*, Réseaux, Paris, Hermès Science Publications, 2001, pp. 37-62.

Sen, Amartya, *Un nouveau modèle économique : Développement, justice, liberté*, Paris, Odile Jacob, 2000.

Shiller, Robert J., *Market volatility*, Cambridge, MIT Press, 1991.

Simiand, François, « La monnaie réalité sociale » in *Annales sociologiques*, vol. D(1), 1934, pp. 1-81.

Simmel, Georg, *Philosophie de l'argent*, Paris, Presses universitaires de France, (1900) 1987.

Six, Benjamin, « Confiance et gouvernance démocratique : Du paradigme néo-institutionnaliste du capital social » in Lobet-Maris, C. *et al.* (dir.), *Variations sur la confiance : Concepts et enjeux au sein des théories de la gouvernance*, coll. Philosophie et Politique, vol. 18, Bruxelles, P.I.E. Peter Lang, 2009, pp. 171-188.

Six, Frederique, *The trouble with trust : The dynamics of interpersonal trust building*, Cheltenham, Edward Elgar, 2005.

Stiegler, Bernard, *Pour une nouvelle critique de l'économie politique*, Paris, Galilée, 2009.

Tarrow, Sidney, « Making social science work across time and space : A critical reflection on Robert Putnam's Making democracy work » in *American political science review*, vol. 90(2), 1996, pp. 389-397.

Tazdaït, Tarik, *L'analyse économique de la confiance*, Bruxelles, De Boeck, 2008.

Thiébault, Jean-Louis, « Les travaux de Robert D. Putnam sur la confiance, le capital social, l'engagement civique et la politique comparée » in *Revue internationale de politique comparée*, vol. 10(3), 2003, pp. 341-355.

Thuderoz, Christian, « La confiance en questions » in Mangematin, V. et Thuderoz, C. (dir.), *Des mondes de confiance : Un concept à l'épreuve de la réalité sociale*, CNRS Sociologie, Paris, CNRS Éditions, 2003, pp. 19-30.

Titmuss, Richard, *The gift relationship : From human blood to social policy*, New York, Vintage Books, 1971.

Uslaner, Eric M., « Democracy and social capital » in Warren, M. E. (dir.), *Democracy and trust*, Cambridge, Cambridge University Press, 1999, pp. 121-150.

Wacquant, Loïc J. et Calhoun, Craig J., « Intérêt, rationalité et culture : À propos d'un récent débat sur la théorie de l'action » in *Actes de la Recherche en Sciences Sociales*, vol. 78, 1989, pp. 41-60.

Warren, Mark E., « Introduction » in Warren, M. E. (dir.), *Democracy and trust*, Cambridge, Cambridge University Press, 1999, pp. 1-21.

Warren, Mark E., « Democratic theory and trust » in Warren, M. E. (dir.), *Democracy and trust*, Cambridge, Cambridge University Press, 1999, pp. 310-345.

Warren, Mark E., « Conclusion » in Warren, M. E. (dir.), *Democracy and trust*, Cambridge, Cambridge University Press, 1999, pp. 346-360.

Williamson, Oliver, « Calculativeness, trust, and economic organization » in *Journal of Law and Economics*, vol. XXXVI, 1993, pp. 453-486.

Zucker, Lynne, « Organisations as institutions » in Bacharach, S. (dir.), *Research in the sociology*, Greenwich, JAI Press, 1983, pp. 1-47.

Zucker, Lynne, « Production of trust : Institutional sources of economic structure » in Staw, B. M. et Cummings, L. L. (dir.), *Research in organizational behaviour*, vol. 8, Greenwich, JAI Press, 1986, pp. 53-111.

Zuern, Elke K., « Social capital and modernity » in *Transformation*, vol. 53, 2003, pp. 69-75.

Index onomastique

Collection « Philosophie & Politique »

Ouverte aux penseurs de tous pays et de toutes cultures qui ne se contentent pas d'analyser le fonctionnement des institutions sociales mais s'interrogent sur leur sens et leur but, cette collection se propose de contribuer au renouveau de la philosophie politique.

Par delà les diverses disciplines des sciences sociales, les engagements idéologiques et les préjugés des « écoles nationales », la philosophie se doit de poursuivre une recherche aussi universelle que possible du sens et de la sagesse de la vie humaine dans un monde entraîné chaotiquement vers son unité.

Directeurs de collection :

Gabriel FRAGNIÈRE, Docteur en Philosophie de l'Université de Maastricht (Pays-Bas) et ancien Recteur du Collège d'Europe (Bruges).

Hendrik OPDEBEECK, Président du SPES Forum, Université d'Anvers.

Ouvrages parus

Confiance réflexive et institutionnalisme. Des théories libérales du choix rationnel à la gouvernance du fait social monétaire, Benjamin SIX, n° 25, 2013, 226 p., ISBN 978-2-87574-092-2

A Study in Transborder Ethics: Justice, Citizenship, Civility, Geneviève SOUILLAC, No. 24, 2012, 221 p., ISBN 978-90-5201-824-9

Creative Crises of Democracy, Joris GIJSENBERGH, Saskia HOLLANDER, Tim HOUWEN & Wim DE JONG (eds.), No. 23, 2012, 444 p., ISBN 978-90-5201-797-6

Philosophical Essays. Critic Rationalism as Historical-objective Transcendentalism, Giulio PRETI, edited by Fabio MINAZZI, No. 22, 2011, 326 p., ISBN 978-90-5201-778-5

Regards éthiques sur l'Union européenne, Ignace BERTEN, Gabriel FRAGNIÈRE, Philippe D. GROSJEAN, Peter KNAUER, Daniel SPOEL et Frank TURNER, n° 21, 2011, 251 p., ISBN 978-90-5201-737-2

Responsibility and Cultures of the World. Dialogue around a Collective Challenge, Edith SIZOO (ed.), No. 20, 2010, 243 p., ISBN 978-90-5201-670-2

Between Enlightenment and Disaster. Dimensions of the Political Use of Knowledge, Linda SANGOLT (ed.), No. 19, 2010, 171 p., ISBN 978-90-5201-631-3

Variations sur la confiance. Concepts et enjeux au sein des théories de la gouvernance, Claire LOBET-MARIS, Robin LUCAS & Benjamin SIX (dir.), No. 18, 2009, 206 p., ISBN 978-90-5201-525-5

La cosmodémocratie. Un principe de gouvernance pour la société technologique et mondialisée, René NGAMBELE NSASAY, No. 17, 2008, 310 p., ISBN 978-90-5201-463-0

Un droit, des morales. Valoriser l'État laïque, Paul LÖWENTHAL, No. 16, 2008, 156 p., ISBN 978-90-5201-442-5

Robert Schuman: Neo Scholastic Humanism and the Reunification of Europe, Alan FIMISTER, No. 15, 2008, 284 p., ISBN 978-90-5201-439-5

Science and Ethics. The Axiological Contexts of Science, Evandro AGAZZI & Fabio MINAZZI (eds.), No. 14, 2008, ISBN 978-90-5201-426-5

Rôles, action sociale et vie subjective. Recherches à partir de la phénoménologie de Michel Henry, Raphaël GÉLY, n° 13, 2007, 205 p., ISBN 978-90-5201-347-3

Identités et monde commun. Psychologie sociale, philosophie, société, Raphaël GÉLY, n° 12, 2006 (3e tirage 2008), 206 p., ISBN 978-90-5201-416-6

Feminists Contest Politics and Philosophy, Lisa N. GURLEY, Claudia LEEB & Anna Aloisia MOSER (eds.), No. 11, 2005, 272 p., ISBN 978-90-5201-252-0

The Importance of Ideals. Debating Their Relevance in Law, Morality, and Politics, Wibren VAN DER BURG & Sanne TAEKEMA (eds.), No. 10, 2004, 274 p., ISBN 978-90-5201-226-1

Social Sciences and Political Change. Promoting Innovative Research in Post-Socialist Countries, Robin CASSLING & Gabriel FRAGNIÈRE (eds.), No. 9, 2003, 297 p., ISBN 978-90-5201-168-4

Working-Class Women in Elite Academia. A Philosophical Inquiry, Claudia LEEB, No. 8, 2004, 220 p., ISBN 978-90-5201-979-6

L'autonomie éthique. Débat démocratique et vérité, Giuseppe G. NASTRI, n° 7, 2002, 200 p., ISBN 978-90-5201-972-7

Plus est en l'homme. Le personnalisme vécu comme humanisme radical, Vincent TRIEST, n° 6, 2000 (4e tirage 2004), 214 p., ISBN 978-90-5201-922-2

Enlightenment and Genocide, Contradictions of Modernity, James KAYE & Bo STRÅTH (eds.), No. 5, 2000, 278 p., ISBN 978-90-5201-919-2

Les défis du nationalisme moderne. Québec, Catalogne, Écosse, Michael KEATING, n° 4, 1997, 298 p., ISBN 978-90-5201-705-1

www.peterlang.com

FSC
www.fsc.org
MIX
Papier | Fördert
gute Waldnutzung
FSC® C083411

Kolibri 360 GmbH
Ferdinand-Jühlke-Straße 7
99095 Erfurt, Deutschland
produktsicherheit@kolibri360.de